Karl-Ernst Brill und Rolf Marschner

Psychisch Kranke im Recht

Karl-Ernst Brill, geb. 1955, gest. 2004, war zwanzig Jahre in verschiedenen psychiatrischen Projekten und Verbänden tätig, unter anderem als Projektkoordinator der Aktion Psychisch Kranke sowie Geschäftsführer des Vormundschaftsgerichtstages. Er war außerdem Redaktionsmitglied der »Psychosozialen Umschau« und Autor zahlreicher Veröffentlichungen. Er hat diesen Rechtsratgeber entwickelt und über drei Auflagen aktuell gehalten.

Rolf Marschner, geb. 1954, Jurist und Sozialpädagoge, arbeitet in München als Rechtsanwalt und Fachanwalt für Sozialrecht mit den Schwerpunkten Behindertenrecht und Rechtsfragen der Psychiatrie. Er ist Redaktionsmitglied der Zeitschrift »Recht & Psychiatrie« und hat die Verantwortung für diesen Rechtsratgeber mit der vierten Auflage übernommen.

Karl-Ernst Brill und Rolf Marschner

Psychisch Kranke im Recht

Ein Wegweiser

Psychiatrie-Verlag

Karl-Ernst Brill und Rolf Marschner:
Psychisch Kranke im Recht. Ein Wegweiser
4. akt. und überarbeitete Auflage 2005
ISBN 3-88414-395-6

Bibliografische Information der Deutschen Bibliothek
Die Deutsche Bibliothek verzeichnet diese Publikation in der
Deutschen Nationalbibliografie; detaillierte bibliografische Daten
sind im Internet über http://dnb.ddb.de abrufbar.

Informationen zu psychischen Störungen im Internet unter: www.psychiatrie-verlag.de

© Psychiatrie-Verlag GmbH, Bonn 2005
Kein Teil des Werkes darf ohne Zustimmung
des Verlages vervielfältigt oder verbreitet werden.
Umschlag: markus lau hintzenstern, Berlin
Typografie und Satz: Iga Bielejec, Nierstein
Druck und Bindung: Clausen & Bosse, Leck

8 Gebrauchsanweisung

10 **Psychische Erkrankung und seelische Behinderung in gesetzlichen Regelungen**
Krankheit 10
Behinderung 11
Schwerbehinderteneigenschaft 13
Benachteiligungsverbot und Gleichstellungsgesetz 14

16 **Das Recht auf Selbstbestimmung**
Freie Wahl von Hilfeangeboten 16
Die ärztliche Aufklärungspflicht 17
Eingriffe in das Selbstbestimmungsrecht 21
Vorausverfügungen und Vollmachten 21
Das Recht auf informationelle Selbstbestimmung 26
Führerschein 30

32 **Hilfen im System der sozialen Sicherheit**
Grundlagen 32
Leistungsträger und Leistungszuständigkeiten 33
Die Hilfeangebote 35

39 **Rehabilitation und Teilhabe behinderter Menschen**
Überblick 39
Leistungen zur medizinischen Rehabilitation 43
Leistungen zur Teilhabe am Arbeitsleben 45
Leistungen zur Teilhabe am Leben in der Gemeinschaft 46

48 **Gesetzliche Krankenversicherung**
Überblick 48
Zuzahlung und Befreiungsmöglichkeiten 49
Krankenbehandlung 50
Leistungen zur medizinischen Rehabilitation 78
Krankengeld 86

86 **Gesetzliche Rentenversicherung**
Überblick 86
Leistungen zur Teilhabe 86
Renten wegen verminderter Erwerbsfähigkeit 91

93 Arbeitsförderung
Überblick 93
Förderung der Teilhabe behinderter Menschen am Arbeitsleben 94

96 Gesetzliche Pflegeversicherung
Überblick 96
Pflegebedürftigkeit 97
Begutachtung durch den Medizinischen Dienst 100
Leistungen der Pflegeversicherung 106

111 Kinder- und Jugendhilfe
Überblick 111
Eingliederungshilfe für seelisch behinderte Kinder und Jugendliche 112
Betreuung des Kindes in Notsituationen 113

113 Grundsicherung für Arbeitssuchende
Überblick 113
Anspruchsvoraussetzungen 115
Leistungen zur Sicherung des Lebensunterhalts 116
Leistungen zur Eingliederung in Arbeit 117

119 Sozialhilfe
Überblick 119
Hilfe zum Lebensunterhalt 119
Grundsicherung im Alter und bei Erwerbsminderung 120
Hilfe bei Krankheit 122
Eingliederungshilfe für behinderte Menschen 122
Hilfe zur Pflege 123
Hilfe zur Weiterführung des Haushalts 124
Kostenübernahme bei der Hilfe durch Einrichtungen 124
Einsatz von Einkommen und Vermögen 126
Unterhaltspflicht – Heranziehung von Angehörigen 127

130 Schwerbehindertenrecht
Personenkreis und Anerkennungsverfahren 130
Anforderungen an Gutachter und Gutachten 131

124 Weitere Sozialleistungsgesetze
Gesetzliche Unfallversicherung 134
Kindergeldrecht 135
Wohngeld 136

137 Betreuung
Überblick 137

Voraussetzungen für die Bestellung eines Betreuers 139

Vollmacht 140

Aufgabenkreise einer Betreuung 142

Das Verfahren zur Bestellung eines Betreuers 142

Die Auswahl des Betreuers 146

Betreuungsverfügung 148

Aufgaben und Pflichten des Betreuers 149

Überprüfung der Betreuung 154

Rechtsmittel 154

Kosten der Betreuung 155

160 Unterbringung
Überblick 160

Zivilrechtliche Unterbringung durch den Betreuer 161

Öffentlich-rechtliche Unterbringungsgesetze der Länder 164

Unterbringungsverfahren 166

Aufhebung der Unterbringung 170

Rechtsmittel 171

173 Interessenwahrnehmung und Interessenvertretung
Mitwirkung und Interessenvertretung in speziellen Bereichen 173

Rechtsberatung und Vertretung im gerichtlichen Verfahren 176

Interessenvertretung in Betreuungs- und Unterbringungsverfahren 178

180 Anhang
Verzeichnis der Abkürzungen wichtiger Gesetze 180

Wichtige Begriffe im Umgang mit Behörden 181

Wegweiser zu hilfreichen Adressen 182

Informationen und Beratung »vor Ort« 189

Literatur 193

Stichwortverzeichnis 197

Gebrauchsanweisung

Wenn es um die Rechte psychisch kranker Menschen geht, dann ist eine nur schwer zu überblickende Zahl von gesetzlichen Regelungen von Bedeutung. Der vorliegende »Wegweiser« gibt einen Überblick über die wichtigsten der zum Teil breit verstreuten rechtlichen Bestimmungen.

Da zu vielen Rechtsbereichen bereits gute und allgemein verständliche Informationsschriften vorliegen, ist dieses Buch vor allem als Orientierungshilfe im »Labyrinth« gesetzlicher Regelungen zu verstehen. Es will dabei psychisch erkrankte Menschen und alle, die sie dabei unterstützen wollen, ermutigen, ihre Rechte auf Information, Aufklärung und Beratung bei den zuständigen Stellen einzufordern und die ihnen zustehenden Rechte wahrzunehmen und durchzusetzen. Bei der Klärung von rechtlichen Fragen im Einzelfall kann es aber weder den Blick in Gesetzestexte, Verordnungen und Richtlinien noch eine Rechtsberatung ersetzen.

Dargestellt sind also »Grundinformationen«. Sie werden ergänzt durch Hinweise auf spezielle Informationen zu einzelnen Rechtsbereichen in dem jeweiligen Kapitel. Am Ende des Buches finden sich darüber hinaus weitere grundsätzliche Literaturempfehlungen. Daneben werden im »Wegweiser zu hilfreichen Adressen« Hinweise auf Stellen gegeben, bei denen »vor Ort« Informationen eingeholt werden können.

Weiter ist zu beachten, dass sich die dargestellten rechtlichen Regelungen ändern können. Vor allem der Bereich der Sozialgesetzgebung ist in den letzten Jahren durch eine nur noch schwer zu überblickende Vielzahl von Reformen und Änderungen geprägt, die auch für psychisch erkrankte Menschen von besonderer Bedeutung sind.

In diesem Buch ist der Stand der Gesetzgebung vom Juli 2005 berücksichtigt. Bei der Geltendmachung von Rechtsansprüchen ist es daher wichtig zu überprüfen, inwiefern die hier dargestellten rechtlichen Regelungen, Richtlinien und Empfehlungen noch dem aktuellen Stand entsprechen.

Oft sind Rechtsansprüche – etwa auf Sozialleistungen oder zur Wahrung des Persönlichkeitsrechts – nur vor Gericht durchzusetzen. Da in diesen Fällen eine genaue Klärung der Situation und eine eingehende juristische Beratung erforderlich sind, ist auf die stets mögliche und oftmals notwendige Inanspruchnahme professioneller Hilfe zu verweisen (hierzu S. 176 ff.).

ROLF MARSCHNER
München, im Juli 2005

PS: Rückmeldungen und Anregungen für künftige Neuauflagen sind ausdrücklich erwünscht. Kontakt: verlag@psychiatrie.de

Psychische Erkrankung und seelische Behinderung in gesetzlichen Regelungen

Die Beantwortung der Frage »Was ist eine psychische Erkrankung?« ist auch juristisch gesehen keineswegs einfach: So wird zwar in einzelnen Gesetzen der Begriff »psychische Krankheit« oder »psychisch Kranke« ausdrücklich erwähnt, er wird hier allerdings in der Regel nicht definiert. Diese fehlende Definition gründet sich vor allem darauf, dass durch die Weiterentwicklung von Möglichkeiten der Erkennung und Behandlung von Krankheiten auch der Krankheitsbegriff einem fortlaufenden Wandel unterliegt. Außerdem werden die Begriffe »Krankheit« und »Behinderung« von Ärzten und Juristen unterschiedlich verwendet und haben im Kontext der verschiedenen Gesetze (z. B. Sozialrecht einerseits, Unterbringungsrecht andererseits) eine jeweils spezifische Bedeutung, die zu beachten ist.

Krankheit

Bei dem Begriff der Krankheit in gesetzlichen Regelungen handelt es sich um einen Rechtsbegriff. Im Sozialrecht geht es vor allem darum, das versicherte Risiko und die Voraussetzungen für die Leistungspflicht der Krankenkasse bzw. anderer Sozialleistungsträger zu definieren. Im Betreuungs- und Unterbringungsrecht geht es um die Festlegung der Eingriffsschwelle.

Nach der Rechtsprechung des Bundessozialgerichts ist Krankheit im Sinne der Gesetzlichen Krankenversicherung »ein regelwidriger körperlicher oder geistiger Zustand, der entweder Behandlungsbedürftigkeit oder Arbeitsunfähigkeit zur Folge hat«. Der Bundesgerichtshof versteht unter Krankheit »jede Störung der normalen Beschaffenheit oder der normalen Tätigkeit des Körpers, die geheilt, beseitigt oder gelindert werden kann«.

Eine weiter gehende Definition enthalten die Psychotherapie-Richtlinien vom 23. Oktober 1998, in denen seelische Krankheit verstanden wird als »krankhafte Störung der Wahrnehmung, des Verhaltens, der Erlebnisverarbeitung, der sozialen Beziehungen und der Körperfunktionen. Es gehört zum Wesen dieser Störungen, dass sie der willentlichen Steuerung durch den Patienten nicht mehr oder nur zum Teil zugänglich sind.«

In den von der Weltgesundheitsorganisation (WHO) mit der ICD-10 (International Classification of Diseases) vorgelegten klinisch diagnostischen Leitlinien, die in einer modifizierten Fassung die Grundlage für die Verschlüsselung von »Krankheiten« im deutschen Gesundheitswesen beinhalten, wird übrigens durchgängig der Begriff der »Störung« verwendet, »um den problematischen Gebrauch von Ausdrücken wie ›Krankheit‹ oder ›Erkrankung‹ weitgehend zu vermeiden« (Einleitung zur deutschen Ausgabe der Internationalen Klassifikation psychischer Störungen – ICD-10). Dabei wird ausdrücklich hervorgehoben, dass »Störung« kein exakter Begriff ist, sondern »einen klinisch erkennbaren Komplex von Symptomen oder Verhaltensauffälligkeiten anzeigen soll, der immer auf der individuellen und oft auch auf der Gruppen- oder sozialen Ebene mit Belastung und mit Beeinträchtigung von Funktionen verbunden ist, sich aber nicht auf der sozialen Ebene allein darstellt«.

Behinderung

Bei dem Begriff der Behinderung handelt es sich wie bei dem Begriff der Krankheit um einen Rechtsbegriff, der im Behindertengleichstellungsgesetz – BGG (§ 1) und im SGB IX (§ 2) wortgleich definiert wird: »Menschen sind behindert, wenn ihre körperliche Funktion, geistige Fähigkeit oder seelische Gesundheit mit hoher Wahrscheinlichkeit länger als sechs Monate von dem für das Lebensalter typischen Zustand abweicht und daher ihre Teilhabe am Leben in der Gesellschaft beeinträchtigt ist.«

Für den Zugang zu Leistungen der Rehabilitation und Teilhabe ist eine Voraussetzung, dass der Mensch behindert oder von einer Behinderung bedroht ist. Dabei gilt ein Mensch als von Behinderung bedroht, wenn die in der vorstehenden Definition beschriebene Beeinträchtigung zu erwarten ist. Der Begriff der seelischen Behinderung wird dabei in den sozialrechtlichen Regelungen nicht näher definiert. Eine Konkretisierung ist lediglich in der Eingliederungshilfe-Verordnung (VO nach § 60 SGB XII) zu finden, die in § 3 »seelisch wesentlich behinderte Menschen« anhand einer Aufzählung von Diagnosegruppen beschreibt. Demnach sind »seelische

Störungen, die eine wesentliche Einschränkung der Teilhabefähigkeit« im Sinne des § 53 SGB XII »zur Folge haben können:
- körperlich nicht begründbare Psychosen,
- Folgen von Krankheiten oder Verletzungen des Gehirns, von Anfallsleiden oder von anderen Krankheiten oder körperlichen Beeinträchtigungen,
- Suchtkrankheiten,
- Neurosen und Persönlichkeitsstörungen«.

Bei der Definition der Behinderung im SGB IX wird auf die Begrifflichkeit der von der WHO entwickelten »Internationalen Klassifikation der Funktionsfähigkeit, Behinderung und Gesundheit (ICF)« zurückgegriffen, die ein umfassendes Konzept zur Beschreibung von »Krankheitsfolgen« enthält. Die ICF beschreibt Gesundheit (und mögliche Störungen) auf den Ebenen:

- der körperlich sowie geistig-psychischen Funktionen: Affektivität, Antrieb, Aufmerksamkeit, Ausdauer, emotionale Stabilität, Merkfähigkeit, Motivation, Orientierung, Selbstvertrauen, Selbstwertgefühl, Wahrnehmung u. a. m.;
- der Person als autonom handelndes Subjekt: Fähigkeiten zur zielgerichteten Ausführung von Aktivitäten, z. B. zur Bewältigung der Alltagsanforderungen, zur Erfüllung der beruflichen Anforderungen, zum Aufbau und zur Pflege sozialer Kontakte;
- der Person als Subjekt in Gesellschaft und Umwelt: Teilhabe an Ausbildung, am Arbeitsleben, am sozialen, kulturellen und sozialen Leben.

Diese drei Ebenen sowie persönliche und umweltbedingte Kontextfaktoren beeinflussen sich wechselseitig, was auch in der doppeldeutigen Begrifflichkeit »behinderter Mensch« zum Ausdruck kommt: der Mensch mit einer Behinderung (Beeinträchtigung) wie auch der Mensch, der – durch gesellschaftliche Verhältnisse – behindert wird.

Dass gerade für chronisch psychisch erkrankte Menschen und ihr Recht auf notwendige und angemessene Hilfe dieses Konzept von grundlegender Bedeutung ist, haben Dilling und Siebel bereits 1995 in ihrer Kommentierung zum Vorläufer der ICF (die »Internationalen Klassifikation der Schädigungen, Fähigkeitsstörungen und Beeinträchtigungen – ICIDH«) hervorgehoben. Sie stellten fest: »Bei der Gewährung zum Beispiel von häuslicher Krankenpflege sind Patienten mit chronischen psychischen Erkrankungen gegenüber Patienten mit körperlichen Erkrankungen bisher fast immer benachteiligt. Gegenüber somatischen Beeinträchtigungen beispielsweise durch Schädigungen des Bewegungssystems werden Funktionseinschränkungen verbunden mit Antriebslosigkeit, Interesseverlust und dem Gefühl der Wertlosigkeit häufig unterbewertet und unterstützende Maßnahmen nicht gewährt« (S. 150).

Inzwischen hat sich ein mehrdimensionales Krankheitskonzept durchgesetzt, wonach die Entstehung und vor allem auch der Verlauf einer psychischen Erkrankung durch das Zusammenwirken von biologischen, psychischen und sozialen Faktoren beeinflusst wird. Nun gilt es, diesem auch durchgängig bei der Organisation und Erbringung von Hilfen in der Praxis Rechnung zu tragen, um den besonderen Bedürfnissen psychisch kranker und seelisch behinderter Menschen zu entsprechen.

Schwerbehinderteneigenschaft

Als »schwerbehindert« definiert das SGB IX (wie zuvor das Schwerbehindertengesetz) Menschen, bei denen ein Grad der Behinderung von mindestens 50 vorliegt. Beträgt der Grad weniger als 50, aber wenigstens 30, können behinderte Menschen schwerbehinderten Menschen gleichgestellt werden, wenn sie infolge ihrer Behinderung ohne Gleichstellung einen geeigneten Arbeitsplatz nicht erlangen oder behalten können (§ 2 Abs. 2 u. 3 SGB IX).

Die Feststellung der Schwerbehinderteneigenschaft erfolgt in einem ärztlichen Begutachtungsverfahren durch das Versorgungsamt, wobei sich der Grad der Behinderung bei psychischen Störungen anders als bei Sinnes- oder Körperbehinderungen nicht eindeutig messen lässt und sich vor allem nach der Ausprägung »sozialer Anpassungsschwierigkeiten« richtet (weitere Informationen hierzu weiter hinten unter Schwerbehindertenrecht S. 130 ff).

Benachteiligungsverbot und Gleichstellungsgesetz

Die im Grundgesetz (Artikel 3) geregelte Gleichheit aller Menschen vor dem Gesetz wurde 1994 um ein Benachteiligungsverbot ergänzt: »Niemand darf wegen seiner Behinderung benachteiligt werden« (Art. 3 Abs. 3 Satz 2 GG).

Zur Konkretisierung dieses Verfassungsanspruchs und zur Durchsetzung der Gleichstellung behinderter Menschen ist zum 1. Mai 2002 das Gesetz zur Gleichstellung behinderter Menschen (Behindertengleichstellungsgesetz – BGG) in Kraft getreten. Ziel des Gesetzes ist, »die Benachteiligung von behinderten Menschen zu beseitigen und zu verhindern sowie die gleichberechtigte Teilhabe von behinderten Menschen am Leben in der Gesellschaft zu gewährleisten und ihnen eine selbstbestimmte Lebensführung zu ermöglichen. Dabei wird besonderen Bedürfnissen Rechnung getragen« (§ 1 BGG).

Ein Schlüsselbegriff ist dabei die – auch im SGB IX enthaltene – Anforderung der Barrierefreiheit, die wie folgt definiert wird: »Barrierefrei sind bauliche und sonstige Anlagen, Verkehrsmittel, technische Gebrauchsgegenstände, Systeme der Informationsverarbeitung, akustische und visuelle Informationsquellen und Kommunikationseinrichtungen sowie andere gestaltete Lebensbereiche, wenn sie für behinderte Menschen in der allgemein üblichen Weise, ohne besondere Erschwernis und grundsätzlich ohne fremde Hilfe zugänglich und nutzbar sind« (§ 4 BGG).

In der Begründung zu dieser Regelung wird zum einen ausgeführt, dass Barrierefreiheit die Begriffe »behindertengerecht« und »behindertenfreundlich« ablöst, »die in der Kombination von ›behindert‹ und ›gerecht‹ oder ›freundlich‹ falsche Assoziationen der besonderen Zuwendung zu behinderten Menschen auslösen können. Vielmehr geht es im Sinne eines ›universal design‹ um eine allgemeine Gestaltung des Lebensumfeldes für alle Menschen, die möglichst niemanden ausschließt und von allen gleichermaßen genutzt werden kann. Dieser Gedanke einer wenn immer möglichen Vermeidung von Sonderlösungen zugunsten einer die Bedarfe behinderter Menschen selbstverständlich einbeziehenden gesellschaftlichen Gestaltung entspricht einer modernen Auffassung von Architektur und Design.« Zum anderen soll mit der im Gesetz vorgenommenen Definition deutlich werden, »dass nicht nur die physischen Barrieren wie Treppen, zu schmale Gänge, Stolperstufen, ungesicherte Baugruben usw. gemeint sind, sondern auch die kommunikativen Schranken erfasst werden, denen beispielsweise hörbehinderte Menschen ausgesetzt sind, wenn Gehörlosen zur Verständigung mit Hörenden Gebärdensprachdolmetscher fehlen bzw. Hörgeräteträger keine entsprechenden Höranlagen vorfinden, oder mit denen Blinde konfrontiert werden, wenn sie in Sitzungen Schwarzschriftdokumente nicht lesen können und keine Vorlesekräfte zur Verfügung haben«. In diesem Kontext findet sich dann auch die Vorgabe, dass »den besonderen Belangen seelisch- und geistig- sowie lernbehinderter Menschen Rechnung zu tragen« ist.

Während für Menschen mit körperlicher Behinderung oder einer Sinnesbehinderung (Blinde, Gehörlose) konkrete Regelungen getroffen wurden, etwa zum Abbau von Barrieren in den Bereichen Bau und Verkehr und zur Einführung von Kommunikationshilfen (z. B. Gebärdensprachdolmetscher für gehörlose Menschen), ergeben sich aus dem Gesetz keine Anhaltspunkte, durch welche Maßnahmen und Hilfen den besonderen Bedürfnissen seelisch behinderter Menschen entsprochen werden könnte.

Zu den bisher nicht gelösten Problemen gehört außerdem die Diskriminierung von Menschen mit psychischen Erkrankungen im Versicherungsvertragsrecht: Versicherungsgesellschaften schließen in ihren Versicherungsbedingungen häufig Menschen mit einer psychischen Erkrankung pauschal vom Vertragsabschluss aus. Nach dem geplanten Antidiskriminierungsgesetz kann die Verweigerung des Vertragsabschlusses nicht mehr mit dem Vorliegen einer Behinderung begründet werden. Eine unterschiedliche Behandlung kann sich dann nur noch aus einer auf versicherungsmathematischen und statistischen Daten beruhenden Risikobewertung ergeben.

INFO Informationen zum Gleichstellungsgesetz gibt es beim Beauftragten der Bundesregierung für die Belange behinderter Menschen (siehe Adressen). Neben dem BGG gibt es jeweils auch noch landesrechtliche Regelungen. Informationen hierzu sind bei den Behindertenbeauftragten der Länder erhältlich.

Das Recht auf Selbstbestimmung

Aus dem Grundrecht auf freie Entfaltung der Persönlichkeit nach Art. 2 Abs. 1 GG ergibt sich unter anderem das Recht auf Selbstbestimmung. Dies bedeutet,
- dass jeder Bürger selbst entscheidet, ob, wann und in welchem Umfang er Hilfe in Anspruch nehmen will;
- dass die Erbringung von Hilfen jeweils nur mit Zustimmung des Betroffenen zulässig ist.

Ausdrücklich gilt dies z. B. bei der ärztlichen Behandlung (s. unten zur ärztlichen Aufklärungspflicht) und im Recht der Rehabilitation und Teilhabe: »Die Leistungen zur Teilhabe bedürfen der Zustimmung der Leistungsberechtigten« (§ 9 Abs. 4 SGB IX).

Freie Wahl von Hilfeangeboten

Dabei hat entsprechend den Regelungen der Gesetzlichen Krankenversicherung (§ 76 SGB V) der Krankenversicherte das Recht, den zur vertragsärztlichen Versorgung zugelassenen oder zur Teilnahme ermächtigten Arzt frei zu wählen (Recht auf freie Arztwahl). Dieser Grundsatz gilt auch, wenn ein Hilfeangebot (z. B. ein Wohnheim) genutzt wird, das durch einen Arzt betreut wird: Ist etwa im Rahmen des Betreuungs- oder Heimvertrages eine Regelung enthalten, die dazu verpflichten soll, sich durch den Konsiliararzt untersuchen und behandeln zu lassen, verstößt diese Festlegung gegen das Recht auf freie Arztwahl und ist unzulässig.

Im Krankenhaus wie auch bei der Behandlung in Rehabilitationseinrichtungen gilt das Recht der freien Arztwahl nicht. Hier muss man sich durch den jeweils »zuständigen« Arzt behandeln lassen. Für den Bereich der Krankenhausbehandlung besteht lediglich ein Wahlrecht hinsichtlich des Krankenhauses, in dem die Behandlung durchgeführt werden soll. Voraussetzung ist hier wiederum, dass einerseits die Krankenhausbehandlung notwendig ist und andererseits das Krankenhaus (psychiatrisches Krankenhaus, psychiatrische Abteilung an einem Allgemeinkrankenhaus oder einer Hochschulklinik) zugelassen ist. Wenn man sich direkt an ein Krankenhaus wendet, ist von diesem zu prüfen, ob eine Aufnahme erforderlich oder eine ambulante Behandlung ausreichend ist.

Der Grundsatz der freien Klinikwahl gilt nicht bei Zwangseinweisungen. Hier erfolgt regelmäßig die Aufnahme in die für die Region zuständige psychiatrische Klinik.

Auch bei anderen Hilfeangeboten besteht in der Regel ein Wahlrecht der Betroffenen. Im Bereich der Leistungen zur Rehabilitation und Teilhabe ist dieses insofern eingeschränkt, als die letzte Entscheidung über Art und Form der Leistung bei dem jeweiligen Leistungsträger (Krankenkasse, Rentenversicherungs-, Sozialhilfeträger) liegt. Bei der Entscheidung des Leistungsträgers ist aber Wünschen eines Leistungsberechtigten (»Hilfebedürftigen«) zu folgen, soweit diese angemessen bzw. berechtigt sind. Diese Vorgabe ist im Allgemeinen Teil des Sozialgesetzbuchs (§ 33 SGB I), im Bereich der Rehabilitation und Teilhabe behinderter Menschen (§ 9 Abs. 1 SGB IX) und auch im Sozialhilferecht (§ 9 Abs. 2 SGB XII: soweit nicht unverhältnismäßige Mehrkosten entstehen) zu finden.

Die aktive Nutzung von Wahlmöglichkeiten setzt voraus, dass die Möglichkeit zur Auswahl zwischen verschiedenen Hilfeangeboten bzw. Trägern besteht und Informationen über die Angebote verfügbar sind.

Die ärztliche Aufklärungspflicht

Aus dem Selbstbestimmungsrecht und dem Grundrecht auf körperliche Unversehrtheit (Art. 2 GG) ergibt sich, dass jede Heilbehandlung der Einwilligung durch den Betroffenen bedarf. Eine ohne Einwilligung des Betroffenen durchgeführte Behandlungsmaßnahme ist im juristischen Sinne eine Körperverletzung und damit strafbar. Eine Ausnahme ist die Notfallversorgung, wenn eine Einwilligung des Patienten nicht möglich ist.

Zu den Voraussetzungen für eine wirksame Einwilligung durch den Betroffenen gehört die Aufklärung über Diagnose, mögliche Behandlungsmethoden und deren Risiken sowie über die Risiken der Nichtbehandlung. Diese Voraussetzung ist ausdrücklich in der Berufsordnung der Deutschen Ärzte festgehalten. Von einer Aufklärung darf der Arzt nur absehen, wenn der Patient ausdrücklich darauf verzichtet.

Gerade – aber nicht nur – im psychiatrischen Bereich wird von Betroffenen wie auch deren Angehörigen beklagt, dass die gebotene Aufklärung nicht, unzureichend oder erst auf gezielte Nachfrage erfolgt, insbesondere was Sinn und Zweck der medikamentösen Behandlung sowie mögliche Nebenwirkungen von Psychopharmaka angeht. Eine unzureichende oder unvollständige ärztliche Information und Aufklärung ist aber letztlich ein Verstoß gegen das Selbstbestimmungsrecht der Patientinnen und Patienten.

Die Aufklärungspflicht erstreckt sich auf alle Behandlungsmaßnahmen, also im psychiatrischen Bereich nicht nur auf medikamentöse und körperbezogene Behandlungsverfahren, sondern in gleicher Weise auch auf die Psychotherapie.

Auch wenn überlegt wird, andere nichtärztliche bzw. nichtmedizinische Hilfen in Anspruch zu nehmen, haben die Betroffenen ein Recht auf Information über das Hilfeangebot, dessen Möglichkeiten und Grenzen sowie mögliche Folgen für den Betroffenen (z. B. die Heranziehung zu den Betreuungskosten, die Verknüpfung von Hilfeleistungen und Unterkunft).

Ausdrücklich geregelt ist diese Informationspflicht außerhalb des Arztrechts im Heimgesetz. Danach hat der Träger eines Heims vor Abschluss des Heimvertrages schriftlich über den Vertragsinhalt zu informieren. Im Vertrag müssen unter anderem die Leistungen des Heims nach Art, Inhalt und Umfang von Unterkunft, Verpflegung und Betreuung beschrieben und die hierauf entfallenden Entgelte angegeben werden (§ 5 HeimG).

INFO Eine allgemein verständliche Zusammenfassung der derzeit geltenden Rechte von Patienten enthält die »Patientencharta: Patientenrechte in Deutschland«. Sie ist im Internet verfügbar auf der Homepage des Bundesministeriums der Justiz (www.bmj.bund.de) und des Bundesministerums für Gesundheit und Soziale Sicherung (www.bmgs.bund.de).

Leitfaden für ein Gespräch über geplante Behandlungsmaßnahmen und Hilfen

Der nachfolgende Leitfaden enthält beispielhaft die Fragen, die im Rahmen eines Informations- und Aufklärungsgesprächs zu klären sind. Da Ärzten bei der Durchführung, Verordnung oder Beantragung sowie bei der Begutachtung von Behandlungs- und Rehabilitationsmaßnahmen eine Schlüsselstellung zukommt, bietet er vor allem einen Orientierungsrahmen für das Gespräch mit dem Arzt. Er kann aber grundsätzlich auch als Leitfaden für ein Gespräch über andere Hilfeangebote genutzt werden (z. B. bei der Erstellung eines Gesamtplans im Rahmen der Eingliederungshilfe oder bei der Frage der Erforderlichkeit einer Betreuung).

Problemdefinition

Genaue Problembeschreibung aus Sicht des Betroffenen, aus fachlicher Sicht, ggf. auch aus Sicht von Angehörigen und Bezugspersonen

- Welche Symptome liegen vor, wie wirken sie sich auf den Lebensalltag und auf die soziale Situation aus?
- Wie sehen wahrscheinliche und mögliche Verlaufsformen der Erkrankung aus?
- Welche Behandlungs-, Rehabilitations- und Hilfemöglichkeiten gibt es?

Diagnose

Ausschluss anderer Erkrankungen und Klärung der Krankheitsgeschichte

- Sind weitere Untersuchungen und Beobachtungen erforderlich? Welche Risiken sind damit verbunden?
- Welche weiteren (früheren) Erkrankungen und Behandlungserfahrungen sind bekannt?
- Was ist davon für die aktuelle Situation wichtig?
- Was ist über die Medikamentenanamnese bekannt (z. B. Dauereinnahme von Medikamenten mit Abhängigkeitspotenzial, frühere Nebenwirkungen, Allergien, Unverträglichkeiten)?

Ziele

Abstimmung der Ziele zwischen Betroffenem und den Fachkräften, ggf. unter Einbeziehung von Angehörigen und Bezugspersonen

- Was soll Ziel der Behandlung bzw. der Hilfen sein?
- Welches Ziel ist vorrangig und welches nachrangig?

- Lassen sich Teilziele benennen, die in einem überschaubaren Zeitraum erreicht werden sollen?
- Welche grundlegenden Ziele sind dabei zu berücksichtigen (z. B. Erhalt der eigenen Wohnung und Verbleiben in der gewohnten Umgebung)?
- Erarbeitung realistischer Ziele.

Maßnahmen

Planung und Organisation der Hilfen
- Wie soll die Behandlung aussehen und wie lange soll sie dauern?
- Welche Maßnahmen sind zur Erreichung der Ziele vorrangig und welche nachrangig?
- Welche Alternativen bestehen?
- Welche Risiken der Behandlung bestehen?
- Wie häufig treten die Risiken auf?
- Welche Kontrollen und Vorsichtsmaßnahmen gibt es?
- Wer soll im Risikofall hinzugezogen werden?
- Wie wird der wahrscheinliche Krankheitsverlauf aussehen, wenn die vorgeschlagene Behandlung nicht erfolgt?
- Welche Möglichkeiten bestehen für den Betroffenen, Einfluss auf die Gestaltung der Hilfen zu nehmen?
- Wer trägt die Kosten für die Hilfen?

Ergebniskontrolle
- Überprüfung der Wirksamkeit der Hilfen
- Wie und wann soll sie erfolgen?
- Wer ist daran beteiligt?
- Woran soll der Erfolg gemessen werden?

Bei einer schweren oder chronisch verlaufenden psychischen Erkrankung müssen meistens verschiedene Hilfeangebote nacheinander, teilweise auch nebeneinander in Anspruch genommen werden. Ein Problem stellt dabei vielfach die institutionsbezogene Organisation und die unzureichende Abstimmung von Hilfeangeboten dar. Zur Überwindung dieser gegenwärtigen Situation wurde von einer Expertenkommission ein Vorschlag zur Weiterentwicklung erarbeitet, der auch ein detailliertes Verfahren zur Erarbeitung eines »integrierten Behandlungs- und Rehabilitationsplans« enthält, der unter anderem die in dem vorstehenden Leitfaden angeführten Aspekte berücksichtigt. Die Kurzfassung des Berichts, die auch die Bögen zur Hilfeplanung enthält, ist erschienen als: Aktion Psychisch Kranke (Hg.): Personenzentrierte Hilfen in der psychiatrischen Versorgung. Bonn 2005.

Eingriffe in das Selbstbestimmungsrecht

Ein Eingriff in das Selbstbestimmungsrecht und die Grundrechte darf nur auf der Grundlage gesetzlicher Regelungen erfolgen. Für psychisch kranke Menschen sind dabei vor allem die Ländergesetze zur Unterbringung und zu Hilfen und Schutzmaßnahmen für psychisch Kranke (s. S. 164 ff.) sowie das Betreuungsrecht (s. S. 150 ff., 163) von Bedeutung, die unter jeweils besonderen Voraussetzungen auch die Durchführung von Zwangsmaßnahmen ohne Zustimmung der betroffenen Person ermöglichen.

Vorausverfügungen und Vollmachten

Besondere Bedeutung zur Wahrnehmung des Selbstbestimmungsrechts kommt den so genannten Vorausverfügungen (Patientenverfügungen) sowie Vorsorgevollmachten zu. Die bekannteste und weit verbreitete Form der Vorausverfügung ist das Testament, in dem man seinen »letzten Willen« für den Fall des Todes äußert. Im Vergleich hierzu erlangen andere – nicht weniger wichtige – Formen der Vorausverfügung für den Fall der Hilfs- oder Behandlungsbedürftigkeit erst in letzter Zeit mehr Bekanntheit und Verbreitung. Hierzu hat sicher auch beigetragen, dass die Bedeutung dieser Vorausverfügungen inzwischen durch die Gesetzgebung gestärkt wurde: So sieht das Betreuungsrecht ausdrücklich die Möglichkeit vor, Vorausverfügungen für den Fall der Betreuungsbedürftigkeit (Betreuungsverfügung) zu treffen, und hat die Handlungsmöglichkeiten von Bevollmächtigten erweitert, die nun auch – in dem Fall, dass man selbst einwilligungsunfähig ist – in Behandlungs- und Unterbringungsmaßnahmen einwilligen können (hierauf wird im Kapitel zum Betreuungsrecht näher eingegangen). Der Gesetzgeber plant die Einführung einer ausdrücklichen gesetzlichen Grundlage für die Patientenverfügung im Betreuungsrecht.

Daneben wird in den in den letzten Jahren neu geschaffenen oder novellierten Landesgesetzen über Hilfen und Schutzmaßnahmen für psychisch kranke Menschen (PsychKG) ausdrücklich darauf hingewiesen, dass auch die vorab in Patientenverfügungen formulierten Wünsche zu beachten sind. Das PsychKG von Rheinland-Pfalz (von 1995) gehörte zu den ersten: »Den Wünschen der psychisch kranken Person soll so weit wie möglich Rechnung getragen werden. Dies gilt auch für Wünsche, die sie vor Beginn der Maßnahme geäußert hat, es sei denn, sie will erkennbar hieran nicht festhalten« (§ 2 PsychKG Rheinland-Pfalz). Das im Jahr 2000 novellierte PsychKG von Schleswig-Holstein berücksichtigt in § 1 Abs. 3 ausdrücklich Patientenverfügungen und das Ende 1999 neu gefasste PsychKG Nordrhein-Westfalen in § 2 die Behandlungsvereinbarungen.

Aus dieser einführenden Übersicht wird bereits ersichtlich, dass es unterschiedliche Formen der Vorausverfügungen gibt. Wer umfassend von seinem Selbstbestimmungsrecht Gebrauch machen und Vorsorge für den Fall treffen will, dass er eigene Angelegenheiten nicht mehr selbst wahrnehmen kann, sollte über eine Patientenverfügung, eine Betreuungsverfügung sowie über die Einsetzung eines Bevollmächtigten nachdenken.

Patientenverfügung
In den letzten Jahren sind verschiedene Formen von Vorausverfügungen entwickelt worden, die sich speziell auf den Fall der psychiatrischen Behandlung beziehen. Zu unterscheiden sind dabei einseitige Willenserklärungen, wie die Patientenverfügung, und gemeinsam mit einer Einrichtung erarbeitete Vereinbarungen für künftige Behandlungssituationen (Behandlungsvereinbarungen).

Die erste speziell für den Fall einer psychiatrischen Behandlung entwickelte Form der Vorausverfügung ist das »psychiatrische Testament«, das auf die Initiative des amerikanischen Psychiaters Thomas S. Szasz zurückgeht (1982) und das zahlreiche örtliche Initiativen anregte, weitere Muster für Patientenverfügungen zu entwickeln.

Eine solche Patientenverfügung richtet sich an die behandelnden Ärzte und kann unerwünschte fürsorgliche Eingriffe abwehren. Im Fall einer psychiatrischen Behandlung können z. B. bestimmte Behandlungsformen ausgeschlossen werden wie die Elektrokrampftherapie (EKT) oder bestimmte pharmakologische Therapien.

Die in dieser Form getroffenen Vorausverfügungen sind im Falle einer psychiatrischen Behandlung zu beachten, »wenn der Betroffene bei der Erklärung als einsichts- und entscheidungsfähig anzusehen war, er sich eine hinreichend konkrete Vorstellung darüber machen konnte, für welchen Fall seine Erklärung wirksam werden sollte, und die Erklärung hinreichend bestimmt und individuell verfasst ist« (Marschner u. Volckart 2001, S. 210). Hierzu gehört z. B., dass aus der Vorausverfügung erkennbar wird, dass eine eingehende Auseinandersetzung mit der Erkrankung und vor allem den in Betracht kommenden Behandlungsmöglichkeiten und deren Wirkungen und Nebenwirkungen erfolgt ist. Eine pauschale und nicht begründete Ablehnung z. B. der Behandlung mit Psychopharmaka erfüllt diese Voraussetzung nicht; vielmehr muss ersichtlich sein, dass die Ablehnung der Behandlung mit Psychopharmaka bzw. mit bestimmten Medikamenten bewusst und auf der Grundlage eingehender Information erfolgt ist.

WICHTIG: Weil sich eigene Einstellungen und Erfahrungen wie auch Behandlungsverfahren im Lauf der Zeit ändern können, sollte eine Patientenverfügung regelmäßig überprüft und gegebenenfalls aktualisiert werden – mit einem entsprechenden Vermerk in der Verfügung. Ferner sollten die darin enthaltenen Informationen jederzeit verfügbar sein, damit die in einer Vorausverfügung geäußerten Wünsche in einer Behandlungs- bzw. Krisensituation beachtet werden können. Hierzu wurde in München ein »Krisenpass für Menschen mit Psychoseerfahrung« entwickelt, der das Format eines Personalausweises hat und den man mit diesem immer bei sich tragen kann. Er enthält folgende Informationen bzw. Hinweise:

- Personalien, Krankenkasse;
- ob und mit welcher Einrichtung eine Behandlungsvereinbarung abgeschlossen worden ist;
- welche Medikation im Krisenfall erfahrungsgemäß hilfreich ist;
- mit welchen Medikamenten schlechte Erfahrungen gemacht worden sind;
- aktuelle Medikation;
- welche Personen im Krisenfall benachrichtigt werden sollen;
- weitere Wünsche an die Behandlung und Hinweise auf weitere Erkrankungen, Allergien etc.

Neben den Patientenverfügungen, die eine einseitig abgegebene Willenserklärung sind, finden im Bereich der Psychiatrie zunehmend »Behandlungsvereinbarungen« Verbreitung. Darin wird für den Fall einer künftigen stationären Behandlung vorab mit der Klinik der Rahmen für die Durchführung der Behandlung abgesteckt. Die Vereinbarung enthält unter anderem Angaben über gegebenenfalls durchzuführende wie auch nicht durchzuführende Behandlungsmaßnahmen und benennt einzubeziehende Vertrauenspersonen.

Auch in den vorgenannten Vorausverfügungen ist zumeist vorgesehen, eine Vertrauensperson anzugeben, die im Krisenfall benachrichtigt werden soll und der eine Vollmacht erteilt werden kann, in medizinische Behandlungsmaßnahmen einzuwilligen.

Vollmacht und Betreuungsverfügung

Einer geeigneten Vertrauensperson Vollmacht zu erteilen, ist eine wichtige Möglichkeit unter bestimmten Voraussetzungen die Bestellung eines Betreuers durch das Gericht zu vermeiden (hierzu S. 140 f.). In einer Betreuungsverfügung kann eine Person benannt werden, die im Fall einer Betreuerbestellung rechtlicher Betreuer werden soll, und es können Wünsche für die Tätigkeit des Betreuers niedergelegt werden (hierzu S. 148 f.).

Wie auch die anderen Vorausverfügungen muss die Betreuungsverfügung so aufbewahrt werden, dass sie im Bedarfsfall zugänglich ist. Die Bundesnotarkammer hat ein zentrales Vorsorgeregister eingerichtet, wo alle Vorausverfügungen und Vollmachten hinterlegt werden können (www.vorsorgeregister.de).

INFO Bayerisches Staatsministerium der Justiz: Vorsorge für Krankheit, Unfall und Alter durch Vollmacht, Betreuungsverfügung, Patientenverfügung. Mit einer Einführung und Mustern. München 2004.
Betreuungsstelle Frankfurt/Main, Fachhochschulverlag (Hg.): Vorsorgevollmacht und Betreuungsverfügung. 3. Aufl., Frankfurt/Main 2002.
Informationsbroschüre zu Vorsorgemöglichkeiten mit Mustern und Formulierungsvorschlägen.

Bauer, A.; Klie, T.: Patientenverfügungen / Vorsorgevollmachten – richtig beraten? 2. Aufl., Heidelberg 2005.
Mit Mustertexten, Gerichtsentscheidungen und Empfehlungen der Bundesärztekammer.
Jacobi, T.; May, A. T.; Kielstein, R.; Bienwald, W. (Hg.): Ratgeber Patientenverfügung. Vorgedacht oder selbstverfasst? 4. Aufl., Münster 2004.
Ein Wegweiser zu den verschiedenen Formen von Vorausverfügungen, in dem zahlreiche Muster dokumentiert, Formulierungsvorschläge für eine individuelle Verfügung sowie eine Liste mit 150 Verfügungen mit Bezugsquellen enthalten sind. Eine aktuelle Fassung der Liste befindet sich im Internet unter:
www.Medizinethik-Bochum.de/verfuegungen.htm.
Knuf, A.; Gartelmann, A.: Bevor die Stimmen wiederkommen – Vorsorge und Selbsthilfe bei psychotischen Krisen. 4. Aufl., Bonn 2003.
In dem Band ist unter anderem der Krisenpass abgedruckt.
Dietz, A.; Pörksen, N.; Voelzke, W. (Hg.): Behandlungsvereinbarungen. Vertrauensbildende Maßnahmen in der Akutpsychiatrie. Bonn 1998. Enthält Mustervereinbarungen, gibt Einblick über Stand und Verbreitung der Vereinbarung und enthält Beiträge über die Praxis und die juristischen Bedingungen. Die »Bielefelder Behandlungsvereinbarung« ist erhältlich bei der Psychiatrischen Klinik Gilead, Remterweg 69 / 71, 33617 Bielefeld.
Kempker, K.; Lehmann, P. (Hg.): Statt Psychiatrie. Berlin 1993 (Neuausgabe angekündigt für März 2006).
Das Handbuch enthält unter anderem »Das formelle psychiatrische Testament« – Mustertext und Gebrauchsanweisung von Hubertus Rolshoven und Peter Rudel.

Das Recht auf informationelle Selbstbestimmung
Datenschutz und Schweigepflicht

Ein weiterer hinsichtlich des Persönlichkeitsrechts wichtiger Bereich betrifft den Umgang mit und die Weitergabe von personenbezogenen Informationen. Als Leitsatz gilt dabei, dass jeder das Recht hat selbst zu bestimmen, wem er welche Informationen über sich zukommen lässt.

Diesem Leitsatz stehen beispielsweise im Sozialrecht Auskunfts- und Mitwirkungspflichten (§§ 60 ff. SGB I) gegenüber, denen man nachkommen muss, wenn man bestimmte Leistungen und Hilfen in Anspruch nehmen will. Deutlich wird dies, wenn bestimmte Leistungen nur auf Antrag gewährt werden und hierzu Formulare auszufüllen sind oder z. B. bei Anträgen auf Rehabilitations- bzw. Teilhabeleistungen sozialmedizinische Gutachten eingeholt werden. Wird die Mitwirkung ohne berechtigte Gründe abgelehnt, kann diese zwar nicht erzwungen werden, in der Regel wird aber die beantragte Leistung wegen fehlender Mitwirkung versagt. Der Hinweis darauf, wer bzw. welche Stelle diese Daten erhält oder gegebenenfalls erhalten kann, ist häufig im »Kleingedruckten« von Anträgen enthalten.

Gerade im psychiatrischen Bereich, in dem sehr persönliche Informationen und Angaben weitergegeben und dokumentiert werden, ist es von grundlegender Bedeutung, dass sowohl die datenschutzrechtlichen Bestimmungen wie vor allem auch die Verpflichtung zur Verschwiegenheit (§ 203 StGB) beachtet werden und eine Weitergabe von personenbezogenen Informationen nur mit Zustimmung der betroffenen Person erfolgt. Die Schweigepflicht gilt dabei gegenüber allen »Dritten« – dies sind neben anderen Personen auch andere Einrichtungen und Dienste.

Bei der Inanspruchnahme eines psychiatrischen Hilfeangebotes sollte man sich daher – sofern nicht von den Mitarbeitern eine entsprechende Information gegeben wird – gezielt danach erkundigen, welche Informationen (Daten) erhoben, dokumentiert und gegebenenfalls weitergegeben werden, z. B. an die Leistungsträger (Krankenversicherung, Rentenversicherung, Arbeitsagentur, Sozialhilfeträger) oder auch an den Hausarzt. Zudem sollte man sich nach dem Umgang mit Daten in einer Einrichtung bzw. dem Dienst selbst erkundigen, beispielsweise nach der Weitergabe von Informationen im Rahmen von Supervision und Fallbesprechungen.

Die Weitergabe von persönlichen Informationen über Klienten im Rahmen von Fallbesprechungen in einer Einrichtung entspricht der gängigen Praxis, aber auch hierüber ist grundsätzlich die Zustimmung der Betroffenen einzuholen. Dieser Aspekt ist vor allem von Bedeutung, wenn einem bestimmten Mitarbeiter – zu dem ein Vertrauensverhältnis besteht – persönliche Erfahrungen oder Erlebnisse im Vertrauen auf dessen Verschwiegenheit mitgeteilt werden. Gibt der Mitarbeiter diese Informationen ohne ausdrückliche Zustimmung weiter, macht er sich wegen Verletzung der Schweigepflicht strafbar. Eine Weitergabe von Informationen ist aber zur Abwehr akuter Gefahrensituationen (z. B. bei Suizidgefahr) zulässig (§ 34 StGB).

In diesem Zusammenhang ist zu berücksichtigen, dass bestimmte Daten auf der Grundlage gesetzlicher Bestimmungen weitergegeben werden können bzw. müssen. Beispiele hierfür sind die Mitteilungsrechte der Sozialleistungsträger (§ 71 Abs. 3 SGB X) oder der Betreuungsbehörde (§ 7 BtBG), wenn es um die Anregung der Bestellung eines Betreuers geht, die Mitteilungspflichten der Betreuungsbehörde im Rahmen der Sachverhaltsaufklärung für das Vormundschaftsgericht (§ 8 BtBG) sowie die Mitteilungs- und Unterrichtungspflichten des Vormundschaftsgerichts (§§ 69 k – n, 70 n FGG). So teilt das Vormundschaftsgericht Entscheidungen (z. B. über die Einrichtung einer Betreuung oder die Anordnung einer Unterbringung in einem psychiatrischen Krankenhaus) »anderen Gerichten, Behörden oder sonstigen öffentlichen Stellen mit, soweit dies unter Beachtung berechtigter Interessen des Betroffenen nach den Erkenntnissen im gerichtlichen Verfahren erforderlich ist, um eine erhebliche Gefahr für den Betroffenen, für Dritte oder für die öffentliche Sicherheit abzuwenden« (§ 69 k Abs. 1 FGG). Zu den Behörden und sonstigen öffentlichen Stellen zählt auch die Straßenverkehrsbehörde beim Ordnungsamt (siehe unten »Führerschein«).

INFO Zum Thema Datenschutz gibt es eine Reihe von Informationsschriften, die kostenlos beim Bundesbeauftragten für den Datenschutz (www.bfd.bund.de, Adresse siehe Anhang) bezogen werden können: BfD-Info 1: Bundesdatenschutzgesetz. Die Broschüre enthält den Gesetzestext und Erläuterungen.

BfD-Info 2: Der Bürger und seine Daten. Überblick über die Stellen, die personenbezogene Daten erheben, verarbeiten und nutzen und bei denen man seine Datenschutzrechte geltend machen kann.

Akteneinsicht

Aus dem Recht auf informationelle Selbstbestimmung ergibt sich auch ein grundsätzliches Recht auf Information über den Inhalt der dokumentierten Angaben. Hierzu gehört neben dem in den Datenschutzgesetzen geregelten Recht auf Auskunft über gespeicherte Daten auch das Recht auf Akteneinsicht, für das wiederum besondere Bestimmungen gelten.

Für den Bereich der Sozialleistungsträger ist das Recht auf Akteneinsicht in §25 SGB X geregelt. Danach muss ein berechtigtes Interesse (»Geltendmachung oder Verteidigung rechtlicher Interessen«) an der Einsichtnahme geltend gemacht werden. Dieses liegt in eigenen Angelegenheiten in aller Regel vor.

Darüber hinaus wird in § 25 Abs. 2 SGB X einschränkend festgehalten, dass anstelle der direkten Akteneinsicht die Vermittlung durch einen Arzt treten kann, wenn die Akten Angaben über die gesundheitlichen Verhältnisse enthalten und »zu befürchten ist, dass die Akteneinsicht dem Beteiligten einen unverhältnismäßigen Nachteil, insbesondere an der Gesundheit, zufügen würde«. Weiter wird ausgeführt, dass, »soweit die Akten Angaben enthalten, die die Entwicklung und Entfaltung der Persönlichkeit des Beteiligten beeinträchtigen können«, der Inhalt auch von einem durch »Vorbildung sowie Lebens- und Berufserfahrung« geeigneten und befähigten Bediensteten vermittelt werden kann.

Diese Grundsätze spielen eine Rolle in der Diskussion um das Recht auf die Einsichtnahme in psychiatrische Krankenunterlagen. Hier liegen allerdings unterschiedliche Urteile der höchstrichterlichen Rechtsprechung für auf vertraglicher Grundlage im psychiatrischen Krankenhaus behandelte Patienten und nach einem Unterbringungsgesetz oder PsychKG untergebrachte Patienten vor. Der Bundesgerichtshof (BGH) erkennt zwar den körperlich Kranken ein weitgehendes Recht auf Akteneinsicht zu, schränkt dieses Recht aber bei psychisch Kranken mit Hinweis auf die oben stehenden Bedenken ein (Urteil vom 6. Juli 1982, mit dem die Klage eines ehemaligen Psychiatriepatienten auf Einsichtnahme in die Krankenakten abgewiesen wurde, Recht & Psychiatrie 1983, S.31 ff). Als Gründe für die Verweigerung der Akteneinsicht werden neben therapeutischen Bedenken (die Einsichtnahme könnte therapeutisch ungünstige Auswirkungen haben) schutzwürdige Interessen Dritter angeführt. Es wird hinzugefügt, dass bei der psychiatrischen Behandlung »die persönliche Einbeziehung des Arztes wie auch (...) dritter Personen« (z. B. Angehöriger) »eine besondere Rolle spielen kann und subjektive Beurteilungselemente in den Vordergrund treten« können, da die Krankenunterlagen »zwangsläufig nicht nur naturwissenschaftlich Nachprüfbares enthalten können«. Indem nach Auffassung des Gerichts die in der Krankenakte dokumentierten persönlichen Eindrücke und Motive der grundrechtlich geschützten Sphäre der Persönlichkeit unterstellt werden, ergibt sich, dass »die Entscheidung nicht einseitig am Persönlichkeitsrecht des Klägers ausgerichtet werden« kann.

Demgegenüber hat das Bundesverwaltungsgericht mit Urteil vom 27. 4.1989 (Recht & Psychiatrie 1989, S.114) einem ehemaligen untergebrachten Patienten ein weitgehendes Recht auf Einsicht in die ihn betreffenden Akten eines psychiatrischen Landeskrankenhauses zugestanden und Ausnahmen nur im Fall einer Selbstgefährdung zugelassen. Die Gefahr einer gesundheitlichen Schädigung durch die Akteneinsicht reiche für eine Verweigerung nicht aus. Das Bundesverwaltungsgericht begründet seine Entscheidung mit dem Selbstbestimmungsrecht des Patienten und der damit verbundenen Grundrechtsbindung bei einer öffentlich-rechtlichen Unterbringung, die bei vertraglichen Rechtsverhältnissen nicht in vergleichbarem Maß gegeben sei.

Die vom BGH vertretene Auffassung ist in der juristischen wie der psychiatrischen Diskussion auf Widerspruch gestoßen ist. In der aktuellen Diskussion wird überwiegend an einem eingeschränkten Einsichtsrecht festgehalten, so auch in der am 16. Oktober 2002 vom Bundesministerium der Justiz und dem Bundesministerium für Gesundheit vorgelegten »Patientencharta: Patientenrechte in Deutschland«. Danach erstreckt sich das Einsichtsrecht eines Patienten »nicht auf Aufzeichnungen, die subjektive Einschätzungen und Eindrücke des Arztes betreffen. Weitere Einschränkungen des Einsichtsrechts können bestehen im Bereich der psychiatrischen Behandlung und wenn Rechte anderer in die Behandlung einbezogener Personen (z. B. Angehörige, Freunde) berührt werden.«

Im Falle der Geltendmachung rechtlicher Interessen und der Einleitung eines Gerichtsverfahrens ist jedoch dem damit beauftragten Anwalt persönliche Einsicht in die Krankenunterlagen zu gewähren. Außerdem besteht die Möglichkeit, dass ein anderer Arzt, zu dem ein entsprechendes Vertrauensverhältnis besteht, die Krankenakten mit Einwilligung des Betroffenen anfordert und auf diesem Wege dem Betroffenen eine Einsichtnahme ermöglicht.

Führerschein

Für Führerscheininhaber gilt zunächst der Grundsatz, dass jeder selbst verpflichtet ist, seine Fahrtauglichkeit kritisch zu prüfen. Dementsprechend darf man nicht selbst Auto fahren, wenn die Fähigkeit zur Teilnahme am Straßenverkehr beispielsweise durch eine psychische Erkrankung oder durch die zur Behandlung verordneten Medikamente beeinträchtigt ist. Sollte aber die Fähigkeit zu einem der Erkrankung angemessenen Verhalten nicht gegeben sein, haben andere, wie behandelnde Ärzte oder betreuende Sozialarbeiter, trotz ihrer grundsätzlich bestehenden Schweigepflicht das Recht, im Rahmen der vorbeugenden Gefahrenabwehr (§ 34 StGB) eine Mitteilung an die Straßenverkehrsbehörde beim Ordnungsamt zu machen. Bestehen berechtigte Zweifel an der Fahreignung, kann die Verwaltungsbehörde die Beibringung eines Gutachtens verlangen. Wird die Vorlage eines Gutachtens trotz berechtigter Zweifel an der Fahreignung verweigert, darf die Verwaltungsbehörde auf die Nichteignung des Betroffenen schließen.

Die einschlägigen Bestimmungen enthält die »Verordnung über die Zulassung von Personen zum Straßenverkehr (Fahrerlaubnis-Verordnung – FeV«, Internet: http://bundesrecht.juris.de/bundesrecht/fev) mit den Ausführungen zur Einschränkung und Entziehung der Zulassung (§ 4) sowie zur »Eignung und bedingten Eignung zum Führen von Kraftfahrzeugen« (§§ 11 ff.). In Anlage 4 zur FeV werden unter den häufiger vorkommenden Erkrankungen auch explizit psychische Störungen (u. a. organische Psychosen, affektive Psychosen, schizophrene Psychosen) aufgeführt. Danach ist in akuten Krankheitsphasen regelmäßig keine Fahreignung gegeben. Nach Abklingen ist sie abhängig von »Symptomfreiheit«, im Falle einer bedingten Eignung werden regelmäßige Kontrollen vorgegeben.

Wurde der Führerschein eingezogen, wird zur Wiedererlangung der Fahrerlaubnis eine fachärztliche und eine medizinisch-psychologische Untersuchung durchgeführt.

INFO Leitsätze und Orientierungshilfen für die Begutachtung enthalten die »Begutachtungs-Leitlinien zur Kraftfahrereignung« vom Gemeinsamen Beirat für Verkehrsmedizin beim Bundesministerium für Verkehr, Bau- und Wohnungswesen und beim Bundesministerium für Gesundheit, einzusehen im Internet unter:
www.fahrerlaubnisrecht.de/Begutachtungsleitlinien/BGLL%20 Inhaltsverzeichnis.htm.
Darin wird auch auf psychische Erkrankungen im Einzelnen eingegangen. In den Leitsätzen zur Begutachtung bei »schizophrenen Psychosen« wird etwa festgehalten: »Die Voraussetzung zum sicheren Führen von Kraftfahrzeugen ... ist in akuten Stadien schizophrener Episoden nicht gegeben ... Nach abgelaufener akuter Psychose kann die Voraussetzung zum sicheren Führen« eines PKW »in der Regel wieder gegeben sein, wenn keine Störungen (z. B. Wahn, Halluzinationen, schwere kognitive Störung) mehr nachweisbar sind, die das Realitätsurteil erheblich beeinträchtigen. Bei der Behandlung mit Psychopharmaka sind einerseits deren stabilisierende Wirkung, andererseits die mögliche Beeinträchtigung psychischer Funktionen zu beachten. Langzeitbehandlung schließt die positive Beurteilung nicht aus.«

Hilfen im System der sozialen Sicherheit

Grundlagen

Das deutsche System der sozialen Sicherung ist im Lauf von über hundert Jahren gewachsen und wird inzwischen durch eine nur schwer überschaubare Zahl von Gesetzen geregelt. Einen wichtigen Bezugs- und Orientierungsrahmen für die Weiterentwicklung und Ausgestaltung leistungsrechtlicher Bestimmungen enthält das Sozialgesetzbuch Erstes Buch – Allgemeiner Teil – (SGB I), das zugleich auch einen Überblick über die Aufgaben des Sozialgesetzbuches und die verschiedenen Sozialleistungen und die Sozialleistungsträger gibt (§§ 1–29 SGB I). Danach soll das Recht des Sozialgesetzbuches dazu beitragen,

- ein menschenwürdiges Dasein zu sichern,
- gleiche Voraussetzungen für die freie Entfaltung der Persönlichkeit zu schaffen,
- den Erwerb des Lebensunterhalts durch eine frei gewählte Tätigkeit zu ermöglichen,
- besondere Belastungen des Lebens (hierzu gehören Krankheit und Behinderung) auch durch Hilfe zur Selbsthilfe abzuwenden oder auszugleichen (§ 1 SGB I).

Im SGB I werden umfassend die sozialen Rechte beschrieben, beispielsweise das Recht auf Maßnahmen zum Schutz, zur Erhaltung, Besserung und Wiederherstellung der Gesundheit und der Leistungsfähigkeit durch die gesetzliche Kranken-, Pflege-, Renten- und Unfallversicherung (§ 4 Abs. 2 SGB I) oder auch das Recht behinderter Menschen auf notwendige Hilfen zur Teilhabe (§ 10 SGB I).

Auf diese sozialen Rechte kann allerdings ein individueller (Rechts-)Anspruch nur geltend gemacht werden, wenn entsprechende Vorschriften in den einzelnen Sozialleistungsgesetzen bestehen. Gleichzeitig werden die Sozialleistungsträger verpflichtet, darauf hinzuwirken, dass die zur Erbringung der Sozialleistungen erforderlichen Dienste und Einrichtungen rechtzeitig und ausreichend zur Verfügung stehen (§ 1 Abs. 2 und § 17 Abs. 1 Ziff. 2 SGB I).

Hinweise, wo Informationen zu den einzelnen Sozialleistungen und Hilfeangeboten zu erhalten sind, finden sich einerseits nachfolgend zu den einzelnen Sozialgesetzen, andererseits weiter hinten im »Wegweiser zu hilfreichen Adressen«.

Leistungsträger und Leistungszuständigkeiten

Das gegliederte System der sozialen Sicherheit wird von zwei wesentlichen Prinzipien beherrscht:

- Das Kausalitätsprinzip fragt nach der Ursache eines Bedarfs an Hilfen und ist maßgebend für die Zuständigkeit eines Leistungsträgers (z. B. bei Arbeitsunfällen die Unfallversicherung).
- Demgegenüber steht beim Finalitätsprinzip das Ziel von Leistungen im Vordergrund: Leistungen werden nach Eintritt eines Bedarfsfalls unabhängig von der Ursache gewährt.

Weitere wichtige Strukturprinzipien sind:

- Das Prinzip der Versicherung: Die Mitgliedschaft bzw. Versicherteneigenschaft begründet den Anspruch auf Leistungen (Arbeitslosen,- Kranken-, Pflege-, Renten- und Unfallversicherung).
- Das Prinzip der Versorgung: Dieses kommt vor allem bei Gesundheitsschäden infolge von so genannten »Sonderopfern« zum Tragen (u.a. bei Wehr- oder Zivildienstschäden).
- Das Prinzip der Fürsorge: Dieses unter anderem im SGB II und XII formulierte Prinzip stellt staatlich finanzierte Leistungen zur Verfügung, wenn kein Anspruch auf Versicherungs- oder Versorgungsleistungen besteht und die Selbsthilfepotenziale der Betroffenen nicht ausreichen.

Für Menschen mit einer psychischen Erkrankung sind vor allem Leistungen zur Krankenbehandlung, Leistungen zur medizinischen Rehabilitation sowie Leistungen zur Teilhabe am Arbeitsleben und am Leben in der Gemeinschaft von zentraler Bedeutung, für die in erster Linie – entsprechend den leistungsrechtlichen Zuständigkeiten – die Krankenkasse, die Träger der Rentenversicherung, die Arbeitsagenturen und die Sozialhilfeträger als Leistungsträger in Betracht kommen.

Daneben kommen für psychisch erkrankte und behinderte Menschen insbesondere noch Leistungen der Pflegeversicherung sowie Leistungen nach dem Schwerbehindertenrecht zur Erlangung oder Erhaltung eines Arbeitsplatzes in Betracht. Für seelisch behinderte Kinder und Jugendliche sowie für psychisch erkrankte Eltern mit minderjährigen Kindern sind zudem die Regelungen zur Kinder- und Jugendhilfe (SGB VIII) wichtig. Auf die nach diesen gesetzlichen Bestimmungen zu gewährenden Leistungen und die Voraussetzungen zur Inanspruchnahme wird später noch im Einzelnen eingegangen.

TABELLE Behandlung, Rehabilitation und Teilhabe, Pflege Leistungszuständigkeiten im gegliederten System

Bedarf bei	Krankheit	bestehender oder drohender Behinderung			Pflegebedürftigkeit
Leistungen	Krankenbehandlung	Medizinische Rehabilitation	Teilhabe am Arbeitsleben	Teilhabe am Leben in der Gemeinschaft	Pflege
Vorrangig zuständig	Krankenversicherung	Rentenversicherung Krankenversicherung	Rentenversicherung Arbeitsförderung		Pflegeversicherung
Nachrangig zuständig	Sozialhilfe	Sozialhilfe	Sozialhilfe	Sozialhilfe	Sozialhilfe

Neben den im Sozialgesetzbuch geregelten Leistungen sind noch die landesrechtlichen Bestimmungen zur öffentlichen Gesundheitsfürsorge zu erwähnen. In den meisten Bundesländern (mit Ausnahme von Baden-Württemberg, Bayern, Hessen und dem Saarland) gibt es spezielle Landesgesetze, die Hilfen und Schutzmaßnahmen für psychisch Kranke (PsychKG) regeln, aber auch Zielsetzungen wie die Kooperation und Koordination psychiatrischer Dienste sowie die Schaffung gemeindenaher Versorgungsstrukturen enthalten. Die in den PsychKGs beschriebenen Hilfen werden nachrangig gegenüber anderen Sozialleistungen (z. B. der Krankenversicherung und der Sozialhilfe) gewährt. Auf Hilfen nach dem PsychKG besteht im Unterschied zu den meisten Sozialleistungen nach dem SGB kein individueller – gerichtlich durchsetzbarer – Rechtsanspruch.

WICHTIG: Zur Verwirklichung des Anspruchs auf die im Einzelfall notwendigen Hilfen ist es erforderlich, sich über die sozialrechtlichen Grundlagen zu informieren. Dabei sollte man sich jeweils mit den einzelnen Sozialgesetzen befassen, denn zum einen sind die jeweils spezifischen, z. B. versicherungsrechtlichen, Leistungsvoraussetzungen zu beachten, zum anderen ist zu berücksichtigen, dass zentrale Begriffe in den einzelnen Gesetzen eine unterschiedliche Bedeutung haben – wenn etwa von »Pflege« die Rede ist, sollte zur Vermeidung von Missverständnissen jeweils gefragt werden, ob dieser Begriff im fachlichen Sinne, im Sinne des Rechts der Krankenversicherung oder im Sinne der Pflegeversicherung verwendet wird. Lediglich der Begriff der »Behinderung« wurde zwischenzeitlich durch SGB IX und BGG vereinheitlicht.

Schließlich ist zu beachten, dass in den verschiedenen Leistungsgesetzen unterschiedliche Anforderungen an die Einrichtungen und Dienste zur Erbringung von Hilfen enthalten sind: So kennt das Recht der Krankenversicherung nur Einrichtungen, die unter ständiger ärztlicher Leitung oder zumindest Verantwortung stehen (Krankenhäuser, Reha-Einrichtungen); demgegenüber wird im Recht der gesetzlichen Rentenversicherung bei Einrichtungen der medizinischen Rehabilitation nicht in jedem Fall die ständige ärztliche Verantwortung gefordert; im Sozialhilferecht ist schließlich lediglich von »geeigneten Einrichtungen« die Rede, ohne dass Anforderungen an die Personalausstattung geregelt werden.

An dieser Unübersichtlichkeit und Divergenz hat auch das SGB IX (s. S. 43 ff.) nichts geändert.

Die Hilfeangebote

Aus Sicht der Menschen, die Hilfe benötigen, ist vor allem von Bedeutung, ob geeignete und ihrem Bedarf entsprechende Angebote in ihrer Umgebung erreichbar sind, denn in der Regel kann ein individueller (Rechts-)Anspruch auf Hilfen nur dann problemlos eingelöst werden, wenn auch die zur Erbringung der Hilfen notwendigen Dienste und Einrichtungen verfügbar sind.

Aber nicht nur aus der Sicht der Betroffenen, sondern auch aus der der psychiatrischen Fachkräfte kommt dem bestehenden Angebot an Einrichtungen und Diensten eine Schlüsselstellung zu. So findet zwar zunehmend das Konzept der personenzentrierten Hilfen und das hierzu entwickelte Verfahren einer individuellen Behandlungs- und Rehabilitationsplanung Verbreitung, aber die Flexibilisierung der Organisationsstrukturen von Hilfeangeboten steckt vielerorts noch in den Kinderschuhen. Wir haben es also noch weiterhin mit einer institutionell geprägten Landschaft von Hilfeangeboten zu tun. Die Frage, welche Hilfe im Einzelfall notwendig ist bzw. in Betracht kommt, wird in dieser Situation zur Frage, welches institutionelle Angebot am ehesten geeignet ist, die erforderlichen Hilfen zu erbringen.

Betrachtet man die Entwicklung der Einrichtungen und Dienste, so ist festzustellen, dass sich in den letzten beiden Jahrzehnten erhebliche Veränderungen ergeben haben und etliche Angebote neu entstanden sind. Diese Entwicklung ist vor dem Hintergrund der Weiterentwicklung von Behandlungs- und Rehabilitationskonzepten sowie leistungsrechtlicher Regelungen zu sehen.

Allerdings gibt es nur für einen Teil der Einrichtungen und Dienste bundesweit gültige Aufgaben- und Leistungskataloge, etwa für psychiatrische Kliniken und niedergelassene Nervenärzte. Bei dem größeren Teil der neu entstandenen Hilfeangebote – Sozialpsychiatrischer Dienst, Betreutes Wohnen, Übergangseinrichtung – gibt es teilweise erhebliche regionale Unterschiede in den Leistungen, der Zahl und Qualifikation der Mitarbeiter usw. Zudem weist das Leistungsangebot der verschiedenen institutionellen Hilfeangebote mehr oder weniger große Überschneidungen auf. Hieraus ergibt sich nicht nur, dass ein bestimmtes (Behandlungs- oder Rehabilitations-)Ziel über unterschiedliche »institutionelle« Wege erreicht werden kann, es bedeutet auch, dass die Hilfeangebote für die Betroffenen verschiedene finanzielle Folgen haben können: So wird beispielsweise im Rahmen einer stationären Leistung zur Teilhabe am Leben in der Gemeinschaft durch den Sozialhilfeträger der Einsatz von Einkommen und Vermögen gefordert – mit der Folge, dass der Betroffene zum »Taschengeldempfänger« wird; demgegenüber beschränkt sich die Eigenbeteiligung bei einer Reha-Maßnahme durch die Kranken- oder Rentenversicherung auf eine Zuzahlung im Rahmen der geltenden rechtlichen Regelungen.

Die nachfolgende Übersicht enthält einige der gemeindepsychiatrischen Hilfeangebote und die »zuständigen« Leistungsträger. Die Darstellung ist stark vereinfacht: Sie berücksichtigt zum einen nicht die jeweils spezifischen Leistungsvoraussetzungen, unter denen ein Anspruch auf Hilfe besteht; zum anderen gibt es in einigen Regionen auch Vereinbarungen, in denen Angebote des Betreuten Wohnens oder ergotherapeutische Leistungen in Tagesstätten (anteilig) von den Krankenkassen finanziert werden. Teilweise werden in Übergangseinrichtungen Reha-Maßnahmen durch die Rentenversicherungsträger erbracht und Angebote des Betreuten Wohnens oder der Tagesstätten über Förderprogramme und Zuschüsse finanziert, bei denen dann – im Unterschied zur Finanzierung durch die Sozialhilfe – keine Heranziehung der Betroffenen erfolgt.

Es wird deutlich, dass chronisch psychisch kranke Menschen gegenüber Patienten mit körperlichen Erkrankungen immer noch benachteiligt sind und sehr oft bei unterstützenden Maßnahmen auf Leistungen der Sozialhilfe verwiesen werden. Diese Benachteiligung hat mehrere Gründe: Einerseits ist festzustellen, dass »Funktionseinschränkungen« in Folge einer psychischen Erkrankung, die etwa mit Antriebslosigkeit, Interesseverlust und dem Gefühl von Wertlosigkeit verbunden sein können, häufig unterbewertet und unterstützende Maßnahmen nicht gewährt werden. Andererseits können auch Ärzte nur jene Hilfen verordnen, die verfügbar sind bzw. verordnet werden können. Insbesondere die häusliche Krankenpflege, die Soziotherapie sowie Leistungen und Angebote zur medizinischen Rehabilitation werden oft nicht verschrieben, weil es noch an Anbietern fehlt (Näheres bei den jeweiligen Stichworten).

TABELLE Psychiatrische Einrichtungen und Dienste

Einrichtung / Dienst	Leistungen finanziert durch (vorrangig zuständig)
Psychiatrische Klinik	Krankenversicherung
Psychiatrische Tagesklinik	
Psychiatrische Institutsambulanz	
Niedergelassener Nervenarzt / Psychiater	
Psychotherapeuten (ärztliche und psychologische)	
Ergotherapie (Ambulante Arbeits- und Beschäftigungstherapie)	
Häusliche (psychiatrische) Krankenpflege	
Soziotherapie-Leistungserbringer	
Rehabilitationseinrichtung für psychisch Kranke	Rentenversicherung Krankenversicherung Bundesagentur für Arbeit
Übergangseinrichtung	Sozialhilfeträger z.T. auch Rentenversicherungsträger
Betreutes Wohnen	Sozialhilfeträger
Wohnheim / Behindertenwohnheim	
Tagesstätte	
Sozialpsychiatrischer Dienst	Kommunen, teilweise Zuwendungen der Länder
Kontakt- und Beratungsstelle	Öffentliche Zuschüsse
Pflegedienste und -einrichtungen	Pflegeversicherung (im Rahmen der Höchstbeträge)
Bereich Arbeit / Ausbildung	
Berufstrainingszentren	Arbeitsförderung (Arbeitsagentur) Rentenversicherung
Berufsbildungswerke	Arbeitsförderung (Arbeitsagentur)
Berufsförderungswerke	Rentenversicherung / Arbeitsförderung
Bildungs- und Maßnahmeträger	Arbeitsförderung / Rentenversicherung
Werkstatt für behinderte Menschen	
a) im Berufsbildungsbereich	Arbeitsförderung (Arbeitsagentur) Rentenversicherung
b) im Arbeitsbereich	Sozialhilfeträger
Integrationsfachdienst	
a) Vermittlung	Arbeitsagentur, für Schwerbehinderte z.T. auch Integrationsamt
b) begleitende Hilfen	Für Schwerbehinderte: Integrationsamt, für Behinderte: Reha-Träger

Rehabilitation und Teilhabe behinderter Menschen

Überblick

In dem zum 1. Juli 2001 in Kraft getretenen SGB IX ist unter dem Leitmotiv »Förderung der Selbstbestimmung und Teilhabe behinderter Menschen« das Rehabilitationsrecht weiterentwickelt, zusammengefasst und und um das Schwerbehindertenrecht ergänzt worden. Das Gesetz über die Angleichung der Leistungen zur Rehabilitation (RehaAnglG) und das Schwerbehindertengesetz (SchwbG) wurden zum selben Zeitpunkt aufgehoben.

Mit dem SGB IX sind hohe Erwartungen und Anforderungen verbunden: Es soll die Unstimmigkeiten und Unübersichtlichkeit des bis dahin geltenden Rehabilitationsrechts beenden. Auch der Zugang zu den Leistungen wie die Entscheidung über die Leistungen sollen gebündelt werden. Ferner wurde in das SGB IX die Vorgabe aufgenommen, dass den besonderen Bedürfnissen seelisch behinderter Menschen Rechnung zu tragen ist (§ 10 Abs. 4 SGB IX). Das neue Recht will durch Koordination, Kooperation und Konvergenz eine einheitliche Praxis der Rehabilitation und der Behindertenpolitik schaffen.

Mit dem SGB IX erfolgte zwar nicht die von manchen erhoffte und geforderte Strukturreform, aber eine Reihe von wichtigen Änderungen. Hierzu gehört insbesondere, dass die Sozialhilfeträger und die Träger der Kinder- und Jugendhilfe in den Kreis der Rehabilitationsträger aufgenommen wurden. Hinzu traten weitere wichtige Neuregelungen.

Schneller Zugang zu Leistungen

Erstmals gesetzlich geregelt wurden die Fristen, in denen die Rehabilitationsträger die Zuständigkeit klären und über die Gewährung von Maßnahmen entscheiden sollen (§ 14 SGB IX). So muss ein Rehabilitationsträger nun innerhalb von zwei Wochen nach Eingang eines Antrags feststellen, ob er zuständig ist. Sollte dies der Fall und kein Gutachten erforderlich sein, ist innerhalb von drei Wochen nach Eingang des Antrags zu entscheiden.

Ist der zuerst angegangene Rehabilitationsträger nicht zuständig, ist der Antrag unverzüglich weiterzuleiten. Der zweite angegangene Rehabilitationsträger muss dann in den eben genannten Fristen endgültig entscheiden und vorläufige Leistungen erbringen.

Wenn für die Feststellung des Rehabilitationsbedarfs ein Gutachten erforderlich ist, muss der Rehabilitationsträger unverzüglich einen Gutachter beauftragen. Wichtig ist dabei, dass der Leistungsberechtigte hier Wahlmöglichkeiten hat: Ihm sind in der Regel drei wohnortnahe Sachverständige zu benennen, von denen er sich für einen entscheiden kann. Wird ein Gutachter beauftragt, ist die Entscheidung spätestens vier Wochen nach Beauftragung des Gutachters zu treffen.

Die Umsetzung dieser Regelung bedeutet eine drastische Verkürzung der Verfahrensdauer von der Reha-Antragstellung bis zum Maßnahmebeginn, die bisher bis zu einem Jahr betragen konnte.

Umfassende Beratung und Unterstützung

Behinderten und von Behinderung bedrohten Menschen sowie ihren Vertrauenspersonen soll durch die Schaffung von gemeinsamen örtlichen Servicestellen der Rehabilitationsträger, auf deren Aufgaben auch im »Wegweiser zu hilfreichen Adressen« im Einzelnen eingegangen wird, umfassende Beratung und Unterstützung zuteil werden (§ 22 SGB IX).

Persönliches Budget

Erstmals wurde festgelegt, dass die Leistungen zur Teilhabe von den Rehabilitationsträgern auch durch ein Persönliches Budget erbracht werden können. Allerdings ist die Nutzung des Persönliche Budgets noch nicht bundesweit möglich. Sie wird vom 1. 7. 2004 bis 31. 12. 2007 in einigen Modellregionen erprobt.

Das Persönliche Budget muss so bemessen sein, dass eine Deckung des Bedarfs unter Beachtung des Grundsatzes der Wirtschaftlichkeit möglich ist (§ 17 SGB IX). Budgetfähig sind auch die Leistungen der Pflegeversicherung und die Leistungen der Eingliederungshilfe für behinderte Menschen sowie der Hilfe zur Pflege nach dem SGB XIII. Das Persönliche Budget wird von den beteiligten Leistungsträgern trägerübergreifend erbracht. Der Vorteil für den Hilfeberechtigten liegt auf der Hand: Er hat dann nur noch einen Leistungsträger als Ansprechpartner.

Da der Rehabilitationsträger für die Ausführung der Leistungen verantwortlich bleibt, muss auch beim Persönlichen Budget eine jeweils dem Ziel und Zweck der Leistung entsprechende Verwendung der Mittel gewährleistet sein. In der Budgetverordnung vom 27. 5. 2004 wurde das Verfahren bei Inanspruchnahme des Persönlichen Budgets näher geregelt und eine Zielvereinbarung zwingend vorgeschrieben. Bereits am 1. 11. 2004 hatte die Bundesarbeitsgemeinschaft für Rehabilitation (BAR) vorläufige Handlungsempfehlungen veröffentlicht. Es bleibt abzuwarten, inwieweit das Persönliche Budget für psychisch kranke Menschen sinnvoll umgesetzt werden kann und welche Hilfestellung sie für die notwendigen Entscheidungen benötigen.

Integrationsfachdienste

Die Aufgaben der Integrationsfachdienste umfassen zum einen die Vermittlung von schwerbehinderten Menschen in Arbeit und zum anderen die begleitende Hilfe im Arbeitsleben für diesen Personenkreis. Mit dem SGB IX wurde daneben die Möglichkeit der Beauftragung der Integrationsfachdienste durch die Rehabilitationsträger geregelt und auf diesem Wege auch behinderten und von Behinderung bedrohten Menschen der Zugang zu diesem Leistungsangebot ermöglicht. Diese Regelung ist für Menschen mit einer psychischen Behinderung vor allem deshalb von Bedeutung, weil die förmliche Anerkennung der Schwerbehinderteneigenschaft von vielen als zusätzliche Stigmatisierung und Festschreibung eines Zustands empfunden wurde.

Nach den ersten vorliegenden Erfahrungen mit dem SGB IX machen die Rehabilitationsträger von der neu eröffneten Möglichkeit aber nur äußerst zurückhaltend Gebrauch.

Psychosoziale Leistungen

Zu den Zielen des SGB IX gehört schließlich, die Rehabilitationsmöglichkeiten für psychisch Kranke durch Berücksichtigung der notwendigen psychosozialen Hilfen zu verbessern. In der endgültigen Fassung des Gesetzes ist aber nur die Vorgabe enthalten, dass den besonderen Bedürfnissen seelisch behinderter Menschen Rechnung getragen werden soll (§ 10

Abs. 4 SGB IX) – wie, wird weder im Gesetz noch in der Gesetzesbegründung konkretisiert.
Dafür wurde der Versuch einer Definition von psychosozialen Leistungen vorgenommen. Danach sind Bestandteil der Leistungen zur medizinischen Rehabilitation und zur Teilhabe am Arbeitsleben »auch medizinische, psychologische und pädagogische Hilfen, soweit diese Leistungen im Einzelfall erforderlich sind, um die in Absatz 1 genannten Ziele zu erreichen oder zu sichern und Krankheitsfolgen zu vermeiden, zu überwinden, zu mindern oder ihre Verschlimmerung zu verhüten, insbesondere:

- Hilfen zur Unterstützung bei der Krankheits- und Behinderungsverarbeitung;
- Aktivierung von Selbsthilfepotenzialen;
- Mit Zustimmung des Leistungsberechtigten Information und Beratung von Partnern und Angehörigen sowie von Vorgesetzten und Kollegen;
- Vermittlung von Kontakten zu örtlichen Selbsthilfe- und Beratungsmöglichkeiten;
- Hilfen zur seelischen Stabilisierung und zur Förderung der sozialen Kompetenz, unter anderem durch Training sozialer und kommunikativer Fähigkeiten sowie im Umgang mit Krisensituationen;
- Training »lebenspraktischer Fähigkeiten« (wortgleich in § 26 Abs. 3 und § 33 Abs. 6 SGB IX).

In der Regelung zur medizinischen Rehabilitation (§ 26 Abs. 3) ist außerdem noch als »7. Anleitung und Motivation zur Inanspruchnahme von Leistungen der medizinischen Rehabilitation« aufgeführt und bei den Leistungen zur Teilhabe am Arbeitsleben (§ 33 Abs. 6) als »7. Anleitung und Motivation zur Inanspruchnahme von Leistungen zur Teilhabe am Arbeitsleben« und »8. Beteiligung von Integrationsfachdiensten im Rahmen ihrer Aufgabenstellung«. Diese Leistungen sind vor allem für Menschen mit psychischen Erkrankungen von großer Bedeutung. Ein ausdrücklicher Hinweis hierauf fehlt aber im Gesetzestext ebenso wie in der Begründung, in der lediglich »Hilfen zur Bewältigung psychosozialer Problemlagen, wie sie etwa als Folge von Erblindung oder Ertaubung typisch sind«, genannt werden.

Leistungen zur medizinischen Rehabilitation

Im SGB IX wurde die Krankenbehandlung (Kuration) im engeren Sinn nicht berücksichtigt, obwohl die Leistungen, die im Rahmen der medizinischen Rehabilitation und der Krankenbehandlung erbracht werden können, weithin deckungsgleich sind – mit Ausnahme der Krankenhausbehandlung und der häuslichen Krankenpflege, die ausschließlich zum Leistungskatalog der Krankenbehandlung gehören. Daher ist die Klärung der Leistungszuständigkeiten im gegliederten System nicht immer ganz einfach. Deutlich wird dies, wenn man die Regelungen zur Krankenbehandlung (Kuration) und zur medizinischen Rehabilitation gegenüberstellt:

Leistungen zur medizinischen Rehabilitation § 26 SGB IX (Auszüge)	Leistungen zur Krankenbehandlung § 27 SGB V (Auszüge)
Ziele	
»(1) Zur medizinischen Rehabilitation behinderter und von Behinderung bedrohter Menschen werden die erforderlichen Leistungen erbracht, um 1. Behinderungen einschließlich chronischer Krankheiten abzuwenden, zu beseitigen, zu mindern, auszugleichen, eine Verschlimmerung zu verhüten oder 2. Einschränkungen der Erwerbsfähigkeit und Pflegebedürftigkeit zu vermeiden, zu überwinden, zu mindern, eine Verschlimmerung zu verhüten sowie den vorzeitigen Bezug von laufenden Sozialleistungen zu vermeiden oder laufende Sozialleistungen zu mindern.«	»(1) Versicherte haben Anspruch auf Krankenbehandlung, wenn sie notwendig ist, um eine Krankheit zu erkennen, zu heilen, ihre Verschlimmerung zu verhüten oder Krankheitsbeschwerden zu lindern.«
Leistungen	
»(2) Leistungen zur medizinischen Rehabilitation umfassen insbesondere	»Die Krankenbehandlung umfasst:
1. Behandlung durch Ärzte, Zahnärzte und Angehörige anderer Heilberufe, soweit deren Leistungen unter ärztlicher Aufsicht oder auf ärztliche Anordnung ausgeführt werden, einschließlich der Anleitung, eigene Heilungskräfte zu entwickeln,	1. ärztliche Behandlung einschließlich Psychotherapie als ärztliche und psychotherapeutische Behandlung, 2. zahnärztliche Behandlung einschließlich der Versorgung mit Zahnersatz,

2. Früherkennung und Frühförderung behinderter und von Behinderung bedrohter Kinder, 3. Arznei- und Verbandmittel, 4. Heilmittel einschließlich physikalischer Sprach- und Beschäftigungstherapie, 5. Psychotherapie als ärztliche und psychotherapeutische Behandlung, 6. Hilfsmittel, 7. Belastungserprobung und Arbeitstherapie.«	3. Versorgung mit Arznei-, Verband, Heil- und Hilfsmitteln, 4. häusliche Krankenpflege und Haushaltshilfe, 5. Krankenhausbehandlung, 6. Leistungen zur medizinischen Rehabilitation und ergänzende Leistungen.«
Zur Ausgestaltung der Leistungen	
Abs. 3 enthält die bereits vorstehend aufgeführten medizinischen, psychologischen und pädagogischen Hilfen.	»Bei der Krankenbehandlung ist den besonderen Bedürfnissen psychisch Kranker Rechnung zu tragen, insbesondere bei der Versorgung mit Heilmitteln und bei der medizinischen Rehabilitation.« Zu den Leistungen gehört ferner die in § 27 SGB V nicht gesondert aufgeführte Soziotherapie (§ 37 a SGB V).

Weiter enthält das SGB IX die Vorgabe, wonach die Ziele der medizinischen Rehabilitation auch bei der Krankenbehandlung zu berücksichtigen sind (§ 27 SGB IX). Dementsprechend umfasst die Krankenhausbehandlung auch die im Einzelfall erforderlichen und zum frühestmöglichen Zeitpunkt einsetzenden Leistungen zur Frührehabilitation (§ 39 Abs. 1 Satz 3 SGB V). Dies ist grundsätzlich zu begrüßen, erleichtert aber die erforderliche leistungsrechtliche Abgrenzung nicht gerade, denn bei Erfüllung der versicherungsrechtlichen Anspruchsvoraussetzungen ist für Leistungen zur medizinischen Rehabilitation nicht die Kranken-, sondern die Rentenversicherung zuständig.

Die Problematik der Abgrenzung von Kuration und Rehabilitation ist in den letzten Jahren wiederholt thematisiert und auch eine Gleichstellung von Kuration und Rehabilitation gefordert worden. Daher sollte nicht nur im Rentenversicherungsrecht (SGB VI) und dem SGB XII (Sozialhilfe) auf die Leistungen gemäß dem SGB IX verwiesen werden, sondern auch im Krankenversicherungsrecht (SGB V).

Andere Vorschläge zielen auf eine Neuordnung des Systems der Rehabilitation und die Übertragung der medizinischen Rehabilitation auf die Krankenkassen.

Leistungen zur Teilhabe am Arbeitsleben

Zur Teilhabe am Arbeitsleben werden gemäß § 33 SGB IX:
»(1) die erforderlichen Leistungen erbracht, um die Erwerbsfähigkeit behinderter oder von Behinderung bedrohter Menschen entsprechend ihrer Leistungsfähigkeit zu erhalten, zu verbessern, herzustellen oder wiederherzustellen und ihre Teilhabe am Arbeitsleben möglichst auf Dauer zu sichern.
(2) Behinderten Frauen werden gleiche Chancen im Erwerbsleben gesichert, insbesondere durch in der beruflichen Zielsetzung geeignete, wohnortnahe und auch in Teilzeit nutzbare Angebote.
(3) Die Leistungen umfassen insbesondere:
1. Hilfen zur Erhaltung oder Erlangung eines Arbeitsplatzes einschließlich Leistungen zur Beratung und Vermittlung, Trainingsmaßnahmen und Mobilitätshilfen,
2. Berufsvorbereitung einschließlich einer wegen der Behinderung erforderlichen Grundausbildung,
3. berufliche Anpassung und Weiterbildung, auch soweit die Leistungen einen zur Teilnahme erforderlichen schulischen Abschluss einschließen,
4. berufliche Ausbildung, auch soweit die Leistungen in einem zeitlich nicht überwiegenden Abschnitt schulisch durchgeführt werden,
5. Überbrückungsgeld entsprechend § 57 des Dritten Buches durch die Rehabilitationsträger nach § 6 Abs. 1 Nr. 2 bis 5,
6. sonstige Hilfen zur Förderung der Teilhabe am Arbeitsleben, um behinderten Menschen eine angemessene und geeignete Beschäftigung oder eine selbstständige Tätigkeit zu ermöglichen und zu erhalten.
(4) Bei der Auswahl der Leistungen werden Eignung, Neigung, bisherige Tätigkeit sowie Lage und Entwicklung auf dem Arbeitsmarkt angemessen berücksichtigt. Soweit erforderlich, wird dabei die berufliche Eignung abgeklärt oder eine Arbeitserprobung durchgeführt.«

Zu den Leistungen der Teilhabe am Arbeitsleben gehören auch Leistungen in anerkannten Werkstätten für behinderte Menschen, die erbracht werden, um die Leistungs- oder Erwerbsfähigkeit der Menschen zu erhalten, zu entwickeln, zu verbessern oder wiederherzustellen, die Persönlichkeit dieser Menschen weiterzuentwickeln und ihre Beschäftigung zu ermöglichen oder zu sichern (§§ 39 ff. SGB IX).

Auch bezüglich der Leistungen zur Teilhabe am Arbeitsleben ist festzuhalten, dass die mit dem SGB IX angestrebte Vereinheitlichung von Regelungen nur bedingt gelungen ist, denn im Rentenversicherungsrecht (SGB VI) und Sozialhilferecht (SGB XIII) wird zwar auf die Leistungen gemäß dem SGB IX verwiesen, nicht jedoch im Recht der Arbeitsförderung (SGB III). Insoweit gelten die Vorschriften der §§ 97 ff. SGB III (hierzu S. 94 ff.).

Leistungen zur Teilhabe am Leben in der Gemeinschaft

»(1) Als Leistungen zur Teilhabe am Leben in der Gemeinschaft werden die Leistungen erbracht, die den behinderten Menschen die Teilhabe am Leben in der Gesellschaft ermöglichen oder sichern oder sie so weit wie möglich unabhängig von Pflege machen und nach den Kapiteln 4 bis 6 (Anm. d. Verf.: Diese regeln die Leistungen zur medizinischen Rehabilitation, zur Teilhabe am Arbeitsleben und ergänzende Leistungen) nicht erbracht werden.

(2) Leistungen nach Absatz 1 sind insbesondere:

1. Versorgung mit anderen als den in § 31 genannten Hilfsmitteln oder den in § 33 genannten Hilfen,

2. heilpädagogische Leistungen für Kinder, die noch nicht eingeschult sind,

3. Hilfen zum Erwerb praktischer Kenntnisse und Fähigkeiten, die erforderlich und geeignet sind, behinderten Menschen die für sie erreichbare Teilnahme am Leben in der Gemeinschaft zu ermöglichen,

4. Hilfen zur Förderung der Verständigung mit der Umwelt,

5. Hilfen bei der Beschaffung, Ausstattung und Erhaltung einer Wohnung, die den besonderen Bedürfnissen der behinderten Menschen entspricht,

Abraham, Anke
Ohne Moos nix los
Geld und Schulden bei psychischen Erkrankungen
Ratschlag
ISBN 3-88414-315-8
176 Seiten, 12.90 Euro

Dieser praktische Ratgeber enthält Modelle zur Schuldenregulierung, rechtliche Handlungsgrundlagen, Fallbeispiele, Vorformulierungen aller Art von Schreiben an Behörden etc. Für jede Stufe der Verschuldungssituation können Hilfen und Ratschläge abgerufen werden, um als Betroffener handlungsfähig zu bleiben und die »Spirale abwärts« aufzuhalten. Auch zum Umgang mit Ämtern, Kaufhäusern, Energieversorgern und Banken gibt der Ratgeber eine Fülle von Tipps. Ganz praktisch wird es zum Schluss durch einen Anhang mit Musterbriefen sowie mit Adressen, wo man sich Hilfen holen kann.

»Schuldner, Eltern und Partner oder helfende Freunde finden in diesem Buch unbezahlbare Tipps. Auch wer Menschen mit Schulden begleitet und betreut, wird dieses Buch mit Gewinn studieren.«
Dagmar Barteld-Paczkowski in Psychosoziale Umschau

Hiermit bestelle ich

☐ **Ohne Moos nix los**
(12,90 Euro, Bestellnr.: 315)

☐ und kostenlos das **Gesamtverzeichnis**

Institution ....

Name, Vorn. ....

Beruf ....

Straße ....

PLZ, Ort ....

Datum, Unterschrift ....

Werbeantwort
Postkarte

Psychiatrie-Verlag
Thomas-Mann-Str. 49a
53111 Bonn

Bitte
ausreichend
frankieren

6. Hilfen zu selbstbestimmtem Leben in betreuten Wohnmöglichkeiten,
7. Hilfen zur Teilhabe am gemeinschaftlichen und kulturellen Leben.«
(§ 55 SGB IX)

In dieser Regelung sind nun erstmals betreute Wohnmöglichkeiten explizit berücksichtigt, die gerade für chronisch psychisch Kranke in den letzten Jahrzehnten an Bedeutung gewonnen haben. Für diesen Personenkreis kommt als Träger für Leistungen zur Teilhabe am Leben in der Gemeinschaft im Wesentlichen der Sozialhilfeträger im Wege der Eingliederungshilfe in Betracht (hierzu S. 122 f.), da es sich bei den betreuten Wohnformen in der Regel nicht um Einrichtungen der medizinischen Rehabilitation handelt. Daneben können diese Leistungen nur noch von den Trägern der Jugendhilfe, der Unfallversicherung sowie den Trägern der Kriegsopferversorgung im Rahmen des Rechts der sozialen Entschädigung bei Gesundheitsschäden erbracht werden.

INFO Informationen und kostenlose Broschüren zu Behandlung, Rehabilitation und Teilhabe sind beim Bundesministerium für Gesundheit und Soziales erhältlich (Adresse s. hinten). Hierzu gehören insbesondere die Broschüren:
SGB IX – Rehabilitation und Teilhabe behinderter Menschen.
Ausführliche Informationen zum SGB IX mit einem umfangreichen Glossar.
Ratgeber für behinderte Menschen.
Diese fortlaufend aktualisierte Broschüre gehört zu den »Klassikern«; die aktuelle Ausgabe enthält auf über 400 Seiten allgemein verständliche Darstellungen zu zentralen Regelungen sowie im zweiten Teil den Text der gesetzlichen Regelungen – teilweise in Auszügen.
Fragen und Antworten zum SGB IX
Diese Broschüre wendet sich an alle, die sich detailliert über die neuen Regelungen informieren wollen und soll bei der Auslegung wichtiger Vorschriften helfen.
Alle diese Texte sind auch im Internet zu finden unter:
http://www.bmgs.bund.de/deu/gra/themen/sicherheit/teilhabe.
Ferner ist auf die von der Bundesarbeitsgemeinschaft für Rehabilita-

tion (Walter-Kolb-Straße 9, 60594 Frankfurt / Main, Fax: (069) 60 50 18 29, E-Mail: info@bar-frankfurt.de) herausgegebene »Arbeitshilfe für die Rehabilitation und Teilhabe psychisch kranker und behinderter Menschen« zu verweisen, die auch eine Übersicht mit Kurzbeschreibungen zu den verschiedenen Einrichtungen und Diensten enthält (Download: http://www.bar-frankfurt.de/pdf/AHPsysch.pdf).

Gesetzliche Krankenversicherung

Überblick

Im Leistungsrecht der Krankenversicherung (SGB V) finden sich die Grundsätze des Vorrangs von ambulanter vor stationärer Hilfe sowie des Vorrangs der Rehabilitation vor Pflege. Weiterhin folgt es dem Prinzip »Vorbeugen vor Heilen«, was sich auch in der Reihenfolge der Leistungsarten widerspiegelt. Nach § 11 SGB V haben Versicherte Anspruch auf Leistungen zur:

- Prävention und Selbsthilfe (§ 20 SGB V),
- Verhütung von Krankheiten und Vorsorge (§§ 21 – 24 SGB V),
- Früherkennung von Krankheiten (§§ 25, 26 SGB V) sowie
- Behandlung einer Krankheit (§§ 27 – 43 b SGB V).

Zur Behandlung gehören auch die medizinischen und ergänzenden Leistungen zur Rehabilitation, die notwendig sind, um a) einer drohenden Behinderung vorzubeugen, eine Behinderung zu beseitigen, zu bessern oder eine Verschlimmerung zu verhüten oder b) Pflegebedürftigkeit zu vermeiden oder zu mindern.

Voraussetzung, um Leistungen der Krankenversicherung zu erhalten, ist zum einen, dass man selbst oder als mitversicherter Familienangehöriger Mitglied einer Krankenkasse ist. Näheres ist in den §§ 5 – 10 SGB V geregelt. Zum anderen muss es sich um eine Leistung aus dem oben genannten Spektrum handeln. Dabei ist zu beachten, dass für alle Leistungen der Krankenversicherung ein Wirtschaftlichkeitsgebot (§ 12 SGB V) gilt: Die Leistungen müssen ausreichend, zweckmäßig und wirtschaftlich sein und dürfen das Maß des Notwendigen nicht übersteigen.

Zuzahlungen und Befreiungsmöglichkeiten

Im Zuge der Sparpolitik sind in den letzten Jahren die von den Krankenversicherten zu leistenden Zuzahlungen, unter anderem bei Arztbesuchen (Praxisgebühr), Arzneimitteln, Krankenhausbehandlung, Rehabilitationsmaßnahmen sowie Heilmitteln (Ergotherapie) drastisch erhöht worden. Insgesamt ist dabei ein umfangreiches Gefüge von Zuzahlungsregelungen entstanden, das durch Sonderregelungen (z. B. verminderte Zuzahlung bei Reha-Maßnahmen bei bestimmten Erkrankungen) noch komplizierter wird.

Angesichts gestiegener Zuzahlungen gewinnen für Menschen mit geringem Einkommen die so genannten »Härtefallregelungen« in der gesetzlichen Krankenversicherung an Bedeutung, die eine unzumutbare finanzielle Belastung verhindern sollen. Eine vollständige Befreiung von den Zuzahlungen gibt es seit 2004 nicht mehr.

Belastungsgrenze

Nach der Regelung der teilweisen Befreiung muss kein Krankenversicherter mehr als zwei Prozent seines Jahresbruttoeinkommens als Eigenbeteiligung (Zuzahlung) leisten (§ 62 SGB V). Für chronisch kranke Menschen gilt dabei eine Sonderregelung: Wer wegen derselben schwerwiegenden Erkrankung in Dauerbehandlung ist, muss nicht mehr als ein Prozent des Bruttoeinkommens leisten. Eine schwerwiegende chronische Krankheit liegt vor, wenn sie wenigstens ein Jahr lang einmal pro Quartal ärztlich behandelt wurde und

- mindestens Pflegestufe II nach dem Recht der gesetzlichen Pflegeversicherung vorliegt (hierzu S. 97 ff.) oder
- ein Grad der Behinderung von mindestens 60 vorliegt (S. 130 ff.) oder
- eine lebensbedrohliche Verschlimmerung, eine Verminderung der Lebenserwartung oder eine dauerhafte Beeinträchtigung der Lebensqualität zu erwarten ist.

Bei Empfängern von Hilfe zum Lebensunterhalt nach dem SGB XII (s. S. 119 f.) und bei Versicherten, bei denen die Kosten der Unterbringung in einem Heim oder einer ähnlichen Einrichtung von einem Sozialhilfeträger getragen werden, ist statt des Bruttoeinkommens der Regelsatz der

Sozialhilfe, bei Empfängern von Arbeitslosengeld II (s. S. 116) die Regelleistung von z. Zt. 345 EUR West bzw. 331 EUR Ost zu Grunde zu legen.

Voraussetzung für die Inanspruchnahme der Möglichkeit zur teilweisen Befreiung ist, dass die Betroffenen zum Nachweis geleisteter Zuzahlungen Belege sammeln (Quittungshefte sind bei Krankenkassen und Apotheken erhältlich) und diese der Krankenkasse vorlegen. Dann können sie sich entweder die über der Belastungsgrenze gezahlten Zuzahlungen von der Krankenkasse erstatten oder sich bei Erreichen der Belastungsgrenze eine Befreiungsbescheinigung ausstellen lassen.

Chronisch (psychisch) kranken Menschen mit geringem Einkommen kann daher nur dringend geraten werden, sich bei ihrer Krankenkasse über Zuzahlungen und Belastungsgrenzen eingehend zu informieren.

Für Bezieher von Sozialhilfe, die in Einrichtungen leben und nur den so genannten Barbetrag (Taschengeld) erhalten, übernimmt der Sozialhilfeträger die bis zur Belastungsgrenze zu leistenden Zuzahlungen als Darlehen (§ 35 Abs.3 SGB XII). Dieses ist aber in gleichen Teilbeträgen über das ganze Jahr zurückzuzahlen (§ 37 Abs.SGB XII). Damit soll eine übermäßige Belastung der Betroffenen zu Anfang des Jahres vermieden werden.

Krankenbehandlung

Für psychisch erkrankte Menschen sind vor allem die Leistungen zur Krankenbehandlung von Bedeutung. Nach § 27 SGB V haben Versicherte »Anspruch auf Krankenbehandlung, wenn sie notwendig ist, um eine Krankheit zu erkennen, zu heilen, ihre Verschlimmerung zu verhüten oder Krankheitsbeschwerden zu lindern«. Die Krankenbehandlung umfasst:
1. ärztliche Behandlung (§ 28 SGB V),
2. zahnärztliche Behandlung einschließlich der Versorgung mit Zahnersatz (§ 28 SGB V),
3. Versorgung mit Arznei-, Verband-, Heil- und Hilfsmitteln (§§ 31 – 36 SGB V),
4. häusliche Krankenpflege und Haushaltshilfe (§§ 37, 38 SGB V),
5. Krankenhausbehandlung (§ 39 SGB V),
6. medizinische und ergänzende Leistungen zur Rehabilitation (§§ 40, 43 SGB V) sowie Belastungserprobung und Arbeitstherapie (§ 42 SGB V).

Die im Jahr 2000 für psychisch Kranke neu eingeführte Leistung »Soziotherapie« (§ 37 a SGB V) wird nicht gesondert in dieser Regelung aufgeführt, gehört aber zur Krankenbehandlung. Der Gesetzestext enthält das ausdrückliche Gebot: »Bei der Krankenbehandlung ist den besonderen Bedürfnissen psychisch Kranker Rechnung zu tragen, insbesondere bei der Versorgung mit Heilmitteln und bei der medizinischen Rehabilitation« (§ 27 Abs. 1 Satz 3).

Bei der Umsetzung dieses Gebotes ergibt sich allerdings eine ganze Reihe von Problemen, auf die nachfolgend bei der Darstellung der einzelnen Leistungen näher eingegangen wird.

Ärztliche Behandlung

Nach § 28 SGB V umfasst die ärztliche Behandlung neben der Tätigkeit des Arztes auch die Hilfeleistung anderer Personen, die vom Arzt angeordnet wird und von ihm zu verantworten ist.

Im Hinblick auf die besonderen Bedürfnisse psychisch Kranker ergeben sich Probleme vor allem daraus, dass die so genannte »sprechende Medizin«, das ärztliche Beratungsgespräch, nur begrenzt abrechenbar ist und ausgesprochen bescheiden honoriert wird. Diese Situation enthebt aber den Arzt nicht von seiner Verpflichtung, den Patienten eingehend zu untersuchen und ihn über die Erkrankung, den möglichen Verlauf und über geplante Behandlungsmaßnahmen einschließlich der damit verbundenen Risiken aufzuklären (hierzu S. 17 f.).

Psychotherapie

Nachdem die Berufsbezeichnung »Psychotherapeut« früher nicht geschützt war, hat sich diese Situation mit dem Psychotherapeutengesetz (Gesetz über die Berufe des Psychologischen Psychotherapeuten und des Kinder- und Jugendlichenpsychotherapeuten) geändert: Die Bezeichnung »Psychotherapeut« darf seit 1. Januar 1999 nur noch von Ärztlichen sowie von Psychologischen Psychotherapeuten und von Kinder- und Jugendpsychotherapeuten geführt werden (§ 1 PsychThG). Das Gesetz enthält die berufsrechtlichen Regelungen und beschreibt die Voraussetzungen, unter denen Psychologische Psychotherapeuten (ausschließlich Diplom-Psychologen mit einer Ausbildung entsprechend den Regelungen des PsychThG) und Psychologische Kinder- und Jugendpsychotherapeuten die Erlaubnis (Approbation) zur Berufsausübung erhalten.

Die Approbation nach dem Psychotherapeutengesetz eröffnet zunächst nur die Möglichkeit zur Privatbehandlung. Für die Behandlung auf Krankenschein bzw. Chipkarte benötigen Psychologische Psychotherapeuten und Psychologische Kinder- und Jugendpsychotherapeuten eine Zulassung zur Teilnahme an der vertragsärztlichen Versorgung (die hierbei zu erfüllenden Voraussetzungen sind in §§ 95 ff. SGB V geregelt).

Im Bereich der Gesetzlichen Krankenversicherung gehört die psychotherapeutische Behandlung dementsprechend nach wie vor zu den Leistungen, die im Rahmen der vertragsärztlichen Versorgung erbracht werden. Konnten früher Diplom-Psychologen nur im Rahmen des so genannten Delegationsverfahrens nach Überweisung durch einen Ärztlichen Psychotherapeuten eine Psychotherapie durchführen, so kann man sich zwar heute direkt an einen Psychologischen Psychotherapeuten oder einen Psychologischen Kinder- und Jugendpsychotherapeuten wenden, muss aber vor Beginn der Psychotherapie den Konsiliarbericht eines Arztes zur Abklärung einer somatischen Erkrankung einholen. Einzelheiten zur Zielsetzung und Durchführung einer psychotherapeutischen Behandlung sind in den Psychotherapie-Richtlinien (Fassung vom 23. Oktober 1998, die am 1. Januar 1999 in Kraft getreten ist) sowie der »Vereinbarung über die Anwendung von Psychotherapie in der vertragsärztlichen Versorgung« (vom 7. Dezember 1998) enthalten.

Nach diesen Richtlinien sind als Behandlungsformen anerkannt: psychoanalytisch begründete Verfahren (die tiefenpsychologisch fundierte Psychotherapie und die analytische Psychotherapie) und die Verhaltenstherapie als Einzel- oder Gruppenbehandlung sowie Maßnahmen im Rahmen der psychosomatischen Grundversorgung. Zu den Maßnahmen im Rahmen der psychosomatischen Grundversorgung gehören zum einen »verbale Interventionen« (die nur in Einzelbehandlung und nicht parallel zur psychotherapeutischen Behandlung durchgeführt werden dürfen) und folgende übende und suggestive Techniken: Autogenes Training, Jacobsonsche Relaxationstherapie und Hypnose (diese Techniken dürfen während einer tiefenpsychologisch fundierten oder analytischen Psychotherapie grundsätzlich nicht angewendet werden).

Andere Therapieformen sind nicht zugelassen und es wird (in der Anlage 1 zu den Psychotherapie-Richtlinien) ausdrücklich festgehalten: »Die Erfordernisse der Psychotherapie-Richtlinien werden nicht erfüllt von: Gesprächspsychotherapie, Gestalttherapie, Logotherapie, Psychodrama, Respiratorisches Biofeedback, Transaktionsanalyse.«

Die Kosten für eine psychotherapeutische Behandlung werden von den Gesetzlichen Krankenkassen nur für die zugelassenen Verfahren übernommen. Zur Übernahme der Kosten muss ein Antrag an die Krankenkasse gestellt werden. Vor der ersten Antragstellung sind allerdings bis zu fünf, bei der analytischen Psychotherapie bis zu acht »probatorische Sitzungen« möglich, in denen unter anderem abgeklärt wird, ob eine Psychotherapie angezeigt ist (Diagnose und Indikationsstellung). In den Psychotherapie-Richtlinien werden für die Psychotherapie die Indikationen und Ausschlusskriterien im Abschnitt »D Anwendungsbereiche« wie folgt geregelt:

»1. Indikationen zur Anwendung von Psychotherapie (...) können nur sein:

1.1 Psychoneurotische Störungen (z. B. Angstneurosen, Phobien, neurotische Depressionen, Konversionsneurosen).

1.2 Vegetativ-funktionelle und psychosomatische Störungen mit gesicherter psychischer Ätiologie.

1.3 Im Rahmen der medizinischen Rehabilitation kann Psychotherapie angewendet werden, wenn psychodynamische Faktoren wesentlich Anteil an einer seelischen Behinderung oder an deren Auswirkung haben und mit ihrer Hilfe die Eingliederung in Arbeit, Beruf und / oder Gesellschaft möglichst auf Dauer erreicht werden kann: Indikationen hierfür können nur sein:

1.3.1 Abhängigkeit von Alkohol, Drogen oder Medikamenten nach vorangegangener Entgiftungsbehandlung.

1.3.2 Seelische Behinderung aufgrund frühkindlicher emotionaler Mangelzustände, in Ausnahmefällen seelische Behinderungen, die im Zusammenhang mit frühkindlichen körperlichen Schädigungen und / oder Missbildungen stehen.

1.3.3 Seelische Behinderung als Folge schwerer chronischer Krankheits-

verläufe, sofern sie noch einen Ansatz für die Anwendung von Psychotherapie bietet.
1.3.4 Seelische Behinderung aufgrund extremer Situationen, die eine schwere Beeinträchtigung der Persönlichkeit zur Folge hatten.
1.3.5 Seelische Behinderung als Folge psychotischer Erkrankungen, die einen Ansatz für spezifische psychotherapeutische Interventionen erkennen lassen.
2. Psychotherapie ist als Leistung der gesetzlichen Krankenversicherung ausgeschlossen, wenn:
2.1 zwar seelische Krankheit vorliegt, aber ein Behandlungserfolg nicht erwartet werden kann, weil dafür beim Patienten die Voraussetzung hinsichtlich seiner Motivationslage, seiner Motivierbarkeit oder seiner Umstellungsfähigkeit nicht gegeben sind; oder weil die Eigenart der neurotischen Persönlichkeitsstruktur des Patienten (gegebenenfalls seine Lebensumstände) dem Behandlungserfolg entgegensteht,
2.2 sie nicht der Heilung oder Besserung einer seelischen Krankheit bzw. der medizinischen Rehabilitation, sondern allein der beruflichen oder sozialen Anpassung oder der beruflichen oder schulischen Förderung dient,
2.3 sie allein der Erziehungs-, Ehe-, Lebens- und Sexualberatung dient.
3. Soll Psychotherapie im Rahmen einer die gesamten Lebensverhältnisse umfassenden psychosozialen Versorgung erbracht werden, so ist diese Psychotherapie nur dann und soweit eine Leistung der gesetzlichen Krankenversicherung, als sie der Behandlung von Krankheit im Sinne dieser Richtlinien dient.
4. Verhaltensweisen, die als psychosoziale Störung in Erscheinung treten, sind nur dann Gegenstand von Psychotherapie (...) und Maßnahmen der psychosomatischen Grundversorgung (...), wenn sie Ausdruck einer psychischen Erkrankung sind.«

Vor Beginn der Psychotherapie ist der Behandlungsumfang und die Behandlungsfrequenz festzulegen. Hinsichtlich des Umfangs wird zwischen der Kurzzeittherapie (bis 25 Stunden) und einer Langzeittherapie unterschieden. Soll eine Kurzzeittherapie in eine Langzeittherapie überführt werden, dann muss bis zur zwanzigsten Sitzung das Gutachterverfahren eingeleitet werden. Für den Umfang einer Langzeitpsychotherapie sind in den Psychotherapie-Richtlinien die folgenden Begrenzungen vorgesehen:

Analytische Psychotherapie: Bis 160 Stunden (jeweils mindestens 50 Minuten), in besonderen Fällen bis 240 Stunden, Höchstgrenze (»wenn aus der Darstellung des therapeutischen Prozesses hervorgeht, dass mit der Beendigung der Therapie das Behandlungsziel nicht erreicht werden kann, aber begründete Aussicht auf Erreichung des Behandlungsziels bei Fortführung der Therapie besteht«) 300 Stunden.

Tiefenpsychologisch fundierte Psychotherapie: Bis 50 Stunden, in besonderen Fällen bis 80 Stunden, Höchstgrenze 100 Stunden.

Verhaltenstherapie: Bis 45 Stunden, in besonderen Fällen bis 60 Stunden, Höchstgrenze 80 Stunden.

Wenngleich psychotherapeutische Hilfen bei psychischen Erkrankungen fester Bestandteil jeder psychiatrischen Behandlung sein sollten, so bestehen in der Praxis teilweise erhebliche Probleme, diesen Grundsatz zu verwirklichen. Die meisten psychotherapeutischen Behandlungsformen sind (zunächst) für Menschen mit so genannten neurotischen Störungen entwickelt worden und dieser Gruppe gilt auch heute noch die größte Aufmerksamkeit in Forschung, Ausbildung und Anwendung der Psychotherapie. Dies findet seinen Ausdruck nicht zuletzt in den Psychotherapie-Lehrbüchern, in denen die psychotherapeutische Behandlung von Menschen mit einer Psychose nach wie vor kaum vorkommt. Dementsprechend gibt es bislang nur verhältnismäßig wenige Psychotherapeuten, die bereit bzw. in der Lage sind, sich auf die psychotherapeutische Behandlung chronisch psychisch kranker Menschen einzulassen.

Die Durchführung der (ambulanten) psychotherapeutischen Behandlung erfolgt regelmäßig in der Praxis eines Ärztlichen oder Psychologischen Psychotherapeuten. Da die Psychotherapie-Richtlinien die Psychotherapie bei schweren und chronisch verlaufenden psychischen Erkrankungen (seelische Behinderung) nur im Rahmen der medizinischen Rehabilitation vorsehen, stellt sich die Aufgabe der Koordination und Abstimmung mit den anderen, gleichzeitig benötigten Hilfeangeboten.

Verzeichnisse mit Psychotherapeuten, die zur vertragsärztlichen Versorgung zugelassen sind, können bei den Krankenkassen eingesehen werden. Beim Bund Deutscher Psychologen (BDP) hilft eine persönliche Telefonberatung bei der Suche nach niedergelassenen Therapeutinnen und Therapeuten, Psychotherapie-Infodienst (PID), Tel.: (02 28) 74 66 99, Homepage: http://www.bdp-verband.org/html/praxen/idprax.html, E-Mail: wd-pid@t-online.de.

Arzneimittel

Die Aufgabe der Verordnung und damit auch die Verantwortung für Arzneimittel (§ 31 SGB V) – darunter auch die Psychopharmaka – liegt grundsätzlich beim Arzt.

Die Mitglieder einer gesetzlichen Krankenkasse haben im Rahmen der Sachleistung (Behandlung auf Chipkarte) einen Anspruch auf die notwendige ärztliche Behandlung und medizinische Versorgung, die die Verordnung der im Einzelfall notwendigen Medikamente einschließt. In diesem Zusammenhang ist ausdrücklich darauf hinzuweisen, dass es eine Budgetierung (Begrenzung) der Leistungen pro Patient nicht gibt.

Heilmittel

Zu den Heilmitteln gehören die so genannten therapeutischen Dienstleistungen (unter anderem Massagen, Krankengymnastik), von denen bei psychischen Erkrankungen die Ergotherapie (Beschäftigungs- und Arbeitstherapie) von besonderer Wichtigkeit ist (§ 32 SGB V). Seit 1990 enthalten die Heilmittel-Richtlinien spezielle Leistungen, die den »besonderen Bedürfnissen psychisch Kranker« Rechnung tragen. Eine Neufassung der Heilmittel-Richtlinien (Richtlinien des Bundesausschusses der Ärzte und Krankenkassen über die Verordnung von Heilmitteln in der vertragsärztlichen Versorgung) ist zum 1. Juli 2004 in Kraft getreten. Sie enthalten im ersten Teil den Richtlinientext und im zweiten Teil die Zuordnung der Heilmittel zu Indikationen.

Als allgemeine Zielsetzung der Ergotherapie wird darin die Wiederherstellung, Entwicklung, Verbesserung, Erhaltung oder Kompensation der krankheitsbedingt gestörten motorischen, sensorischen, psychischen und kognitiven Funktionen und Fähigkeiten beschrieben.

Bei psychischen Erkrankungen kommt vorrangig eine psychisch-funktionelle Behandlung (Ziffer 20.4 der Richtlinie) in Betracht, teilweise aber auch eine neuropsychologisch orientierte Behandlung.

Zum Zweck der psychisch-funktionellen Behandlung wird ausgeführt, dass sie »der gezielten Therapie krankheitsbedingter Störungen der psychosozialen und sozioemotionalen Funktionen und den daraus resultierenden Fähigkeitsstörungen« dient. Sie umfasst insbesondere Maßnahmen zur Verbesserung:

- und Stabilisierung der psychischen Grundleistungsfunktionen wie Antrieb, Motivation, Belastbarkeit, Ausdauer, Flexibilität und Selbstständigkeit in der Tagesstrukturierung;
- eingeschränkter körperlicher Funktionen wie Grob- und Feinmotorik und deren Koordination;
- der Körperwahrnehmung und Wahrnehmungsverarbeitung;
- der Realitätsbezogenheit, der Selbst- und Fremdwahrnehmung;
- des situationsgerechten Verhaltens, auch der sozioemotionalen Kompetenz und Interaktionsfähigkeit;
- der kognitiven Funktionen;
- der psychischen Stabilisierung und des Selbstvertrauens;
- der eigenständigen Lebensführung und der Grundarbeitsfähigkeiten.

In Betracht kommt aber auch ein »Hirnleistungstraining / neuropsychologisch orientierte Behandlung« (Ziffer 20.3 der Richtlinie), die der gezielten Therapie krankheitsbedingter Störungen der neuropsychologischen Hirnfunktionen dient, »insbesondere der kognitiven Störungen und der daraus resultierenden Fähigkeitsstörungen. Sie umfasst insbesondere Maßnahmen zum / zur:

- Verbesserung und Erhalt kognitiver Funktionen wie Konzentration, Merkfähigkeit, Aufmerksamkeit, Orientierung, Gedächtnis sowie Handlungsplanung und Problemlösung,
- Erlangen der Grundarbeitsfähigkeiten,
- Verbesserung der eigenständigen Lebensführung, auch unter Einbeziehung technischer Hilfen.«

Im zweiten Teil der Richtlinien wird eine Zuordnung zu einzelnen Indikationen vorgenommen, wobei jeweils bezogen auf einzelne Diagnosen die Schädigung bzw. Funktionsstörung, die Leitsymptomatik, das Ziel der Er-

gotherapie und die Verordnung der Heilmittel beschrieben werden. Danach kommen Maßnahmen der Ergotherapie bei folgenden psychischen Störungen in Betracht:
- geistige und psychische Störungen im Kindes- und Jugendalter;
- neurotische, Persönlichkeits- und Verhaltensstörungen;
- Schizophrenie, schizotype und wahnhafte Störungen, affektive Störungen;
- psychische und Verhaltensstörungen durch psychotrope Substanzen;
- organische, einschließlich symptomatischer psychischer Störungen.

Die Verordnung von Ergotherapie bei neurotischen Störungen und Schizophrenie ist nur auf der Grundlage einer psychiatrischen Diagnostik möglich. Bei der Erstverordnung und den Folgeverordnungen können jeweils maximal zehn Einheiten verschrieben werden – bis zu in der Regel 40 Einheiten insgesamt.

Bei der Ausschöpfung der Möglichkeiten ergotherapeutischer Behandlung gibt es teilweise erhebliche regionale Unterschiede: So werden vielerorts ergotherapeutische Leistungen von Ärzten bei psychischen Erkrankungen nur selten verordnet, was nicht zuletzt damit zusammenhängt, dass es – gemessen am Bedarf – nicht nur viel zu wenig Ergotherapeuten gibt, sondern auch nur vergleichsweise wenige, die Angebote für Menschen mit psychischen Erkrankungen machen.

Hinzu kommt, dass das Leistungserbringerrecht vorsieht, dass die Ergotherapie von in eigener Praxis tätigen Ergotherapeuten durchgeführt wird (§§ 124 – 125 SGB V). Diese Form der Leistungserbringung wird jedoch dem spezifischen Bedarf gerade chronisch psychisch kranker Menschen kaum gerecht, solange dem betroffenen Menschen in der Praxis eines Ergotherapeuten nur ein- oder zweimal wöchentlich für 45 Minuten die Möglichkeit zur Beschäftigungs-, Arbeitstherapie oder Belastungserprobung gegeben wird. Es gibt aber zunehmend Regionen, in denen die Verordnung von Ergotherapie gemäß der in den Richtlinien beschriebenen Zielsetzung genutzt wird und in denen Ergotherapeuten in das psychiatrische Hilfesystem eingebunden sind, z. B. in Tagesstätten.

In einigen Regionen wird die Ergotherapie auch zur Arbeitstherapie / Belastungserprobung am eigenen Arbeitsplatz (insbesondere auch im

Rahmen der »stufenweisen Wiedereingliederung« gem. § 74 SGB V) genutzt.

Häusliche Krankenpflege

Die häusliche Krankenpflege (§ 37 SGB V) kann zur Vermeidung oder Verkürzung einer Krankenhausbehandlung oder zur Sicherung des Ziels der ärztlichen Behandlung vom Arzt verordnet werden. Zu den Voraussetzungen gehört unter anderem, dass man im eigenen Haushalt lebt. Dabei kann ein eigener Haushalt auch in einer betreuten Wohneinrichtung vorliegen; dies hängt von der vertraglichen Ausgestaltung und Organisation der Hilfe im Einzelfall ab. Leistungen der Kranken- oder Behandlungspflege in Heimen können derzeit nicht durch die Krankenversicherung erbracht werden (s. S. 107).

Als Leistung zur Vermeidung oder Verkürzung von Krankenhausbehandlung umfasst die häusliche Krankenpflege Grund- und Behandlungspflege (§ 37 Abs. 1 SGB V), zur Sicherung des Ziels der ärztlichen Behandlung die Behandlungspflege (§ 37 Abs. 2 SGB V).

Nach einer zum 1. Juli 1997 in das Krankenversicherungsrecht neu eingefügten Regelung hat der Bundesausschusses der Ärzte und Krankenkassen *Richtlinien* zur häuslichen Krankenpflege (§ 92 SGB V) zu erarbeiten, in denen unter anderem die Verordnung, die ärztliche Zielsetzung der häuslichen Krankenpflege sowie Inhalt und Umfang der Zusammenarbeit zwischen dem verordnenden Vertragsarzt und dem Krankenpflegedienst zu regeln sind. Daneben haben die Krankenkassen gemeinsam mit den Spitzenverbänden der Leistungserbringer (Krankenpflegedienste) Rahmenempfehlungen zur häuslichen Krankenpflege zu erarbeiten (§ 132 a SGB V). Darin sind unter anderem die Inhalte der häuslichen Krankenpflege einschließlich deren Abgrenzung zu anderen Leistungen zu regeln sowie Eignungskriterien der Leistungserbringer und Maßnahmen zur Qualitätssicherung zu beschreiben.

Nachdem durch mehrere Modellversuche deutlich wurde, wie wichtig die häusliche Krankenpflege auch für psychisch kranke Menschen ist, war mit der gesetzlichen Vorgabe, einen bundesweit einheitlichen Leistungskatalog zu erarbeiten, die Hoffnung verknüpft, dass nunmehr auch Leistungen beschrieben werden, die dem besonderen Bedarf psychisch Kranker Rechnung tragen.

Die »Richtlinien des Bundesausschusses der Ärzte und Krankenkassen über die Verordnung von ›häuslicher Krankenpflege‹ nach § 92 Abs. 1 Satz 2, Nr. 6 und Abs. 7 SGB V« in der Fassung vom 16. Februar 2000 sind am 14. Mai 2000 in Kraft getreten. Darin werden erstmals bundesweit einheitlich Verordnung, Ziele und Leistungen der häuslichen Krankenpflege geregelt. Die Maßnahmen, die von einem Arzt verordnet werden können, sind abschließend in einem Verzeichnis (Anlage zu den Richtlinien) aufgeführt. Maßnahmen, die nicht in diesem Verzeichnis aufgeführt sind, können vom Arzt nicht verordnet und dürfen von der Kasse nicht genehmigt werden.

Zu den Voraussetzungen für die Verordnung häuslicher Krankenpflege gehört, dass sich der Arzt vom Zustand des Kranken und der Notwendigkeit häuslicher Krankenpflege persönlich überzeugt hat oder dass ihm beides aus der laufenden Behandlung bekannt ist. In diesem Zusammenhang wird an verschiedenen Stellen wiederholt darauf hingewiesen, dass die Kranken nur dann einen Anspruch auf häusliche Krankenpflege haben, wenn die erforderliche(n) Verrichtung(en) von dem Kranken nicht selbst durchgeführt oder eine im Haushalt lebende Person die Pflege und Versorgung nicht in dem erforderlichen Umfang leisten kann.

Weiter enthalten die Richtlinien die Vorgabe, dass die ärztliche Verordnung häuslicher Krankenpflege der Genehmigung durch die Krankenkasse bedarf.

In den Vorbemerkungen zum »Verzeichnis verordnungsfähiger Maßnahmen der häuslichen Krankenpflege« (Leistungsverzeichnis) wird festgehalten: »Die Leistungen sind unabhängig davon verordnungsfähig, ob es sich um somatische, psychische oder psychosomatische Krankheiten handelt. Bei der Verordnung sind wegen der Krankheitsursache unterschiedliche Verordnungsdauern zu bedenken.«

Das *Leistungsverzeichnis* gliedert sich in Leistungen der Grundpflege mit fünf Positionen und Leistungen der Behandlungspflege. Auf die Leistungen der Grundpflege, die analog zu den Leistungen der Pflegeversicherung beschrieben werden, besteht nur dann ein Anspruch, wenn durch die häusliche Krankenpflege eine Krankenhausbehandlung vermieden oder verkürzt werden kann und wenn nicht Pflegebedürftigkeit im Sinne der Pflegeversicherung vorliegt.

Für psychisch Kranke grundsätzlich bedeutsamer sind die Leistungen der Behandlungspflege, die nicht nur zur Vermeidung von Krankenhausaufenthalten, sondern auch zur Sicherung des Ziels der ärztlichen Behandlung verordnet werden können. Dieser Teil des Verzeichnisses umfasst Positionen von »Absaugen« bis »Verbände« (anlegen und wechseln), die sich ganz überwiegend auf körperliche Erkrankungen beziehen. Eine Ausnahme bildet die »Medikamentengabe« (auch in Form von Injektionen), die aber nur verordnungsfähig ist »bei Patienten mit:

- einer so hochgradigen Einschränkung der Sehfähigkeit, dass es ihnen unmöglich ist, die Medikamente zu unterscheiden oder die Dosis festzulegen, oder
- einer so erheblichen Einschränkung der Grob- und Feinmotorik der oberen Extremitäten, dass sie die Medikamente nicht an den Ort ihrer Bestimmung führen können, oder
- einer so starken Einschränkung der körperlichen Leistungsfähigkeit, dass sie zu schwach sind, die Medikamente an den Ort ihrer Bestimmung bringen zu können, oder
- einer so starken Einschränkung der geistigen Leistungsfähigkeit oder Realitätsverlust, dass die Compliance bei der medikamentösen Therapie nicht sichergestellt ist.

Dies muss aus der Verordnung hervorgehen.«

Ambulante psychiatrische Krankenpflege

Mit Beschluss des Gemeinsamen Bundesausschusses vom 15. 2. 2005 wurden die Richtlinien über die Verordnung von häuslicher Krankenpflege mit Wirkung vom 1. 7. 2005 hinsichtlich spezieller Leistungen für psychisch kranke Menschen geändert. Damit bedarf es nicht mehr des Rückgriffs auf die in einigen Bundesländern geltenden Übergangsregelungen.

Voraussetzung für die Gewährung häuslicher Krankenpflege für psychisch Kranke ist, »dass der Versicherte über eine ausreichende Verhandlungsfähigkeit verfügt, um im Pflegeprozess die im Verzeichnis verordnungsfähiger Maßnahmen genannten Fähigkeitsstörungen positiv beeinflussen zu können, und zu erwarten ist, dass das mit der Behandlung verfolgte Therapieziel von dem Versicherten manifest umgesetzt werden kann.«

Können diese Voraussetzungen bei erstmaliger Verordnung nicht eingeschätzt werden, ist zunächst eine Erstverordnung für einen Zeitraum von 14 Tagen zum Aufbau der Pflegeakzeptanz, zum Beziehungsaufbau und gegebenfalls der Anleitung von Angehörigen möglich.

Als Fähigkeitsstörungen mit der Folge, »dass das Leben im Alltag nicht mehr selbstständig bewältigt oder koordiniert werden kann und das Krankheitsbild durch Medikamentengaben allein nicht ausreichend therapiert werden kann,« werden beschrieben:

- »Störungen des Antriebs oder der Ausdauer oder der Belastbarkeit in Verbindung mit der Unfähigkeit zur Tagesstrukturierung oder der Einschränkung des planenden Denkens oder des Realitätsbezugs« oder
- »Einbußen bei der Kontaktfähigkeit, den kognitiven Fähigkeiten (...), dem Zugang zur eigenen Krankheitssymptomatik, dem Erkennen und Überwinden von Konfliktsituationen und Krisen«.

Maßnahmen der psychiatrischen Krankenpflege sind durch einen Facharzt zu verordnen (oder durch den Hausarzt bei vorheriger Diagnosesicherung durch den Facharzt) und nur bei Vorliegen einer der im Leistungsverzeichnis benannten Diagnosen verordnungsfähig. Als Diagnosen genannt sind unter anderem Demenzen, organische Störungen, Schizophrenie und schizoaffektive Störungen.

Grundsätzlich ist zu begrüßen, dass die psychiatrische Krankenpflege nunmehr eine rechtliche Grundlage erhalten hat und damit auch flächendeckend verordnet werden kann. Allerdings sind die teilweise engen Leistungsvoraussetzungen insbesondere bei den Diagnosen (z. B. Ausschluss von Persönlichkeitsstörungen) zu kritisieren.

Weiterhin ist zu berücksichtigen, dass nach den gesetzlichen Bestimmungen der Anspruch auf häusliche Krankenpflege nur besteht, »soweit eine im Haushalt lebende Person den Kranken in dem erforderlichen Umfang nicht pflegen und versorgen kann« (§ 37 Abs. 3 SGB V). Hier ergibt sich die schwierige Frage, unter welchen Bedingungen eine im Haushalt lebende Person die Aufgabe der Pflege und Versorgung nicht in dem erforderlichen Umfang durchführen kann. Hier ist zum einen zu klären, ob die häusliche Pflege besondere Fachkenntnisse und daher eine Fachkraft erfordert, zum anderen ist die aus der häuslichen Pflege entstehende Belastungssituation für die im Haushalt lebenden Personen (in der Regel Familienangehörige) zu betrachten und zu prüfen, inwieweit hier die Grenzen der zumutbaren Belastung überschritten werden.

WICHTIG: Die Verordnung neben Leistungen der Soziotherapie ist möglich, wenn sich die Leistungen aufgrund ihrer jeweils spezifischen Zielsetzung ergänzen.

INFO Außerstationäre psychiatrische Pflege: Ambulante psychiatrische Behandlungspflege. Gutachten erstattet durch die Aktion Psychisch Kranke e.V., Schriftenreihe des Bundesministeriums für Gesundheit, Band 121. Baden-Baden 1999.

Soziotherapie

Soziotherapie ist zum 1. Januar 2000 als neue Leistung, die ausschließlich Menschen mit schweren psychischen Erkrankungen zur Verfügung steht, in das Krankenversicherungsrecht aufgenommen und im neu einfügten § 37 a SGB V mit folgendem Wortlaut geregelt worden:

»(1) Versicherte, die wegen schwerer psychischer Erkrankung nicht in der Lage sind, ärztliche oder ärztlich verordnete Leistungen selbstständig in Anspruch zu nehmen, haben Anspruch auf Soziotherapie, wenn dadurch Krankenhausbehandlung vermieden oder verkürzt wird oder wenn diese geboten, aber nicht ausführbar ist. Die Soziotherapie umfasst im Rahmen des Absatzes 2 die im Einzelfall erforderliche Koordinierung der verordneten Leistungen sowie Anleitung und Motivation zu deren Inanspruchnahme. Der Anspruch besteht für höchstens 120 Stunden innerhalb von drei Jahren je Krankheitsfall.

(2) Der Bundesausschuss der Ärzte und Krankenkassen bestimmt in den Richtlinien nach § 92 das Nähere über Voraussetzungen, Art und Umfang der Versorgung nach Absatz 1, insbesondere

o die Krankheitsbilder, bei deren Behandlung im Regelfall Soziotherapie erforderlich ist,

- den Inhalt, den Umfang, die Dauer und die Häufigkeit der Soziotherapie,
- die Voraussetzungen, unter denen Ärzte zur Verordnung von Soziotherapie berechtigt sind,
- die Anforderungen an den ärztlichen Behandlungsplan und an die Therapiefähigkeit des Patienten,
- Inhalt und Umfang der Zusammenarbeit des verordnenden Arztes mit dem Leistungserbringer.«

Mit der Einführung von Soziotherapie waren teilweise recht hohe Erwartungen verknüpft, vor allem an eine rasche Verfügbarkeit der neuen Leistung. Aber bislang wird die neue Leistung in der Praxis nur zögerlich umgesetzt. Die Umsetzungsprobleme erklären sich z. T. aus der Vorgeschichte. Vorausgegangen war die Erprobung von Soziotherapie im Rahmen eines Modellprojekts der Krankenkassen zur ambulanten Rehabilitation psychisch Kranker. Im Zuge der gesetzlichen Regelung wurde Soziotherapie aber nicht als Leistung der medizinischen Rehabilitation, sondern als Leistung der (Akut-)Behandlung eingeführt.

Diese Entscheidung des Gesetzgebers ist nicht ganz unproblematisch, denn im Vordergrund steht bei der Soziotherapie eine im fachlichen Sinne rehabilitative Zielsetzung. Aus fachlicher Sicht wäre es daher naheliegend, die Soziotherapie als Leistung der medizinischen Rehabilitation zuzuordnen. Eine solche Lösung hätte aber in unserem gegliederten System neue Probleme aufgeworfen, denn für Leistungen der medizinischen Rehabilitation sind vorrangig die Rentenversicherungsträger zuständig, die wiederum andere Anforderungen an die Erbringung von Leistungen zur Rehabilitation stellen. Insofern war die Zuordnung der Soziotherapie zu den Leistungen der (Akut-)Behandlung eine wichtige Voraussetzung, um eine eindeutige Leistungszuständigkeit der Krankenkassen zu begründen und diese Leistung überhaupt kurzfristig einzuführen. Bei der Entscheidung war ebenfalls zu berücksichtigen, dass die hier angesprochene Gruppe von Menschen mit einer schweren psychischen Erkrankung häufig nicht die Anspruchsvoraussetzungen für eine medizinische Rehabilitationsmaßnahme durch die Rentenversicherung erfüllt und damit faktisch die Krankenversicherung zuständig ist.

§ 37 a Abs. 1 SGB V enthält eine allgemeine Regelung der *Anspruchsvoraussetzungen*, wobei im Vordergrund die Vermeidung oder Verkürzung einer aktuell erforderlichen Krankenhausbehandlung steht. Demgegenüber wurde im Gesetzentwurf zur Soziotherapie eher eine rehabilitative Perspektive zu Grunde gelegt: »Schwer psychisch Kranke sind häufig nicht in der Lage, Leistungen, auf die an sich ein Anspruch besteht, selbstständig in Anspruch zu nehmen. Dies kann zu wiederkehrenden stationären Aufenthalten führen (so genannter ›Drehtüreffekt‹). Um für die Patienten unnötige Krankenhausaufenthalte und die damit verbundenen Kosten der stationären Aufenthalte zu vermeiden, wird für schwer psychisch Kranke die Leistung Soziotherapie als eine neue Betreuungsleistung zur Vermeidung von Krankenhausbehandlung eingeführt.« Folgt man diesen Ausführungen, geht es nicht nur bzw. weniger um die aktuelle (akute) Vermeidung oder Verkürzung von Krankenhausaufenthalten, sondern vor allem um die Vermeidung erneuter Krankenhausbehandlung. Darüber hinaus »soll die Soziotherapie die Information im Hilfesystem verbessern und somit zu einer besseren Kooperation der Leistungsanbieter und besseren Koordination der aufeinander abgestimmten Hilfeangebote führen« (Sozialpolitische Umschau vom 28. Februar 2000).

Das Gesetz sieht als Grundlage für die Verordnung Richtlinien des Bundesausschusses der Ärzte und Krankenkassen vor. Diese wurden am 23. August 2001 vorgelegt und sind zum 1. Januar 2002 in Kraft getreten. Darin wird eine Eingrenzung des Personenkreises unter diagnostischen Aspekten vorgenommen, die aus fachlicher Sicht problematisch erscheint, denn Patienten mit schweren Persönlichkeitsstörungen sind – wie bei der ambulanten psychiatrischen Pflege – herausgefallen, Suchterkrankungen und gerontopsychiatrische Störungen bleiben ebenfalls unberücksichtigt.

Im Folgenden werden auszugsweise die *Soziotherapie-Richtlinien* vom 23. August 2001 dokumentiert:

»Diese Richtlinien regeln Voraussetzungen, Art und Umfang der Versorgung mit Soziotherapie in der vertragsärztlichen Versorgung gem. § 37 a SGB V in Verbindung mit § 92 Abs. 1 Satz 2 Nr. 6 SGB V. Dazu gehören auch Inhalt und Umfang der Zusammenarbeit des verordnenden Arztes mit dem Erbringer der soziotherapeutischen Leistung (Leistungserbringer).

I. Grundlagen und Ziele

1. Schwer psychisch Kranke sind häufig nicht in der Lage, Leistungen, auf die sie Anspruch haben, selbstständig in Anspruch zu nehmen. Soziotherapie nach §37 a SGB V soll ihnen die Inanspruchnahme ärztlicher und ärztlich verordneter Leistungen ermöglichen. Sie soll dem Patienten durch Motivierungsarbeit und strukturierte Trainingsmaßnahmen helfen, psychosoziale Defizite abzubauen; der Patient soll in die Lage versetzt werden, die erforderlichen Leistungen zu akzeptieren und selbstständig in Anspruch zu nehmen. Sie ist koordinierende und begleitende Unterstützung und Handlungsanleitung für schwer psychisch Kranke auf der Grundlage von definierten Therapiezielen. Dabei kann es sich auch um Teilziele handeln, die schrittweise erreicht werden sollen.
2. Soziotherapie kann verordnet werden, wenn dadurch Krankenhausbehandlung vermieden oder verkürzt wird oder wenn diese geboten, aber nicht ausführbar ist. Die Erbringung von Soziotherapie erfolgt bedarfsgerecht und ist an einer wirtschaftlichen Mittelverwendung zu orientieren. Bei der Verordnung von Soziotherapie sind die in Abschnitt 11 festgelegten Indikationen und Kriterien zu beachten.
3. Die Durchführung der Soziotherapie setzt einen mit dem verordnenden Arzt und dem Patienten abgestimmten und vom soziotherapeutischen Leistungserbringer zu erstellenden soziotherapeutischen Betreuungsplan voraus, mit dessen Hilfe die verschiedenen Elemente und Ziele des ärztlichen Behandlungsplans erreicht werden sollen.
4. Soziotherapie findet überwiegend im sozialen Umfeld des Patienten statt.
5. Soziotherapie umfasst die Koordination der im Rahmen des ärztlichen Behandlungsplans festgelegten Maßnahmen.
6. Soziotherapie unterstützt einen Prozess, der dem Patienten einen besseren Zugang zu seiner Krankheit ermöglicht, indem Einsicht, Aufmerksamkeit, Initiative, soziale Kontaktfähigkeit und Kompetenz gefördert werden.
7. Für die medizinische Behandlung relevante Informationen, die der soziotherapeutische Leistungserbringer durch die Betreuung des Patien-

ten gewinnt, sollen durch die Zusammenarbeit zwischen ihm und dem verordnenden Arzt für die Behandlung nutzbar gemacht werden.

II. Indikation, Therapiefähigkeit

8. Indikation für Soziotherapie ist gegeben bei Vorliegen einer schweren psychischen Erkrankung gemäß Nr. 9 mit Fähigkeitsstörungen aus allen in Nr. 10 aufgeführten Bereichen und einem Schweregrad gemäß Nr. 11.

9. Schwere psychische Erkrankungen in diesem Sinne sind solche aus den Bereichen des schizophrenen Formenkreises (ICD-10-Nrn.: F 20.0 – 20.6 (Schizophrenie), 21 (schizotype Störung), 22 (anhaltende wahnhafte Störung), 24 (induzierte wahnhafte Störung) und 25 (schizoaffektive Störung)) und der effektiven Störungen (ICD-10-Nrn.: F 31.5 (gegenwärtig schwere depressive Episode mit psychotischen Symptomen im Rahmen einer bipolaren effektiven Störung), 32.3 (schwere depressive Episode mit psychotischen Symptomen) und 33.3 (gegenwärtig schwere depressive Episode mit psychotischen Symptomen im Rahmen einer rezividierenden depressiven Störung)).

10. Die Erkrankungen, die der Soziotherapie bedürfen, sind gekennzeichnet durch folgende Fähigkeitsstörungen:

o Beeinträchtigung durch Störungen des Antriebs, der Ausdauer und der Belastbarkeit, durch Unfähigkeit zu strukturieren, durch Einschränkungen des planerischen Denkens und Handelns sowie des Realitätsbezuges;

o Störungen im Verhalten mit Einschränkung der Kontaktfähigkeit und fehlender Konfliktlösungsfähigkeit;

o Einbußen im Sinne von Störungen der kognitiven Fähigkeiten wie Konzentration und Merkfähigkeit, der Lernleistungen sowie des problemlösenden Denkens;

o mangelnde Compliance im Sinne eines krankheitsbedingt unzureichenden Zugangs zur eigenen Krankheitssymptomatik und zum Erkennen von Konfliktsituationen und Krisen.

11. Die Schwere der Fähigkeitsstörungen wird anhand der GAF-Skala (s. unten) gemessen. Bei Verordnung von Soziotherapie darf deren Wert 40 nicht überschreiten.

12. Soziotherapie setzt voraus, dass der Patient die Therapieziele errei-

chen kann. Deshalb soll der Patient über die hierzu notwendige Belastbarkeit, Motivierbarkeit und Kommunikationsfähigkeit verfügen und in der Lage sein, einfache Absprachen einzuhalten.

Diese Voraussetzung ist nicht gegeben, wenn beim Patienten keine langfristige Verminderung der in Nr. 10. genannten Fähigkeitsstörungen und kein längerfristig anhaltendes Erreichen der soziotherapeutischen Therapieziele zu erwarten ist. (...)

13. Folgende Leistungen sind in jedem Fall zu erbringen:

13.1. Erstellung des soziotherapeutischen Betreuungsplans

Verordnender Arzt, soziotherapeutischer Leistungserbringer und Patient wirken bei der Erstellung des soziotherapeutischen Betreuungsplans zusammen.

13.2. Koordination von Behandlungsmaßnahmen und Leistungen

Der soziotherapeutische Leistungserbringer koordiniert die Inanspruchnahme ärztlicher Behandlung und verordneter Leistungen für den Patienten gemäß dem soziotherapeutischen Betreuungsplan. Dies umfasst sowohl aktive Hilfe und Begleitung als auch Anleitung zur Selbsthilfe. Dabei soll der soziotherapeutische Leistungserbringer den Patienten zur Selbstständigkeit anleiten und ihn so von der soziotherapeutischen Betreuung unabhängig machen.

13.3. Arbeit im sozialen Umfeld

Der soziotherapeutische Leistungserbringer analysiert die häusliche, soziale und berufliche Situation des Patienten und kann zur Unterstützung Familienangehörige, Freunde und Bekannte einbeziehen. Um die Therapieziele zu erreichen, kann er den Patienten an komplementäre Dienste heranführen.

13.4. Soziotherapeutische Dokumentation

Der soziotherapeutische Leistungserbringer dokumentiert fortlaufend Ort, Dauer und Inhalt der Arbeit mit und für den Patienten und die Entwicklung des Patienten.

Die soziotherapeutische Dokumentation enthält insbesondere Angaben zu:

- den durchgeführten soziotherapeutischen Maßnahmen (Art und Umfang),

- dem Behandlungsverlauf und
- den bereits erreichten bzw. den noch verbliebenen Therapie(teil-)zielen.

14. Folgende Leistungen können ggf. aufgrund der Struktur der spezifischen Patientenprobleme vom soziotherapeutischen Leistungserbringer erbracht werden:

14.1. Motivations- bzw. (antriebs-)relevantes Training
Mit dem Patienten werden praktische Übungen zur Verbesserung von Motivation, Belastbarkeit und Ausdauer durchgeführt. Sie finden im Lebensumfeld des Patienten statt.

14.2. Training zur handlungsrelevanten Willensbildung
Das Training beinhaltet die Einübung von Verhaltensänderungen, Übungen zur Tagesstrukturierung und zum planerischen Denken. Dabei ist Hilfestellung bei der Bewältigung von Konflikten zu geben und eine selbstständige Konfliktlösung bzw. Konfliktvermeidung einzuüben.

14.3. Anleitung zur Verbesserung der Krankheitswahrnehmung
Diese beinhaltet Hilfen beim Erkennen von Krisen (Frühwarnzeichen) und zur Krisenvermeidung sowie die Förderung der Compliance und von gesunden Persönlichkeitsanteilen.

14.4. Hilfe in Krisensituationen
Bei auftretenden Krisen erfolgt entsprechende Hilfe, ggf. auch aufsuchend, zur Vermeidung erheblicher Verschlimmerung sowohl der Krankheit als auch der häuslichen, sozialen und beruflichen Situation des Patienten.«

Die Befugnis zur Verordnung von Soziotherapie ist den Ärzten vorbehalten, die über die Bezeichnung Psychiatrie oder Nervenheilkunde und eine spezielle Genehmigung durch die Kassenärztliche Vereinigung verfügen. Andere Ärzte können einen Patienten in der Regel nur zu einem zur Verordnung berechtigten Arzt mit folgender Ausnahme überweisen: »Kommt der überweisende Arzt auf Grund seiner Kenntnis des Einzelfalles zu der Auffassung, dass der Patient nicht in der Lage ist, diese Überweisung selbstständig in Anspruch zu nehmen, kann der Arzt einen soziotherapeutischen Leistungserbringer per Verordnung hinzuziehen« (Ziffer 16.1.). Er kann dann maximal drei Soziotherapie-Einheiten mit dem Ziel verordnen, dass der Patient motiviert wird, die Überweisung wahrzunehmen.

Zur Abklärung der Therapiefähigkeit des Patienten und Erstellung des soziotherapeutischen Betreuungsplans ist die Verordnung von (maximal fünf) Probestunden möglich, die maximal zweimal pro Jahr für einen Versicherten erfolgen kann.

Der soziotherapeutische Betreuungsplan muss laut Richlinien folgende Punkte enthalten: Anamnese, Diagnose, aktuellen Befund mit Art und Ausprägung der Fähigkeitsstörungen des Patienten, die angestrebten Therapieziele und die erforderlichen Teilschritte (Nahziel und Fernziel), die zur Erreichung der Therapieziele vorgesehenen therapeutischen Maßnahmen, die zeitliche Strukturierung der therapeutischen Maßnahmen und die Prognose.

Inhalt und Umfang der Leistung werden in Zusammenarbeit des verordnenden Arztes mit dem Leistungserbringer festgelegt. Die Dauer einer Soziotherapieeinheit umfasst 60 Minuten, wobei die Therapieeinheiten in kleinere Zeiteinheiten maßnahmebezogen aufgeteilt werden können. Soziotherapie wird in der Regel als Einzelmaßnahme erbracht und muss von der Krankenkasse genehmigt werden.

Die Soziotherapie-Richtlinien enthalten die Vorgabe, dass die Schwere der Fähigkeitsstörungen mit der *GAF-Skala* zu messen ist und deren Wert 40 nicht übersteigen darf. Bei der GAF-Skala (Global Assessment of Functioning) handelt es sich um ein Instrument zur Beurteilung des allgemeinen Funktionsniveaus eines Patienten, das sich auf die psychischen, sozialen und beruflichen Funktionen bezieht. Funktionseinschränkungen aufgrund von körperlichen oder umgebungsbedingten Einschränkungen sollen bei der Bewertung nicht einbezogen werden.

Nachstehend ein auszugsweiser Überblick zur GAF-Skala (Quelle: Diagnostisches und Statistisches Manual Psychischer Störungen DSM-IV, Göttingen).

Wert	(Bei der Beurteilung ist jeweils nicht eine Spanne sondern ein konkreter Wert, z. B. 25, 38 oder 52 anzugeben)	
100 bis 91	Hervorragende Leistungsfähigkeit in einem breiten Spektrum von Aktivitäten; Schwierigkeiten im Leben scheinen nie außer Kontrolle zu geraten ... keine Symptome	Soziotherapie kann nicht verordnet werden
90 bis 81	Keine oder nur minimale Symptome; gute Leistungsfähigkeit in allen Gebieten, interessiert und eingebunden in ein breites Spektrum von Aktivitäten ...	
80 bis 71	Wenn Symptome vorliegen, sind diese vorübergehende oder zu erwartende Reaktionen auf psychosoziale Belastungsfaktoren; höchstens leichte Beeinträchtigung der sozialen, beruflichen und schulischen Leistungsfähigkeit	
70 bis 61	Einige leichte Symptome *oder* einige leichte Schwierigkeiten bezüglich der sozialen, beruflichen oder schulischen Leistungsfähigkeit ... aber im Allgemeinen relativ gute Leistungsfähigkeit ...	
60 bis 51	Mäßig ausgeprägte Symptome *oder* einige leichte Schwierigkeiten bezüglich der sozialen, beruflichen oder schulischen Leistungsfähigkeit	
50 bis 41	Ernste Symptome (z. B. Suizidgedanken, schwere Zwangsrituale ...) *oder* eine ernste Beeinträchtigung der sozialen, beruflichen, schulischen Leistungsfähigkeit	
40 bis 31	Einige Beeinträchtigungen in der Realitätskontrolle oder der Kommunikation *oder* starke Beeinträchtigung in mehreren Bereichen, z. B. Arbeit oder Schule, familiäre Beziehungen, Urteilsvermögen, Denken oder Stimmung	Soziotherapie kann verordnet werden
30 bis 21	Das Verhalten ist ernsthaft durch Wahnphänomene *oder* Halluzinationen beeinträchtigt oder ernsthafte Beeinträchtigung der Kommunikation und des Urteilsvermögens *oder* Leistungsunfähigkeit in fast allen Bereichen (z. B. bleibt den ganzen Tag im Bett, keine Arbeit, kein Zuhause, kein Bett)	
20 bis 11	Selbst- und Fremdgefährdung *oder* gelegentlich nicht in der Lage, die geringste persönliche Hygiene aufrechtzuerhalten *oder* grobe Beeinträchtigung der Kommunikation	
10 bis 1	Ständige Gefahr, sich oder andere schwer zu verletzen *oder* anhaltende Unfähigkeit, die minimale persönliche Hygiene aufrechtzuerhalten *oder* ernsthafter Selbstmordversuch mit eindeutiger Todesabsicht	

Gemäß dem ebenfalls neu eingefügten § 132 b SGB V »Versorgung mit Soziotherapie« schließen die Krankenkassen oder die Landesverbände der Krankenkassen und die Verbände der Ersatzkassen unter Berücksichtigung der Richtlinien des Bundesausschusses »mit geeigneten Personen oder

Einrichtungen Verträge über die Versorgung mit Soziotherapie«. Soweit die Verträge mit den *Leistungserbringern* inzwischen zustande gekommen sind, enthalten sie insbesondere Regelungen über die Preise soziotherapeutischer Maßnahmen und deren Abrechnung. Außerdem legten die Spitzenverbände der Krankenkassen gemeinsam und einheitlich in Empfehlungen die Anforderungen an die Leistungserbringer für Soziotherapie fest.

Diese Empfehlungen (vom 29. November 2001) sind zeitgleich mit den Richtlinien des Bundesausschusses zum 1. Januar 2002 in Kraft getreten und sehen vor, dass als Erbringer von Soziotherapie lediglich Fachkrankenpflegekäfte für Psychiatrie sowie Sozialarbeiter/-pädagogen mit psychiatrischer Berufserfahrung in Betracht kommen, die in ein gemeindepsychiatrisches Verbundsystem oder vergleichbare Versorgungsstrukturen eingebunden sind. Die im Einzelnen nachzuweisenden Kenntnisse und berufspraktischen Erfahrungen werden in den Empfehlungen detailliert beschrieben. Weiter enthalten die Empfehlungen Anforderungen an die soziotherapeutische Dokumentation sowie Qualitätssicherung und beschreiben verschiedene in Betracht kommende Organisationsformen für die Erbringung von Soziotherapie.

Auch mehrere Jahre nach der Einführung der Soziotherapie muss man konstatieren, dass es nur sehr wenige Anbieter von Soziotherapie gibt – nicht zuletzt, weil die Vergütungsverhandlungen zwischen den Leistungserbringern und den Kassen immer wieder scheitern. Daher liegen auch mehrere Jahre nach der Einführung noch keine flächendeckenden Erfahrungen mit der Soziotherapie vor. Solange das so ist, werden schwer und chronisch psychisch kranke Menschen »ersatzweise« auf die Inanspruchnahme von Angeboten verwiesen, die weiterhin im Rahmen der Eingliederungshilfe nach dem Sozialhilferecht finanziert (z. B. Betreutes Wohnen, Tagesstätten) oder aus kommunalen Mitteln bezuschusst werden (Sozialpsychiatrische Dienste, Kontakt- und Beratungsstellen). Da der Zugang zu diesen Hilfen nicht im Wege »ärztlicher Verordnung« möglich ist, können sie bei enger Auslegung auch nicht im Rahmen der koordinierenden Unterstützung einbezogen werden, die die Soziotherapie ausdrücklich fordert.

Völlig unklar ist auch, welche Rolle die Soziotherapie im Rahmen der stufenweisen Wiedereingliederung (§ 74 SGB V) bei der Rückkehr an den Arbeitsplatz spielen kann; so wird lediglich die »Analyse« der beruflichen Situation des Patienten als Aufgabe für die Soziotherapie erwähnt (Abschnitt 13.3), ohne Hinweis darauf, ob und wie der Leistungserbringer tätig werden darf; schließlich fallen Leistungen zur Teilhabe am Arbeitsleben nicht in die Zuständigkeit der Krankenversicherung.

Haushaltshilfe

Ist wegen einer notwendigen Krankenhausbehandlung die Weiterführung des Haushaltes nicht möglich und ist im Haushalt ein Kind von unter zwölf Jahren oder ein behindertes und hilfebedürftiges Kind zu versorgen, so erhalten psychisch erkrankte Väter und Mütter Haushaltshilfe.

Auch dieser Anspruch besteht nur, wenn nicht eine andere im Haushalt lebende Person den Haushalt weiterführen kann (§ 38 SGB V).

Krankenhausbehandlung

Ein Anspruch auf Behandlung in einem zugelassenen Krankenhaus besteht, wenn das Behandlungsziel durch ambulante Maßnahmen einschließlich der häuslichen Krankenpflege nicht zu erreichen ist (§ 39 SGB V). Ein wichtiges Kriterium für die Bedürftigkeit der Krankenhausbehandlung ist, dass insbesondere Ärzte und therapeutisches Personal für die notwendige Behandlung verfügbar sein müssen. Es gehört dabei zu den Aufgaben des Krankenhauses bzw. der Krankenhausärzte, im Einzelfall zu überprüfen, ob eine Krankenhausbehandlung notwendig ist – unabhängig davon, ob der Patient von einem niedergelassenen Arzt überwiesen worden ist oder das Krankenhaus selbst mit der Bitte um Aufnahme aufgesucht hat.

Bei länger dauernden Aufenthalten wird die Notwendigkeit der Krankenhausbehandlung vom Medizinischen Dienst der Krankenversicherung überprüft. Das Ergebnis einer solchen Überprüfung kann sein, dass aus Sicht des Medizinischen Dienstes die Hilfe durch ein Heim und durch ambulante ärztliche Behandlung als ausreichend angesehen wird. Eine solche »Umstufung« zu einem so genannten »Nichtbehandlungsfall« im Krankenhaus hat für die Betroffenen erhebliche Konsequenzen, weil dann die Krankenversicherung nicht mehr für den Krankenhausaufenthalt zahlt. Gegen eine solche Umstufung kann man als Betroffener Widerspruch einlegen.

Nach der neueren Rechtsprechung des Bundessozialgerichts hängt die Beurteilung der Notwendigkeit der (weiteren) stationären Behandlung maßgeblich von der Einschätzung der behandelnden Krankenhausärzte ab. Außerdem müssen von der Krankenkasse die Behandlungsalternativen für den Betroffenen und die behandelnden Ärzte nachprüfbar aufgezeigt werden. Es genügt nicht, allgemein auf ambulante Behandlungsalternativen zu verweisen (BSG v. 13. 5. 2004 in Recht & Psychiatrie 1/2005, S. 30). Bei psychischen Krankheiten kommt es dabei nicht so sehr auf die jederzeitige Erreichbarkeit der Ärzte und des Pflegepersonals an, sondern auf eine Gesamtbetrachtung der nach heutigen Behandlungskonzepten erforderlichen ärztlich verantworteten Behandlung unter Beteiligung nichtmedizinischer Berufe (BSG v. 16. 2. 2005 in Recht & Psychiatrie 3 / 2005, S. 145).

Eine Krankenhausbehandlung kann stationär (mit Unterkunft und Verpflegung) oder als tagesklinische Behandlung (ohne Unterkunft) erfolgen. Sie ist eine von der gesetzlichen Krankenversicherung finanzierte Komplexleistung (§ 39 SGB V), die ärztliche Behandlung, pflegerische Hilfen, diagnostische und therapeutische – darunter auch soziotherapeutische – Leistungen sowie Verpflegung und Unterkunft umfasst.

Eine für den Bereich der Krankenhausbehandlung wichtige Grundlage ist die Psychiatrie-Personalverordnung (»Verordnung über Maßstäbe und Grundsätze für den Personalbedarf in der stationären Psychiatrie vom 18. Dezember 1990«). Sie bildet eine bundesweit gültige Rechtsgrundlage für die angemessene Personalausstattung in psychiatrischen Kliniken. Darin werden sechs Behandlungsbereiche unterschieden (unter anderem: Regelbehandlung, rehabilitative Behandlung, tagesklinische Behandlung), für die jeweils auf der Grundlage eines detaillierten Katalogs von »Regelaufgaben« einzelnen Berufsgruppen bestimmte Zeitwerte (Minuten je Patient und Woche) zugeordnet werden. Dabei wird ausdrücklich von einem mehrdimensionalen Krankheitsmodell ausgegangen, wonach sich in Diagnostik und Therapie medizinisch-psychiatrische Orientierung mit Psychotherapie, Milieutherapie und Soziotherapie verbinden.

Für die Vergütung der allgemeinen Krankenhausleistungen ist inzwischen die Einführung von Fallpauschalen vorgesehen; für psychiatrische Krankenhäuser und psychiatrische Abteilungen an Allgemeinkrankenhäusern ist dagegen weiterhin die Psychiatrie-Personalverordnung zu Grunde zu legen. Damit erfolgt die Vergütung der psychiatrischen Krankenhausbehandlung weiterhin entsprechend der tatsächlichen Behandlungsdauer.

Für Patienten ist wichtig zu wissen, dass für jeden Einzelnen jeweils ein individuelles Behandlungskonzept zu erstellen ist, bei dem nicht nur die Symptome, sondern auch die infolge der Krankheit eingetretenen Fähigkeitsstörungen und die Lebenssituation zu berücksichtigen sind.

INFO Kunze, H.; Kaltenbach, L. (Hg.): Psychiatrie-Personalverordnung. Textausgabe mit Materialien und Erläuterungen für die Praxis. 5. aktualisierte Auflage, Stuttgart 2005.

Psychiatrische Institutsambulanzen

Das Krankenversicherungsrecht sieht neben der Zulassung von Krankenhausärzten zur ambulanten Behandlung (Ermächtigung zur Teilnahme an der vertragsärztlichen Versorgung) auch die Einrichtung von Institutsambulanzen an psychiatrischen Krankenhäusern vor (§ 118 SGB V). Institutsambulanzen gibt es inzwischen in fast allen Regionen: Seit dem Jahr 2000 haben neben psychiatrischen Krankenhäusern auch die Allgemeinkrankenhäuser und Universitätskliniken mit einer psychiatrischen Abteilung und regionaler Versorgungsverpflichtung Anspruch auf Zulassung zur ambulanten Versorgung.

Institutsambulanzen verfügen über ein multiprofessionelles Mitarbeiterteam (Ärzte, Pflegepersonal, Sozialarbeiter, Diplom-Psychologen etc.), was sie von anderen ambulanten Behandlungsangeboten unterscheidet. Ein weiterer Vorteil ist, dass Patienten von der Station oder Tagesklinik aus ambulant weiterbehandelt werden können, in der sie zuvor stationär behandelt worden sind und eine therapeutische Beziehung aufgebaut haben.

Gemäß der gesetzlichen Vorgabe (§ 118 Abs. 2 Satz 2 SGB V) haben die Spitzenverbände der Krankenkassen, der Deutschen Krankenhausgesellschaft und der Kassenärztlichen Bundesvereinigung in einem Vertrag die Gruppe psychisch Kranker festzulegen, die wegen der Art, Schwere oder Dauer ihrer Erkrankung der Behandlung durch die Institutsambulanz bedürfen. Diese *Vereinbarung* ist zum 1. April 2001 in Kraft getreten und enthält Regelungen zu Zielen, Zugang, Patientengruppen und Leistungen (§ 118 Absatz 2 SGB V).

»§ 1 Ziele

Psychiatrische Institutsambulanzen erfüllen einen spezifischen Versorgungsauftrag, nämlich speziell für Kranke, die wegen der Art, Schwere oder Dauer ihrer Erkrankung eines solchen besonderen, krankenhausnahen Versorgungsangebotes bedürfen. Das Angebot der psychiatrischen Institutsambulanzen soll sich an Kranke richten, die von anderen Versorgungsangeboten nur unzureichend erreicht werden. Die Institutsambulanz soll auch ermöglichen, Krankenhausaufnahmen zu vermeiden oder stationäre Behandlungszeiten zu verkürzen und Behandlungsabläufe zu optimieren, um dadurch die soziale Integration der Kranken zu stabilisieren. Das Instrument für die Erreichung dieser Ziele ist die Gewährleistung der Behandlungskontinuität. (...)

§ 3 Patientengruppen

Der Behandlung in einer psychiatrischen Institutsambulanz bedürfen Personen, bei denen einerseits in der Regel langfristige, kontinuierliche Behandlung medizinisch notwendig ist und andererseits mangelndes Krankheitsgefühl und/oder mangelnde Krankheitseinsicht und/oder mangelnde Impulskontrolle der Wahrnehmung dieser kontinuierlichen Behandlung entgegenstehen.

Langfristige, kontinuierliche Behandlung ist indiziert bei psychischen Krankheiten mit chronischem oder chronisch rezidivierendem Verlauf. Dazu gehören insbesondere Schizophrenien, affektive Störungen und schwere Persönlichkeitsstörungen, ferner auch Suchtkrankheiten mit Komorbidität und gerontopsychiatrische Krankheiten.

Der Behandlungsbedarf in einer psychiatrischen Institutsambulanz besteht auch, wenn der Kranke in der Vergangenheit eine notwendige, kontinuierliche Behandlung nicht aus eigenem Antrieb in Anspruch genommen hat oder die notwendige kontinuierliche Behandlung nicht stattgefunden hat, also eine Symptombesserung und soziale Stabilisierung nicht gelungen ist. Das ist in der Regel der Fall, wenn in der Vergangenheit mehrere Krankheits-Exazerbationen oder -Rezidive auch mit Hospitalisierung stattgefunden haben.

Im Einzelfall kann die Behandlung durch die Institutsambulanz auch bei Ersterkrankungen oder Erkrankungen von erst kurzer Dauer indiziert sein, wenn zur Vermeidung einer stationären Aufnahme oder bei der geplanten Entlassung aus stationärer Behandlung die o.g. Kriterien der Schwere der Erkrankung insoweit erfüllt sind, dass mit Wahrscheinlichkeit damit zu rechnen ist, dass der Kranke die medizinisch notwendige, kontinuierliche Behandlung anderenorts nicht wahrnehmen wird.

§ 4 Patientenzugang

Kranke sollen in der Regel auf dem Wege der Überweisung durch die psychiatrische Abteilung oder durch niedergelassene Vertragsärzte die Institutsambulanz in Anspruch nehmen. (...)

§ 5 Leistungsinhalte

Das Angebot der psychiatrischen Institutsambulanz hat die Kriterien des Facharztstandards zu erfüllen. Im Zentrum der Arbeit der Institutsambulanz hat die Gewährleistung der Behandlungskontinuität bei Kranken, bei denen diese Behandlungskontinuität medizinisch indiziert ist, sich aber durch andere Versorgungsformen nicht gewährleisten lässt, zu stehen. Die Behandlungskontinuität setzt auch Kontinuität in persönlichen Beziehungen zwischen Kranken und multiprofessionellem Behandlungsteam voraus.

Das Leistungsangebot der Institutsambulanz hat im Sinne einer Komplexleistung das gesamte Spektrum psychiatrisch-psychotherapeutischer Diagnostik und Therapie entsprechend dem allgemein anerkannten Stand der medizinischen Erkenntnisse zu umfassen. Dazu gehören insbesondere die psychopathologische Befunderhebung, psychologische Diagnostik (Psychometrie), Psychopharmakatherapie, das Instrumentarium der sozialtherapeutischen einschließlich der nachgehenden Behandlung, die Psychoedukation in indikativen Gruppen unter Einbezug der Angehörigen der Kranken und die Psychotherapie entsprechend der Psychotherapie-Richtlinien des Bundesausschusses der Ärzte und

Krankenkassen, die ggf. im Rahmen eines individualisierten Gesamtbehandlungsplans zum Einsatz kommen kann. Die psychiatrische Abteilung hat auch für die Institutsambulanz außerhalb der regulären Dienstzeiten einen Notfalldienst zu gewährleisten.

§ 6 Zusammenarbeit
Die Institutsambulanz kooperiert mit den niedergelassenen Vertragsärzten sowie den niedergelassenen Psychologischen Psychotherapeuten und Kinder- und Jugendlichenpsychotherapeuten und komplementären Einrichtungen insbesondere im Einzugsgebiet, für das die Versorgungsverpflichtung übernommen wurde. Form und Inhalte der Kooperation sollen durch formelle Vereinbarungen abgesichert werden. (...) Die Institutsambulanz soll die Bildung von Selbsthilfegruppen fördern und mit diesen kooperieren.«

Einschränkungen bei der Umsetzung des breiten Spektrums von Leistungsinhalten können sich in der Praxis aus den Vergütungsregelungen ergeben. Die Vergütung für die Institutsambulanzen erfolgt in der Regel durch Fallpauschalen (die teilweise erheblich variieren); eine Ausnahme bildet die in Bayern bestehende Vereinbarung, die eine Vergütung der Leistungen nach Zeitaufwand vorsieht.

Leistungen zur medizinischen Rehabilitation
Überblick

In den Regelungen des Krankenversicherungsrechts zu den Leistungen zur medizinischen Rehabilitation wird nicht ausdrücklich auf die im SGB IX getroffenen Regelungen verwiesen. Bezüglich der in §§ 40 – 43 SGB V beschriebenen Leistungen ergeben sich aber faktisch Übereinstimmungen mit den im SGB IX geregelten Leistungen (hierzu S. 43 f.). Nach den Bestimmungen des SGB V sind alle Leistungen der Krankenbehandlung auch im Rahmen medizinischer und ergänzender Leistungen zur Rehabilitation einzusetzen, wenn sie »notwendig sind, um:

- einer drohenden Behinderung vorzubeugen,
- eine Behinderung zu beseitigen, zu bessern oder eine Verschlimmerung zu verhüten,
- Pflegebedürftigkeit zu vermeiden oder zu mindern« (§ 11 Abs. 2 SGB V).

Die Leistungen zur medizinischen Rehabilitation sind im Krankenversicherungsrecht gestuft geregelt:

Zunächst sind die Möglichkeiten einer ambulanten Krankenbehandlung auszuschöpfen. Können die vorstehend genannten Ziele des § 11 Abs. 2 SGB V nicht durch eine ambulante Krankenbehandlung erreicht werden, dann kann die Krankenkasse ambulante Rehabilitationsleistungen in Einrichtungen, mit denen ein entsprechender Vertrag besteht, oder in wohnortnahen Einrichtungen erbringen (§ 40 Abs. 1 SGB V).

Reicht eine ambulante Maßnahme nicht aus, kann die Krankenkasse stationäre Rehabilitation mit Unterkunft und Verpflegung in Einrichtungen erbringen, mit denen ein entsprechender Vertrag besteht (§ 40 Abs. 2 SGB V).

Leistungen in Rehabilitationseinrichtungen werden aber nur nachrangig gegenüber anderen Trägern der Sozialversicherung, insbesondere dem Rentenversicherungsträger, erbracht (§ 40 Abs. 4 SGB V).

Leistungen zur medizinischen Rehabilitation sind eine Ermessensleistung der Krankenversicherung, bei der die Krankenkasse »Art, Dauer, Umfang, Beginn und Durchführung der Leistungen« bestimmt (§ 40 Abs. 3 SGB V). Dabei sollen entsprechend der gesetzlichen Vorgabe ambulante Leistungen längstens für 20 Behandlungstage und stationäre Leistungen für längstens drei Wochen erbracht werden, es sei denn, eine Verlängerung der Maßnahme ist aus medizinischen Gründen dringend erforderlich.

Die vorstehend genannten Fristen gelten nicht, wenn die Spitzenverbände der Krankenkassen in Leitlinien Indikationen festgelegt und diesen jeweils eine Regeldauer zugeordnet haben.

Weiter enthält das SGB V die Vorgabe, dass eine erneute bzw. wiederholte Inanspruchnahme von Leistungen zur medizinischen Rehabilitation frühestens nach vier Jahren möglich ist (§ 40 Abs. 3 Satz 4 SGB V).

Gerade bei schweren psychischen Erkrankungen sind die gesetzlich vorgegebenen Zeiträume regelmäßig zu kurz. Leitlinien, in denen für psychische Erkrankungen eine Regeldauer zugeordnet wurde, liegen nicht vor (s. hierzu aber unten die RPK-Empfehlungsvereinbarung vom 17. November 1986, in der längere Zeiträume zu Grunde gelegt werden).

Anspruchsvoraussetzungen

Voraussetzung für die Gewährung von Leistungen zur medizinischen Rehabilitation durch die Krankenversicherung ist, dass Leistungen der Behandlung einschließlich der Verordnung von Arznei- und Heilmitteln, Soziotherapie und/oder häuslicher Krankenpflege nicht ausreichen, um das Ziel der möglichst frühzeitigen Beseitigung oder Verminderung nicht nur vorübergehender Fähigkeitsstörungen oder Beeinträchtigungen zu erreichen.

Gemäß den Ausführungen in den »Begutachtungs-Richtlinien Vorsorge und Rehabilitation« des Medizinischen Dienstes der Spitzenverbände der Krankenkassen vom 12. März 2001 kommen Leistungen zur medizinischen Rehabilitation nur in Betracht, wenn im Rahmen einer Begutachtung die individuelle Rehabilitationsbedürftigkeit und -fähigkeit sowie eine positive Prognose festgestellt und ein realistisches Rehabilitationsziel formuliert wurde. Diese zentralen Begriffe werden dabei wie folgt definiert:

»Rehabilitationsbedürftigkeit: Rehabilitationsbedürftigkeit besteht, wenn als Folge einer Schädigung bei Vorliegen von voraussichtlich nicht nur vorübergehenden Fähigkeitsstörungen oder drohenden oder bereits manifesten Beeinträchtigungen über die kurative Versorgung hinaus eine medizinische Rehabilitation erforderlich ist.

Rehabilitationsfähigkeit: Der Begriff der Rehabilitationsfähigkeit bezieht sich auf die somatische und psychische Verfassung des Rehabilitanden (Motivation / Motivierbarkeit und Belastbarkeit) für die Teilnahme an einer geeigneten Rehabilitation.

Rehabilitationsprognose: Sie ist eine medizinisch begründete Wahrscheinlichkeitsaussage auf der Basis der Erkrankung, des bisherigen Verlaufs und der Rückbildungsfähigkeit unter Beachtung und Förderung der persönlichen Ressourcen (Rehabilitationspotenzial) über die Erreichbarkeit eines festgelegten Rehabilitationsziels durch eine geeignete Rehabilitationsmaßnahme in einem notwendigen Zeitraum.

Rehabilitationsziel: Das Rehabilitationsziel besteht darin, möglichst frühzeitig alltagsrelevante Fähigkeitsstörungen zu beseitigen, zu vermindern oder eine Verschlimmerung zu verhüten oder drohende oder bereits manifeste Beeinträchtigungen zu vermeiden, zu beseitigen, zu vermindern oder eine Verschlimmerung zu verhüten. Unter kritischer Würdigung des individuellen Grades von Rehabilitationsfähigkeit und positiver Rehabilitationsprognose wird das alltagsrelevante Rehabilitationsziel/werden die alltagsrelevanten Rehabilitationsziele aus den Fähigkeitsstörungen und Beeinträchtigungen abgeleitet, die den Patienten in der selbstständigen Bewältigung und Gestaltung der Lebensbereiche beeinträchtigen, die als Grundbedürfnisse menschlichen Daseins beschrieben werden.

Der unter Berücksichtigung der individuellen sozialen Kontextfaktoren anzustrebende Grad der Selbstständigkeit ergibt sich aus der Alltagskompetenz in den Grundbedürfnissen, die der Patient vor Auftreten der Fähigkeitsstörungen und Beeinträchtigungen hatte, die die aktuelle Rehabilitationsbedürftigkeit begründen« (S. 14 f.).

Leistungen zur medizinischen Rehabilitation

Die Leistungen zur medizinischen Rehabilitation (§ 40 SGB V) können ambulant oder stationär in Einrichtungen erbracht werden, mit denen ein Versorgungsvertrag besteht (§ 40 Abs. 1, 2 SGB V). Dabei sind die im Rahmen der medizinischen Rehabilitation zu erbringenden Leistungen im Krankenversicherungsrecht weder im Detail gesondert aufgeführt noch wird auf die entsprechende Regelung im SGB IX (§§ 26 – 31) verwiesen. Anhaltspunkte ergeben sich lediglich aus der Definition der Reha-Einrichtungen im Sinne des Krankenversicherungsrechts, bei denen es sich um Einrichtungen handelt, die »fachlich-medizinisch unter ständiger ärztlicher Verantwortung und unter Mitwirkung von besonders geschultem Personal darauf eingerichtet sind, den Gesundheitszustand der Patienten nach einem ärztlichen Behandlungsplan vorwiegend durch die Anwendung von Heilmitteln einschließlich Krankengymnastik, Bewegungstherapie, Sprachtherapie oder Arbeits- und Beschäftigungstherapie, ferner durch andere geeignete Hilfen, auch durch geistige und seelische Einwirkungen, zu verbessern und den Patienten bei der Entwicklung eigener Abwehr- und Heilungskräfte zu helfen« (§ 107 Abs. 2 Nr. 2 SGB V).

Ambulante Rehabilitation

Die ambulante Rehabilitation psychisch erkrankter Menschen ist im Bereich der Krankenversicherung bislang erst wenig entwickelt: Zwar wurden bereits 1995 auf der Ebene der Bundesarbeitsgemeinschaft für Rehabilitation (BAR) von den Spitzenverbänden der Krankenkassen, dem Verband Deutscher Rentenversicherungsträger, den Berufsgenossenschaften und der Kassenärztlichen Vereinigungen Rahmenempfehlungen zur ambulanten Rehabilitation vorgelegt, es wurden aber erst wenige indikationsspezifische Konzepte erarbeitet (u.a. bei neurologischen, muskulosketalen und kardiologischen Erkrankungen). In den Rahmenempfehlungen werden als Grundsätze für die ambulante Rehabilitation unter anderem ein ganzheitlicher Ansatz und ein breites multiprofessionelles Angebot von Maßnahmen, etwa ärztliche Behandlung, Ergotherapie und weitere Leistungen nichtärztlicher Berufsgruppen, zu Grunde gelegt.

Erst seit dem 22.1.2004 liegen Rahmenempfehlungen der BAR zur ambulanten Rehabilitation bei psychischen und psychosomatischen Erkrankungen vor. Darin werden die medizinischen Voraussetzungen und die Rehabilitationsziele weitgehend entsprechend den oben zitierten Begutachtungs-Richtlinien (S. 80 f.) beschrieben. Weiterhin werden die Indikationsstellung und die Anforderungen an die ambulante Rehabilitationseinrichtung (ganzheitlicher Ansatz, multiprofessionelles Rehabilitationsteam, räumliche und sachliche Ausstattung) festgehalten. Es ist zu hoffen, dass es zukünftig mehr wohnortnahe Angebote der ambulanten medizinischen Rehabilitation für Personen gibt, die Angebote der stationären Rehabilitation nicht in Anspruch nehmen können oder wollen.

Stationäre Rehabilitation

Um dem spezifischen Bedarf psychisch kranker Menschen Rechnung tragen zu können, wurde eine »Empfehlungsvereinbarung über die Zusammenarbeit der Krankenversicherungsträger und der Rentenversicherungsträger sowie der Bundesanstalt für Arbeit bei der Gewährung von Rehabilitationsmaßnahmen in Rehabilitationseinrichtungen für psychisch Kranke und Behinderte« im Jahr 1986 geschlossen.

Weil psychisch kranke und behinderte Menschen häufig nicht die Voraussetzungen für eine medizinische Reha-Maßnahme durch den (hierfür vorrangig zuständigen) Rentenversicherungsträger erfüllen, wurde ein geändertes Verfahren vereinbart. Danach ist der Antrag auf eine Maßnahme direkt beim zuständigen Krankenversicherungsträger zu stellen, der dann gegebenenfalls auch prüft, ob der Rentenversicherungsträger zuständig ist. Dem Antrag auf eine Rehabilitationsmaßnahme sind gemäß § 4 der RPK-Empfehlungsvereinbarung folgende Gutachten beizufügen:

- Gutachten des bisher behandelnden Facharztes oder der bisher behandelnden psychiatrischen Klinik,
- Gutachten der voraussichtlich aufnehmenden Rehabilitationseinrichtung sowie
- sonstige vorliegende ärztliche Gutachten und Befundberichte, aus denen die Notwendigkeit der stationären Rehabilitationsmaßnahme und die »Eignung« des Rehabilitanden hervorgehen.

»Es muss die Eignung für die Teilnahme an einem umfassenden Therapieprogramm und eine Bereitschaft des Rehabilitanden vorliegen, die Leistungsangebote der Rehabilitationseinrichtung kooperativ zu nutzen.« Weiterhin gehört zu den Voraussetzungen, dass der »Kranke oder Behinderte für die Rehabilitation in einer solchen Einrichtung mit dem Ziel einer möglichst dauerhaften Eingliederung ins Arbeitsleben und die Gesellschaft insgesamt geeignet ist« (s. hierzu auch die auf S. 80 f. dargestellten Anspruchsvoraussetzungen entsprechend den »Begutachtungsrichtlinien Vorsorge und Rehabilitation«).

Auf der Grundlage der Gutachten entscheidet die Krankenkasse über eine Bewilligung. Als Zeitrahmen für medizinische Rehabilitationsmaßnahmen wird in der Vereinbarung bis zu ein Jahr angegeben, wobei nach sechs Monaten eine Überprüfung vorzunehmen ist.

Wenn die Voraussetzungen für eine Reha-Maßnahme erfüllt sind, beginnt die Suche nach einer entsprechenden Einrichtung, die nicht immer einfach ist: Nach wie vor existieren nur sehr wenige »Rehabilitationseinrichtungen für psychisch Kranke und Behinderte«, in den meisten Bundesländern gibt es nur ein oder zwei, lediglich in Baden-Württemberg und Niedersachsen sind es mehr. So kommt es, dass nicht nur einige Menschen mit psychosomatischen Erkrankungen und neurotischen Störungen auf psychosomatisch und psychotherapeutisch ausgerichtete Rehabilitationskliniken verwiesen wurden, sondern auch Menschen mit Psychosen, denen dort nicht immer ein adäquates Angebot gemacht werden kann.

Arbeitstherapie und Belastungserprobung

Arbeitstherapie und Belastungserprobung (§ 42 SGB V) gehören zu den Leistungen der medizinischen Rehabilitation (§ 26 Abs. 2 Nr. 7 SGB IX), die von der Krankenversicherung nur dann erbracht werden, wenn kein anderer Träger der Sozialversicherung (hier vor allem die Rentenversicherung) zuständig ist. Ziel von Arbeitstherapie und Belastungserprobung ist die Wiedererlangung von Grundarbeitsfähigkeiten. Im Unterschied hierzu steht der Erwerb konkreter berufsbezogener Fähigkeiten, der zu den Leistungen zur Teilhabe am Arbeitsleben gehört und damit nicht in die Zuständigkeit der Krankenversicherung fällt. In der Praxis kann diese Abgrenzung aber schwierig und von fließenden Übergängen geprägt sein, etwa wenn im Rahmen der stufenweisen Wiedereingliederung (s. unten) Arbeitstherapie am eigenen Arbeitsplatz gewährt wird (im Rahmen der Verordnung von Ergotherapie) oder ambulante Arbeitstherapie nicht im psychiatrischen Krankenhaus, sondern in kooperierenden Betrieben erfolgt.

Ergänzende Leistungen zur medizinischen Rehabilitation

Die Krankenkassen können ergänzende Leistungen zur Rehabilitation erbringen (§ 43 SGB V). Hierzu zählen neben Beiträgen und Beitragszuschüssen zur Sozialversicherung auch Reisekosten, Haushaltshilfe und Kinderbetreuungskosten (entsprechend § 44 Abs. 1 Nr. 2–6 und §§ 53, 54 SGB IX), ferner Leistungen, »die unter Berücksichtigung von Art und Schwere der Behinderung erforderlich sind, um das Ziel der Rehabilitation zu erreichen oder zu sichern, die aber nicht zu den Leistungen zur Teilhabe am Arbeitsleben oder den Leistungen zur allgemeinen sozialen Eingliederung gehören«, sowie »wirksame und effiziente Patientenschulungsmaßnahmen für chronisch Kranke«, bei denen auch Angehörige und ständige Bezugspersonen einzubeziehen sind, wenn dies aus medizinischen Gründen erforderlich ist (§ 43 SGB V). Eine weiter gehende Präzisierung der hierbei in Betracht kommenden Leistungen erfolgt im Krankenversicherungsrecht nicht, es kann aber inhaltlich auf die in § 26 Abs. 3 SGB IX genannten Leistungen verwiesen werden.

Stufenweise Wiedereingliederung

Die stufenweise Wiedereingliederung (§ 74 SGB V, § 28 SGB IX) war eine zunächst nur im Krankenversicherungsrecht geregelte Maßnahme, die mit dem SGB IX in den Katalog der Leistungen der medizinischen Rehabilitation aufgenommen wurde und nun von allen Trägern der medizinischen Rehabilitation, also insbesondere auch der Renten- und Unfallversicherung, erbracht wird, sofern dort keine abweichenden Regelungen getroffen wurden.

Eingeführt wurde die stufenweise Wiedereingliederung im Krankenversicherungsrecht, da nach einer schweren Erkrankung mit lang andauernder Arbeitsunfähigkeit die Rückkehr an den früheren Arbeitsplatz für gerade Genesende oder Behinderte mit erheblichen Belastungen verbunden sein kann: Je nach Situation des Einzelfalls und den organisatorischen Möglichkeiten kann deshalb zunächst nur eine stundenweise Beschäftigung vereinbart werden, die dann kontinuierlich ausgebaut wird, bis nach einigen Wochen oder Monaten die volle Arbeitsfähigkeit erreicht wird. Der Kranke bleibt während der gesamten Dauer der Wiedereingliederungsmaßnahme arbeitsunfähig im Sinne der Vorschriften der gesetzlichen Krankenversicherung. Ihm steht Krankengeld unter Anrechnung des gegebenenfalls vom Arbeitgeber gezahlten Teilarbeitsentgeltes zu.

Ein Wiedereingliederungsplan kann, nachdem der Betroffene zugestimmt hat, durch eine Abstimmung zwischen dem behandelnden Arzt, der zuständigen Krankenversicherung und dem Arbeitgeber erstellt werden. Es besteht allerdings für den Arbeitgeber keine Verpflichtung, stufenweise Wiedereingliederungsmaßnahmen durchzuführen.

INFO Bundesarbeitsgemeinschaft für Rehabilitation: Arbeitshilfe zur stufenweisen Wiedereingliederung in den Arbeitsprozess.
Bezug: nur über Bundesarbeitsgemeinschaft für Rehabilitation, siehe Anhang, oder kostenlos als Download unter www.bar-frankfurt.de.

Krankengeld

Zu den Voraussetzungen für einen Anspruch auf Krankengeld gehört unter anderem, dass die betroffene Person infolge einer Erkrankung arbeitsunfähig ist oder auf Kosten der Krankenkasse in einem Krankenhaus oder einer Rehabilitationseinrichtung behandelt wird (§§ 44–51 SGB V). Bei wiederholter oder längerfristiger Arbeitsunfähigkeit wegen derselben Krankheit wird Krankengeld längstens für 78 Wochen innerhalb von drei Jahren gewährt.

INFO Bundesministerium für Gesundheit und Soziales (Hg.): Die gesetzliche Krankenversicherung. Die Broschüre informiert über Entwicklungen in der Krankenversicherung sowie über deren Aufgaben und Leistungen.

Gesetzliche Rentenversicherung

Überblick

Wichtigste Leistung der Gesetzlichen Rentenversicherung (SGB VI) ist die Altersrente, die in der Regel an Versicherte nach Vollendung des 65. Lebensjahres gewährt wird. Unter bestimmten Voraussetzungen können schwerbehinderte Menschen (hierzu S. 13, 130 ff.) die Altersrente auch schon vor Vollendung des 65. Lebensjahres, nicht aber vor Vollendung des 60. Lebensjahres in Anspruch nehmen. Neben der Gewährung von Altersrente ist die Gesetzliche Rentenversicherung vor allem zuständig für die Gewährung von

- Leistungen zur medizinischen Rehabilitation,
- Leistungen zur Teilhabe am Arbeitsleben,
- ergänzenden Leistungen sowie
- Renten wegen verminderter Erwerbsfähigkeit.

Leistungen zur Teilhabe

Die Leistungen der Rentenversicherung zur medizinischen Rehabilitation und zur Teilhabe am Arbeitsleben haben das Ziel, den Versicherten in das Erwerbsleben einzugliedern und damit die Gewährung von Renten wegen verminderter Erwerbsfähigkeit zu vermeiden oder zumindest hinauszuschieben. Die Rehabilitations- und Teilhabeleistungen werden auf Antrag gewährt, wenn die persönlichen und die versicherungsrechtlichen Voraussetzungen erfüllt sind.

Persönliche Anspruchsvoraussetzungen
Nach § 10 SGB VI haben Versicherte für Leistungen zur medizinischen Rehabilitation und zur Teilhabe am Arbeitsleben die persönlichen Voraussetzungen erfüllt, wenn

1. die Erwerbsfähigkeit wegen Krankheit oder körperlicher, geistiger, seelischer Behinderung erheblich gefährdet oder gemindert ist und
2. voraussichtlich durch die Leistungen
    a. bei erheblicher Gefährdung der Erwerbsfähigkeit eine Minderung der Erwerbsfähigkeit abgewendet werden kann,
    b. bei geminderter Erwerbsfähigkeit diese wesentlich gebessert oder wiederhergestellt werden kann oder hierdurch deren wesentliche Verschlechterung abgewendet werden kann,
    c. bei teilweiser Erwerbsminderung ohne Aussicht auf eine wesentliche Besserung der Arbeitsplatz erhalten werden kann.

Daraus ergibt sich, dass für Rehabilitationsleistungen durch die Rentenversicherung eine günstige Prognose erforderlich ist, allein die Möglichkeit eines Rehabilitationserfolges reicht nicht aus. Dementsprechend zahlt die Rentenversicherung nicht, wenn die Prognose ungünstig oder zweifelhaft ist.

Hinweise für die Begutachtung durch die Rentenversicherung enthalten die vom Verband Deutscher Rentenversicherungsträger vorgelegten »Empfehlungen für die sozialmedizinische Beurteilung psychischer Störungen« vom Oktober 2001. Danach müssen für Reha-Maßnahmen durch die gesetzliche Rentenversicherung »folgende Grundvoraussetzungen erfüllt sein:

- Das Störungsbild darf nicht mehr akut behandlungsbedürftig sein.
- Der Versicherte muss den Sinn der Maßnahme verstehen können und die vorgesehenen Maßnahmen auch unter Berücksichtigung vorhandener Alternativen bejahen.

- Trotz möglicher Einschränkungen muss ausreichende Belastbarkeit vorliegen.
- Es muss eine hinreichende Erfolgsaussicht im Sinne der Rentenversicherung bestehen. Dies bedeutet, dass durch die Maßnahme zur Rehabilitation entweder eine auf dem allgemeinen Arbeitsmarkt verwertbare Leistungsfähigkeit erreicht werden kann bzw. die Gefahr einer Minderung der Leistungsfähigkeit in zeitlicher und qualitativer Hinsicht abgewendet werden kann« (S. 9).

Bei psychischen Erkrankungen oder Behinderungen gibt es im Hinblick auf die erforderliche Vorhersage des Rehabilitationserfolges besondere Probleme, da vor Beginn der Rehabilitation eine zuverlässige Gesamtprognose kaum möglich ist. Angemessener wäre hier, auf der Grundlage von praktischer Erprobung und Erfahrung schrittweise die Erreichung von (Teil-)Zielen in überschaubaren Zeiträumen von beispielsweise drei oder sechs Monaten zu verfolgen (zur Rehabilitationsprognose in der Gesetzlichen Krankenversicherung / medizinischen Rehabilitation S. 80).

Versicherungsrechtliche Voraussetzungen

Daneben ergeben sich vielfach auch Probleme bezüglich der Erfüllung der versicherungsrechtlichen Voraussetzungen, die sich nach der vorausgegangenen Erwerbstätigkeit richten (§ 11 Abs. 1 SGB VI). Neben den genannten persönlichen müssen auch folgende versicherungsrechtliche Voraussetzungen bei einem Antrag auf Teilhabe erfüllt sein. Der Antragsteller muss:
- die Wartezeit von 15 Jahren mit Beitrags- oder Ersatzzeiten erfüllt haben oder
- eine Rente wegen verminderter Erwerbsfähigkeit beziehen.

Für Leistungen zur medizinischen Rehabilitation sind die versicherungsrechtlichen Voraussetzungen auch erfüllt, wenn die Versicherten
- in den letzten zwei Jahren für sechs Kalendermonate Pflichtbeiträge entrichtet oder
- innerhalb von zwei Jahren nach einer Ausbildung eine versicherte Beschäftigung aufgenommen haben oder
- vermindert erwerbsfähig oder davon bedroht sind und die allgemeine Wartezeit von fünf Jahren erfüllen.

Sind diese Voraussetzungen erfüllt, dann muss die Rentenversicherung – und nicht die Krankenversicherung – die medizinische Rehabilitation bezahlen.

Leistungen zur Teilhabe am Arbeitsleben werden durch die Rentenversicherung auch an Versicherte erbracht,

- wenn ohne diese Leistungen Rente wegen verminderter Erwerbsfähigkeit zu leisten wäre oder
- wenn sie für eine voraussichtlich erfolgreiche Rehabilitation unmittelbar im Anschluss an Leistungen zur medizinischen Rehabilitation der Träger der Rentenversicherung erforderlich sind (§ 11 Abs. 2 a SGB VI).

Leistungen zur medizinischen Rehabilitation

Bezüglich des Katalogs der Leistungen zur medizinischen Rehabilitation verweist § 15 SGB VI auf die im SGB IX beschriebenen Leistungen (§§ 26 – 31 SGB IX, von denen aber Leistungen der Früherkennung und Frühförderung behinderter Kinder, § 26 Abs. 2 Nr. 2 und § 30 SGB IX, nicht durch die Rentenversicherung erbracht werden, hierzu im Einzelnen S. 43f.).

Wie auch im Krankenversicherungsrecht sollen stationäre Leistungen zur medizinischen Rehabilitation »für längstens drei Wochen erbracht werden. Sie können für einen längeren Zeitraum erbracht werden, wenn dies erforderlich ist, um das Rehabilitationsziel zu erreichen« (§ 15 Abs. 3 SGB VI). Bei medizinischen Reha-Maßnahmen wegen psychischer Erkrankungen wird regelmäßig von einer längeren Dauer ausgegangen (zur RPK-Empfehlungsvereinbarung s. S. 82 f.).

Die Rentenversicherung erbringt ambulante und stationäre Leistungen zur medizinischen Rehabilitation nur in Einrichtungen, mit denen ein Vertrag besteht. Dabei muss die Einrichtung im Unterschied zu den Anforderungen des Krankenversicherungsrechts nicht unter ständiger ärztlicher Verantwortung stehen, »wenn die Art der Behandlung dies nicht erfordert« (§ 15 Abs. 2 SGB VI). Vor diesem Hintergrund wurden in einigen Regionen, insbesondere in Nordrhein-Westfalen, Verträge zwischen den Rentenversicherungsträgern und so genannten »Übergangseinrichtungen« zur Erbringung von Leistungen zur medizinischen Rehabilitation abgeschlossen (die Krankenkassen übernehmen hier keine Leistungen zur medizinischen Rehabilitation, da sie eine ständige ärztliche Verantwortung voraussetzen).

Leistungen zur Teilhabe am Arbeitsleben
Die Rentenversicherung erbringt Leistungen zur Teilhabe am Arbeitsleben gemäß § 16 SGB VI entsprechend den am Anfang dieses Kapitels dargestellten Regelungen der §§ 33 – 38 SGB IX sowie im Eingangsverfahren und im Berufsbildungsbereich der Werkstätten für behinderte Menschen nach § 40 SGB IX (hierzu Näheres auf S. 95).

Übergangsgeld
Für die Dauer von berufsfördernden oder stationären Maßnahmen zur medizinischen Rehabilitation durch die Rentenversicherung besteht ein Anspruch auf Übergangsgeld (§§ 20 – 27 SGB VI), wenn Arbeitsunfähigkeit besteht oder wegen dieser Maßnahme keine ganztägige Erwerbstätigkeit ausgeübt werden kann. Auf das Übergangsgeld wird gleichzeitig erzieltes Einkommen angerechnet.

Ergänzende und sonstige Leistungen
Außer dem Übergangsgeld können ergänzende Leistungen nach § 44 Abs. 1 Nr. 2 – 6 und §§ 53, 54 SGB IX erbracht werden. Diese umfassen im Einzelnen:
- Beiträge und Beitragszuschüsse zur Sozialversicherung,
- ärztlich verordneten Rehabilitationssport in Gruppen unter ärztlicher Betreuung und Überwachung,
- ärztlich verordnetes Funktionstraining in Gruppen unter fachkundiger Anleitung,
- Reisekosten,
- Betriebs- oder Haushaltshilfe und Kinderbetreuungskosten.

Zu den sonstigen Leistungen gehören unter anderem jene zur Eingliederung von Versicherten in das Erwerbsleben, insbesondere nachgehende Leistungen zur Sicherung des Erfolges der Leistungen zur Teilhabe, beispielsweise durch Beratung oder Seminare.

Renten wegen verminderter Erwerbsfähigkeit
Das Recht der Rente wegen verminderter Erwerbsfähigkeit (§ 43 SGB VI) wurde zum 1. Januar 2001 neu geregelt. Anstelle der früheren Berufs- und Erwerbsunfähigkeitsrenten wurde ein abgestuftes System einer Erwerbsminderungsrente (§ 43 SGB VI) eingeführt; dabei ist die Berufsunfähigkeitsrente (früher in § 44 SGB VI geregelt) entfallen.

Seit Januar 2001 erhält ein Versicherter, der auf dem allgemeinen Arbeitsmarkt nur noch weniger als drei Stunden täglich erwerbstätig sein kann, eine volle Erwerbsminderungsrente, jener, der noch zwischen drei und unter sechs Stunden täglich erwerbstätig sein kann, eine halbe Erwerbsminderungsrente.

Die Rente wegen verminderter Erwerbsfähigkeit kann je nach Situation des Einzelfalles zeitlich befristet oder auf Dauer (ohne Befristung bis zum Erreichen der Altersrente) gewährt werden.

Versicherte mit einem Leistungsvermögen von mindestens sechs Stunden erhalten keine Erwerbsminderungsrente.

Durch diese Regelung ist für alle, die noch zwischen drei und sechs Stunden arbeiten können, die Lohnersatzfunktion der Rente verloren gegangen: Sie erhalten nur noch die halbe Erwerbsminderungsrente. Sofern diese Menschen kein Teilzeitarbeitsverhältnis aufnehmen können (was in Anbetracht der hohen Arbeitslosenquote sowie der besonderen Probleme von chronisch psychisch kranken und behinderten Menschen auf dem allgemeinen Arbeitsmarkt häufig vorkommt), ist dieser Personenkreis häufig zur ergänzenden Absicherung des Lebensunterhaltes auf das Arbeitslosengeld II angewiesen (hierzu S. 116). Ein Anspruch auf Leistungen der bedarfsorientierten Grundsicherung besteht nur, wenn eine volle Erwerbsminderung auf Dauer festgestellt wurde.

Versicherungsrechtliche Anspruchsvoraussetzungen
Wer eine Rente wegen verminderter Erwerbsfähigkeit beansprucht, muss in der Regel eine Wartezeit von 60 Kalendermonaten zurückgelegt haben. Die Wartezeit wird grundsätzlich nur durch Beitragszeiten erfüllt (§ 51 SGB VI).

Im Zuge der Rentenreformen 1992 und 1999 erfolgte eine Änderung in den Bestimmungen über die Fälle der »vorzeitigen Wartezeiterfüllung« (§ 53 SGB VI), die auch für psychisch Behinderte zu einer verbesserten Rechtsstellung führte: So ist die allgemeine Wartezeit auch erfüllt, »wenn Versicherte vor Ablauf von sechs Jahren nach Beendigung einer Ausbildung voll erwerbsgemindert geworden sind und in den letzten zwei Jahren vorher ein Jahr mit Pflichtbeiträgen haben« (§ 53 Abs. 2 SGB VI). Der Zeitraum von zwei Jahren vor Eintritt einer vollen Erwerbsminderung verlängert sich um die Zeiten einer schulischen Ausbildung nach Vollendung des 17. Lebensjahres, maximal um bis zu sieben Jahre. Außerdem werden auch freiwillig gezahlte Beiträge berücksichtigt, die als Pflichtbeiträge gelten (§ 53 Abs. 3 SGB VI).

INFO Informationen zur gesetzlichen Rentenversicherung und zu ihren Aufgaben (Altersrente, Erwerbsminderungsrente, Teilhabe) sowie zum aktuellen Stand der Gesetzgebung sind beim Bundesministerium für Gesundheit und Soziales (siehe Adressen) erhältlich. Zu verweisen ist insbesondere auf die Broschüre »Ratgeber zur Rente«, in der alle Aspekte des Rentenrechts einschließlich der Rente wegen Erwerbsminderung dargestellt werden; Download über:
http://www.bmgs.bund.de/download/broschueren/A815.pdf.
Zur Überprüfung bzw. Klärung von Vorversicherungs- und Anerkennungszeiten können die Beratungsangebote der Rentenversicherungsträger (Versichertenälteste, Beratungsstellen der Rentenversicherungsträger) in Anspruch genommen werden. Informationen zu den Beratungsangeboten sind bei dem jeweils zuständigen Rentenversicherungsträger (Deutsche Rentenversicherung Bund und Regionalträger) erhältlich. Daneben kann auch das kostenpflichtige Angebot von Rentenberatern in Anspruch genommen werden.

Arbeitsförderung

Überblick

Träger der Arbeitsförderung nach dem SGB III ist die Bundesagentur für Arbeit mit ihren Unterbehörden, den jeweiligen Landesarbeitsagenturen und örtlichen Arbeitsagenturen. Insgesamt umfassen die Maßnahmen der Arbeitsförderung ein breites Spektrum von Leistungen an Arbeitnehmer, Arbeitgeber und Träger von Arbeitsförderungsmaßnahmen, die in § 3 SGB III in einer Übersicht aufgeführt werden.

Zu den Leistungen für Arbeitnehmer gehören:

- Berufsberatung sowie Ausbildungs- und Arbeitsvermittlung und diese unterstützende Leistungen; hierzu gehören etwa auch die Kosten für die Erstellung und Versendung von Bewerbungsunterlagen bis zu einem Betrag von 260 EUR jährlich sowie die Übernahme von Reisekosten, die im Zusammenhang mit Vorstellungsgesprächen oder Fahrten zur Berufsberatung, Vermittlung und Eignungsfeststellung anfallen (§§ 45, 46 SGB III);
- Maßnahmen zur Eignungsfeststellung und Trainingsmaßnahmen zur Verbesserung der Eingliederungsaussichten (§§ 48 – 50 SGB III);
- Mobilitätshilfen zur Aufnahme einer Beschäftigung (§§ 53 – 56 SGB III);
- Überbrückungsgeld zur Förderung der Aufnahme einer selbstständigen Tätigkeit (§§ 57, 58 SGB III);
- Berufsausbildungsbeihilfe während einer beruflichen Ausbildung oder einer berufsvorbereitenden Bildungsmaßnahme (§§ 59 – 76 SGB III);
- Übernahme von Weiterbildungskosten und Unterhaltsgeld während der Teilnahme an einer beruflichen Weiterbildung (§§ 77 – 87 SGB III);
- für behinderte Menschen allgemeine und besondere Leistungen zur Teilhabe am Arbeitsleben (§§ 97 – 103 SGB III);
- Arbeitslosengeld (§§ 117 ff. SGB III).

Zu den Leistungen an Arbeitgeber gehören beispielsweise Zuschüsse zu den Arbeitsentgelten bei Eingliederung von Langzeitarbeitslosen sowie von behinderten und schwerbehinderten Arbeitnehmern (§ 218 ff. SGB III).

Die Leistungen an Träger von Arbeitsförderungsmaßnahmen umfassen unter anderem Darlehen und Zuschüsse für Einrichtungen der beruflichen Aus- und Weiterbildung, der beruflichen Eingliederung behinderter Menschen oder die Übernahme der Kosten für berufsvorbereitende Bildungsmaßnahmen und Ausbildungen in außerbetrieblichen Einrichtungen.

Wie auch bei den anderen Sozialleistungsgesetzen sind die meisten Leistungen der Arbeitsförderung an die Erfüllung persönlicher und versicherungsrechtlicher Voraussetzungen gebunden wie die Gewährung von Arbeitslosengeld oder Leistungen zur Teilhabe am Arbeitsleben für behinderte Menschen.

Förderung der Teilhabe behinderter Menschen am Arbeitsleben

Die Leistungen zur Förderung der Teilhabe behinderter Menschen am Arbeitsleben sind in der Regel Ermessensleistungen. Danach können jene Leistungen erbracht werden, die wegen Art oder Schwere der Behinderung erforderlich sind, um die Erwerbsfähigkeit der behinderten Menschen zu erhalten, zu bessern, herzustellen oder wieder herzustellen und ihre Teilhabe am Arbeitsleben zu sichern (§ 97 Abs. 1 SGB III). Bei der Auswahl der Leistungen sind neben Eignung, Neigung und bisheriger Tätigkeit des Behinderten auch die Entwicklung des Arbeitsmarktes angemessen zu berücksichtigen (§ 97 Abs. 2 SGB III).

Bei den Leistungen zur beruflichen Eingliederung sind allgemeine und besondere Leistungen zu unterscheiden. Die besonderen Leistungen zur beruflichen Eingliederung Behinderter werden nur erbracht, soweit eine berufliche Eingliederung nicht bereits durch die allgemeinen Leistungen erreicht werden kann (§ 98 SGB III).

Allgemeine Leistungen zur beruflichen Eingliederung

Die allgemeinen Leistungen, die auch nichtbehinderten Menschen gewährt werden, umfassen nach § 100 SGB III die Leistungen zur:

- Unterstützung der Beratung und Vermittlung (§§ 29 ff. SGB III),
- Verbesserung der Eingliederungsaussichten (z. B. Trainingsmaßnahmen, §§ 48 ff. SGB III),

- Förderung der Aufnahme einer Beschäftigung (z. B. Mobilitätshilfen §§ 53 ff. SGB III),
- Förderung der Aufnahme einer selbstständigen Tätigkeit (§§ 57 f. SGB III),
- Förderung der Berufsausbildung (Berufsausbildungsbeihilfe, §§ 59 ff. SGB III),
- Förderung der beruflichen Weiterbildung (§§ 77 ff. SGB III).

Besondere Leistungen zur beruflichen Eingliederung

Anstelle der allgemeinen Leistungen werden die besonderen Leistungen erbracht, wenn Art und Schwere der Behinderung oder die Sicherung der Teilhabe am Arbeitsleben die Teilnahme an einer Maßnahme in einer besonderen Einrichtung für behinderte Menschen erfordern und die allgemeinen Leistungen die wegen Art oder Schwere der Behinderung erforderlichen Maßnahmen nicht oder nicht im erforderlichen Umfang vorsehen (§ 102 Abs. 1 SGB III).

Besondere Einrichtungen für behinderte Menschen sind Berufsbildungs- und Berufsförderungswerke und vergleichbare Einrichtungen sowie Einrichtungen der medizinisch-beruflichen Rehabilitation wie Rehabilitationseinrichtungen für psychisch Kranke und Werkstätten für behinderte Menschen.

Leistungen für die Teilnahme an Maßnahmen in anerkannten Werkstätten für behinderte Menschen (WfbM) können im Eingangsverfahren nur bis zu vier Wochen erbracht werden. In dieser Zeit ist festzustellen, ob die Werkstatt für die berufliche Eingliederung geeignet ist und welche ihrer Bereiche dafür in Betracht kommt. Im Berufsbildungsbereich einer WfbM können Maßnahmen bis zu einer Dauer von zwei Jahren erbracht werden, um die Leistungs- oder Erwerbsfähigkeit so weit wie möglich zu entwickeln, zu erhöhen oder wiederzugewinnen, und wenn erwartet werden kann, dass der Behinderte danach in der Lage ist, wenigstens ein Mindestmaß an wirtschaftlich verwertbarer Arbeitsleistung im Sinne des § 136 SGB IX (Schwerbehindertenrecht) zu erbringen (§ 102 Abs. 2 SGB III).

Die besonderen Leistungen umfassen nach § 103 SGB III:
- die Zahlung von Übergangsgeld,

- das Ausbildungsgeld, wenn ein Ausbildungsgeld nicht erbracht werden kann,
- die Übernahme der Teilnahmekosten für eine Maßnahme.

Beratung und Information zu den Leistungen der Arbeitsförderung sind der Aufgaben der Arbeitsagenturen, bei denen entsprechende Informationsbroschüren bzw. Merkblätter erhältlich sind.

INFO Bezüglich Maßnahmen zur beruflichen Eingliederung können sich Menschen mit einer Behinderung auch an die »Integrationsfachdienste« wenden (Adressen sind in örtlichen Psychiatrie-Wegweisern bzw. Psychosozialen Adressbüchern aufgeführt; falls es diese nicht gibt: bei der Arbeitsagentur oder beim Integrationsamt erfragen).

Beim Bundesministerium für Gesundheit und Soziales (siehe Adressen) ist eine Reihe von kostenlosen Informationsbroschüren zur Arbeitsförderung und zur beruflichen Eingliederung erhältlich, darunter der »Ratgeber für behinderte Menschen« (http://www.bmgs.bund.de/download/broschueren/A712.pdf).

Gesetzliche Pflegeversicherung

Überblick

Mit dem Inkrafttreten des Pflegeversicherungsgesetzes 1995 wurde die Pflegeversicherung als neuer, eigenständiger Zweig der Sozialversicherung (SGB XI) geschaffen, um jenen Pflegebedürftigen Hilfe zu leisten, die wegen der Schwere der Pflegebedürftigkeit auf solidarische Unterstützung angewiesen sind. Dabei wurde für die Leistungen eine umfassende Zielsetzung formuliert: Sie sollen den Pflegebedürftigen helfen, trotz ihres Hilfebedarfs ein möglichst selbstständiges und auch selbstbestimmtes Leben zu führen, das der Würde des Menschen entspricht. Die Hilfen sind darauf auszurichten, die körperlichen, geistigen und seelischen Kräfte der Pflegebedürftigen wiederzugewinnen oder zu erhalten (§2 SGB XI). Bei dieser umfassenden Zielsetzung darf allerdings nicht übersehen werden, dass die Pflegeversicherung nicht den gesamten Bedarf an pflegerischen Hilfen abdeckt: Einerseits liegt der Pflegeversicherung eine eingeschränkte Definition von Pflegebedürftigkeit zu Grunde, andererseits ist der Leistungsumfang von vornherein durch Höchstbeträge begrenzt.

Für den Anspruch auf Leistungen der Pflegeversicherung müssen, wie auch bei anderen Zweigen der Sozialversicherung, persönliche (§ 14 SGB XI) und versicherungsrechtliche (§ 33 SGB XI) Voraussetzungen erfüllt sein:

- Die persönliche Anspruchsvoraussetzung ist erfüllt, wenn Pflegebedürftigkeit im Sinne der Pflegeversicherung vorliegt. Hierauf wird unten im Einzelnen eingegangen.
- Für die versicherungsrechtliche Anspruchsvoraussetzung muss der in § 33 SGB XI genannte Versicherungszeitraum erfüllt sein. Seit 1. Januar 2000 muss der Antragsteller in den letzten zehn Jahren mindestens fünf Jahre versichert gewesen sein.

Leistungen der Pflegeversicherung sind formlos bei der Pflegekasse zu beantragen, die zur Überprüfung und Feststellung der Pflegebedürftigkeit eine Begutachtung durch den Medizinischen Dienst veranlasst.

Wenn die Pflegebedürftigkeit infolge einer psychischen Erkrankung oder Behinderung besteht, sollte dies bei dem Antrag an die Pflegekasse unbedingt angegeben werden, damit die Überprüfung durch einen entsprechend qualifizierten Gutachter (Psychiater, Psychologe) erfolgt.

Pflegebedürftigkeit

Pflegebedürftig im Sinne der Pflegeversicherung »sind Personen, die wegen einer körperlichen, geistigen oder seelischen Krankheit oder Behinderung für die gewöhnlichen und regelmäßig wiederkehrenden Verrichtungen im Ablauf des täglichen Lebens auf Dauer, voraussichtlich für mindestens sechs Monate, in erheblichem oder höherem Maße der Hilfe bedürfen« (§ 14 Abs. 1 SGB XI). Bei den Krankheiten oder Behinderungen werden ausdrücklich auch psychische Erkrankungen (»endogene« Psychosen, Neurosen) im Gesetz berücksichtigt (§ 14 Abs. 2 SGB XI).

Die Verrichtungen des alltäglichen Lebens

Die gewöhnlichen und regelmäßig wiederkehrenden Verrichtungen im Ablauf des täglichen Lebens sind in § 14 Abs. 4 SGB XI auf vier Bereiche beschränkt. Dabei werden alle zu berücksichtigenden Verrichtungen im Gesetz aufgeführt:

»1. im Bereich der Körperpflege das Waschen, Duschen, Baden, die Zahnpflege, das Kämmen, Rasieren, die Darm- oder Blasenentleerung,

2. im Bereich der Ernährung das mundgerechte Zubereiten oder die Aufnahme der Nahrung,

3. im Bereich der Mobilität das selbstständige Aufstehen und Zu-Bett-Gehen, An- und Auskleiden, Gehen, Stehen, Treppensteigen oder das Verlassen und Wiederaufsuchen der Wohnung,

4. im Bereich der hauswirtschaftlichen Versorgung das Einkaufen, Kochen, Reinigen der Wohnung, Spülen, Wechseln und Waschen der Wäsche und Kleidung oder das Beheizen.«

Den Besonderheiten psychischer Erkrankungen und Behinderungen wird insofern Rechnung getragen, als neben der Übernahme der Verrichtung auch ausdrücklich die »Beaufsichtigung oder Anleitung mit dem Ziel der eigenständigen Übernahme dieser Verrichtungen« berücksichtigt wird.

Stufen der Pflegebedürftigkeit

Für Leistungen der Pflegeversicherung ist weiterhin erforderlich, dass der Pflegebedürftige einer der drei Pflegestufen (§ 15 SGB XI) zugeordnet wird, für die jeweils Anforderungen hinsichtlich der Art, der Häufigkeit und der Dauer des Hilfebedarfs vorgegeben sind:

Pflegestufe I (Erhebliche Pflegebedürftigkeit): Hierunter fallen Personen, die bei der Grundpflege (Ernährung, Körperpflege und Mobilität) bei mindestens zwei der Verrichtungen aus einem oder mehreren Bereichen mindestens einmal täglich Hilfe und zusätzlich mehrfach wöchentlich Unterstützung bei der hauswirtschaftlichen Versorgung benötigen. Der Hilfebedarf hierbei muss täglich mindestens 90 Minuten betragen, wobei auf die Grundpflege mehr als 45 Minuten entfallen müssen.

Pflegestufe II (Schwerpflegebedürftigkeit): Schwerpflegebedürftigkeit liegt vor, wenn bei der Grundpflege mindestens dreimal täglich zu verschiedenen Tageszeiten Hilfe und mehrfach wöchentlich Unterstützung bei der hauswirtschaftlichen Versorgung benötigt wird. Der Hilfebedarf muss täglich mindestens drei Stunden betragen, davon mindestens zwei Stunden im Grundpflegebereich.

Pflegestufe III (Schwerstpflegebedürftigkeit): Die Zuordnung zu dieser Pflegestufe setzt voraus, dass bei der Grundpflege rund um die Uhr – auch nachts – Hilfe benötigt wird und zusätzlich mehrfach in der Woche Hilfebedarf bei der hauswirtschaftlichen Versorgung besteht. Der Hilfebedarf muss dabei mindestens fünf Stunden pro Tag betragen, davon mindestens vier Stunden im Bereich der Grundpflege.

Pflegebedürftigkeit bei psychisch kranken Menschen

Grundsätzlich gilt, dass auch psychisch erkrankte Menschen einen Anspruch auf Leistungen der Pflegeversicherung haben, wenn Pflegebedürftigkeit im Sinne des SGB XI besteht. Hierbei ist allerdings zu beachten, dass sich Pflegebedürftigkeit im Sinne der Pflegeversicherung ausschließlich durch einen Bedarf an Hilfe und Unterstützung im Bereich der Grundpflege und hauswirtschaftlichen Versorgung begründet (Körperpflege, Ernährung, Mobilität). Ein Bedarf an Hilfe und Unterstützung in anderen Bereichen – wie die Kontrolle der Medikamenteneinnahme, entlastende Gespräche, die Motivierung oder Anleitung zu Tätigkeiten im Bereich der Freizeitgestaltung usw. – begründet keinen Anspruch auf Leistungen der Pflegeversicherung. Je nach Art des Hilfebedarfs können hierfür allerdings Leistungen zur medizinischen Rehabilitation und Krankenbehandlung (z. B. häusliche Krankenpflege, s. S. 59 ff.) und / oder Leistungen der Eingliederungshilfe für behinderte Menschen nach dem SGB XII in Betracht kommen.

Insgesamt ist festzuhalten, dass vor allem aus dem Personenkreis der jüngeren Menschen mit einer psychischen Erkrankung nur eine eher kleine Gruppe die Voraussetzungen für die Inanspruchnahme von Leistungen der Pflegeversicherung erfüllt, da ein Bedarf an Leistungen der Grundpflege vielfach nur vorübergehend besteht – und nicht wie gefordert für mindestens sechs Monate.

Begutachtung durch den Medizinischen Dienst

Die Prüfung, ob Pflegebedürftigkeit vorliegt und bei bestehender Pflegebedürftigkeit die Zuordnung zu einer Pflegestufe vorzunehmen ist, erfolgt im Rahmen einer Begutachtung durch den Medizinischen Dienst, die in der gewohnten Umgebung des Pflegebedürftigen durchgeführt werden soll. Daneben muss der Gutachter auch dazu Stellung nehmen, ob Leistungen zur Rehabilitation angezeigt sind und ob »kurative Defizite« bestehen (die Gewährung kurativer Leistungen fällt dann allerdings in die Zuständigkeit der Krankenversicherung).

Bei der Begutachtung ist ein umfangreiches Formular vom Gutachter auszufüllen, das sich in mehrere Bereiche gliedert. So soll sich der Gutachter anhand der »Tätigkeiten des alltäglichen Lebens« ein möglichst vollständiges Bild von der Person machen, für die ein Antrag auf Leistungen der Pflegeversicherung gestellt worden ist oder die diesen Antrag selbst gestellt hat. Dabei geht es unter anderem um die Fragen, ob die Fähigkeit vorhanden ist:

- sich situativ anpassen zu können,
- sich seine Zeit sinnvoll einzuteilen und sich sinnvoll zu beschäftigen,
- selbstständig soziale Kontakte aufzunehmen und sein Leben verantwortlich innerhalb des gesellschaftlichen Beziehungsgeflechts zu gestalten.

Diese Fragen dienen ausschließlich dazu, einen allgemeinen Befund zu erheben, ob und in welchen Bereichen Hilfe benötigt wird – sei es in Form von Anleitung und Unterstützung oder auch durch die Übernahme von Tätigkeiten. Bei diesem ersten Schritt wird also auch berücksichtigt, ob beispielsweise Anleitung, Anregung, Motivierung benötigt wird, um sich zu beschäftigen, etwas zu unternehmen, Kontakte zu knüpfen und zu pflegen, verordnete Medikamente einzunehmen, (Arzt-)Termine einzuhalten usw. Alle diese Hilfen lassen sich der »Pflege« im fachlichen Sinne zuordnen.

Erst nach dieser allgemeinen Befunderhebung ist in einem weiteren Schritt die Pflegebedürftigkeit zu klären und eine Einstufung vorzunehmen, indem die Häufigkeit und der Zeitaufwand für Hilfen bei jenen Verrichtungen ermittelt wird, die Pflegebedürftigkeit im Sinne der Pflegeversicherung begründen.

Während bei körperlichen Erkrankungen oder Behinderungen der Hilfebedarf vielfach offenkundig ist, ergeben sich bei der Begutachtung psychisch kranker Menschen häufig Probleme. Im Rahmen eines kurzen Hausbesuchs kann ein Gutachter in aller Regel nicht feststellen, ob Pflegebedürftigkeit besteht. Daher wird in den Richtlinien die Befragung der pflegenden Angehörigen als »oft unverzichtbar« herausgestellt.

Zur Vorbereitung der Begutachtung – oder auch für den Widerspruch gegen den Bescheid der Pflegekasse – kann es sowohl für die Betroffenen wie auch für die pflegenden Angehörigen sehr wichtig sein, ein »Pflegetagebuch« zu führen, in dem der Hilfebedarf und der erforderliche Zeitaufwand bei den im Rahmen der Pflegeversicherung maßgeblichen Verrichtungen dokumentiert werden.

Begutachtungsrichtlinien

Um bundesweit einheitliche Maßstäbe bei der Begutachtung sicherzustellen, wurden von den Spitzenverbänden der Pflegekassen Richtlinien zur Begutachtung von Pflegebedürftigkeit vorgelegt. Neben allgemeinen Hinweisen wird darin ausdrücklich auf Besonderheiten eingegangen, die bei der Begutachtung von Menschen mit psychischen Erkrankungen zu berücksichtigen sind. Nachstehend sind Auszüge dokumentiert, da sie nicht nur für Gutachter, sondern auch für Betroffene, Angehörige sowie für psychiatrische Fachkräfte eine wichtige Orientierungshilfe sein können z. B. wenn Widerspruch gegen den Bescheid der Pflegekasse eingelegt werden soll, weil der Gutachter sich nicht die notwendige Zeit genommen hat, Betroffene und oder Pflegepersonen nicht angemessen einbezogen wurden, bei Unklarheiten bzw. unterschiedlichen Auffassungen zum Hilfebedarf nicht auf die Möglichkeit der Führung eines Pflegetagebuchs hingewiesen wurde etc.

Auszüge aus den Begutachtungsrichtlinien der Spitzenverbände der Pflegekassen zur Begutachtung von Pflegebedürftigkeit nach dem XI. Buch des Sozialgesetzbuches vom 21. März 1997 in der Fassung vom 22. August 2001:

»Bei der Begutachtung von psychisch Kranken kann eine Reihe von Besonderheiten auftreten in Bezug auf:

- die Vorbereitung der Begutachtung,
- die Begutachtungssituation,
- den Hilfebedarf,
- die Krankheitsbilder.

(...) Psychisch kranke Menschen sind häufig in der Lage die Verrichtungen des täglichen Lebens ganz oder teilweise selbst auszuführen. Krankheitsbedingt kann jedoch die Motivation zur Erledigung der Verrichtung fehlen, obwohl die Notwendigkeit grundsätzlich erkannt werden kann. Andere Kranke erkennen die Notwendigkeit der Verrichtung nicht, sind aber nach entsprechender Aufforderung zur selbstständigen Erledigung in der Lage. Ohne die Hilfe einer Pflegeperson unterbleiben hier die Verrichtungen des täglichen Lebens.

In anderen Fällen werden die Verrichtungen des täglichen Lebens zwar begonnen, jedoch nicht zielgerichtet zu Ende geführt. Die Verrichtung wird dann abgebrochen und entweder nicht oder erst nach Unterbrechung(en) beendet. Wiederum andere Menschen können die Verrichtungen zwar erledigen, gefährden sich jedoch hierbei im Umgang mit alltäglichen Gefahrenquellen, indem beispielsweise vergessen wird den Herd oder fließendes Wasser abzustellen.

Bei psychisch kranken und gerontopsychiatrisch veränderten Menschen kommen insbesondere die Hilfeformen der Anleitung und Beaufsichtigung in Betracht. Es ist nur der Hilfebedarf in Form der Anleitung und Beaufsichtigung zu berücksichtigen, der bei den in § 14 Abs. 4 SGB XI genannten Verrichtungen erforderlich ist. Ein unabhängig von den in § 14 Abs. 4 SGB XI genannten Verrichtungen erforderlicher allgemeiner Aufsichts- und Betreuungsbedarf (z. B. eines geistig Behinderten) zur Vermeidung einer möglichen Selbst- oder Fremdgefährdung ist bei der Feststellung des Hilfebedarfs nicht zu berücksichtigen.

Die Anleitung hat zum Ziel, die Erledigung der täglich wiederkehrenden Verrichtungen durch den Pflegebedürftigen selbst sicherzustellen. Aufgabe der Pflegeperson ist es, im individuell notwendigen Umfang zur Erledigung der Verrichtungen anzuhalten. Wie bei anderen Hilfeleistungen auch kann der mit der Anleitung verbundene Aufwand sehr unterschiedlich sein und von der einmaligen Aufforderung zur Vornahme einer

Verrichtung bis hin zu mehrmaligen und ständigen Aufforderungen im Sinne einer Motivierung zur Vornahme auch kleinster Einzelhandlungen reichen. Bei leichteren Erkrankungen genügt z. B. die einmalige Aufforderung zur Einnahme einer Mahlzeit, bei schweren Erkrankungen hingegen muss bei jedem einzelnen Bissen dazu aufgefordert werden, Nahrung vom Teller aufzunehmen, die Gabel zum Mund zu nehmen und zu kauen. Bei unruhigen Menschen ist es Aufgabe der Pflegeperson, eine oder mehrere Unterbrechungen der alltäglichen Verrichtungen so kurz wie möglich zu halten und zur zielgerichteten Beendigung anzuleiten (Beispiel: Eine Mahlzeit wird wiederholt durch andere, nachrangige Tätigkeiten unterbrochen).

Auch bei der Beaufsichtigung sind tatsächlich notwendige Hilfeleistungen in sehr unterschiedlichem Umfang erforderlich. So wird bei einem leichteren Krankheitsverlauf nur in größeren Zeitabständen (Monate und Wochen) eine Hilfeleistung benötigt, bei schwer kranken Menschen (z. B. bei unruhigen Demenzkranken mit gestörtem Tag-/Nachtrhythmus) sind hingegen unter Umständen Rund-um-die-Uhr-Hilfeleistungen erforderlich.

Aufgabe des Gutachters ist es, Art und Umfang der Hilfeleistungen ›Beaufsichtigung‹ und ›Anleitung‹ allein im Zusammenhang mit den regelmäßig wiederkehrenden Verrichtungen des täglichen Lebens nach § 14 Abs. 4 SGB XI zu ermitteln. In der Regel wird der Hilfebedarf von dem Pflegebedürftigen selbst nicht richtig wiedergegeben, wenn die Krankheitseinsicht fehlt, die tatsächlichen Hilfeleistungen nicht erinnert oder aus Scham verschwiegen werden. Nur die Pflegeperson selbst wird in der Regel hierzu in der Lage sein. Pflegedokumentationen oder längerfristige Aufzeichnungen des Hilfebedarfs (Pflegetagebuch) sind besonders geeignet, um objektive Feststellungen treffen zu können.

Der Zeitaufwand für Anleitung und Beaufsichtigung bei den einzelnen Verrichtungen muss in jedem Einzelfall individuell erhoben und in dem Gutachten bewertet werden. Bei der Untersuchung des Antragstellers wird es in der Regel notwendig sein, dass sich der Gutachter über den Bedarf an Anleitung dadurch überzeugt, dass er sich den Hilfebedarf bei den einzelnen regelmäßig wiederkehrenden Verrichtungen des täglichen Lebens demonstrieren lässt. Bei der Pflegezeitbemessung ist die gesamte Zeit zu berücksichtigen, die für die Erledigung der Verrichtung benötigt wird. Entfernt sich zum Beispiel ein unruhiger Demenzkranker beim Waschen aus dem Badezimmer, so ist auch die benötigte Zeit für ein beruhigendes Gespräch, das die Fortsetzung des Waschens ermöglicht, zu berücksichtigen.

Ergibt sich aus dem abschließenden Begutachtungsergebnis eine deutliche Abweichung zwischen den Feststellungen des Gutachters und den Aussagen der Pflegeperson zum Hilfebedarf, so ist zu prüfen, ob etwa das Führen eines Pflegetagebuches, eine Wiederholung der Begutachtung im Rahmen desselben Begutachtungsauftrages oder die Einschaltung eines weiteren Gutachters vor Weitergabe des Begutachtungsergebnisses an die Pflegekasse dazu geeignet wären, die Ursachen genauer aufzuklären.

Die Begutachtung psychisch kranker (...) Antragsteller dauert in der Regel länger als die Begutachtung von Antragstellern mit körperlichen Erkrankungen.

Häufige Krankheitsbilder bei psychischen Erkrankungen

1. Hirnorganische Erkrankungen (Demenzen und organische Psychosen)
(...) Demenzkranke sind die weitaus größte Gruppe aller psychisch Erkrankten. Hier kann das manchmal unauffällige äußere Erscheinungsbild in der Begutachtungssituation Anlass zu Fehldeutungen geben. Die Antragsteller können, zumal in vertrauter Umgebung, bei der Kontaktaufnahme zunächst orientiert und unauffällig wirken, sodass die Einschränkung der seelisch-geistigen Leistungsfähigkeit nicht deutlich wird. Hier kann gezieltes Befragen, z. B. zur Krankheitsvorgeschichte und aktuellen Lebenssituation, dennoch Defizite aufzeigen.

Bei Demenzkranken können Schwankungen im Tagesverlauf auftreten. Einige psychisch kranke Pflegebedürftige sind tagsüber nur relativ leicht gestört, während die am späten Nachmittag und nachts unruhig und verwirrt sind. Da das Befinden und die kognitive Leistungsfähigkeit Schwankungen unterliegen können, sind die Angaben von Angehörigen und Pflegenden unentbehrlich (...)

2. Schizophrene und manisch-depressive (sog. endogene) Psychosen
Bei Patienten mit schizophrenen Erkrankungen ist die so genannte Minus-

symptomatik mit u. a. Antriebsschwäche, Ambivalenz, Mangel an Spontaneität, autistischen Zuständen, affektiven Störungen und Denkstörungen am häufigsten pflegebegründend. Vernachlässigung der Hygiene und eingeschränkte soziale Kompetenz sind häufig. Die Patienten können sich dann nicht mehr ausreichend selbst versorgen und sehen teilweise die Notwendigkeit der Verrichtungen nicht ein. Umstimmungs- und Überzeugungsarbeit beim Aufstehen, Waschen, Anziehen, bei regelmäßiger Nahrungsaufnahme und anderen Verrichtungen erfordern oft erheblichen zeitlichen Aufwand.

Psychosekranke können situationsabhängig und unter Umständen auch in der Begutachtungssituation wenig auffällig wirken. Auch hier ist die Befragung der Angehörigen oder anderer Pflegepersonen sehr wichtig.

Vorbereitung der Begutachtung

Besonders bei der Vorbereitung der Begutachtung von Antragstellern mit einer psychischen Erkrankung ist es hilfreich, wenn begutachtungsrelevante Informationen bereits aus den Unterlagen hervorgehen (z. B. ob eine psychische Erkrankung vorliegt, welche Diagnosen gestellt wurden, ob Krankenhausbehandlungsberichte vorliegen, wer die Pflegeperson, wer gesetzlicher Betreuer ist, ob sog. komplementäre Einrichtungen genutzt werden). Weitere Auskünfte sind hier unter Umständen vom Hausarzt, vom behandelnden Psychiater oder dem Sozialpsychiatrischen Dienst einzuholen.

Begutachtungssituation

Bei diesem Personenkreis ist die Gestaltung einer entspannten Begutachtungssituation von besonderer Bedeutung. Pflegeperson und Antragsteller sollten gemeinsam angesprochen werden und nicht etwa ausschließlich die Pflegeperson.

Die Pflegepersonen und der Antragsteller sind ggf. auch allein zu befragen, wenn Scham oder Verleugnung seitens des Antragstellers einer realistischen Schilderung des Hilfebedarfs entgegenstehen.«

INFO Die Begutachtungsrichtlinien sind im Internet als Download verfügbar auf der Homepage des Medizinischen Dienstes der Spitzenverbände der Krankenkassen e.V.: www.mds-ev.org.

Leistungen der Pflegeversicherung

Leistungen bei häuslicher und stationärer Pflege

Die Leistungen der Pflegeversicherung (§§ 28 ff. SGB XI) umfassen Geld- und Sachleistungen für die Pflege sowie die Übernahme der Kosten für Pflegehilfsmittel.

Zu den erklärten Zielen der Pflegeversicherung gehört es, die häusliche Pflege zu stärken. Liegt Pflegebedürftigkeit im Sinne der Pflegeversicherung vor, kann bei der häuslichen Pflege zwischen Geld- und Sachleistung gewählt oder anteilig Geld- und Sachleistung in Anspruch genommen werden. Daneben können bei Verhinderung der Pflegeperson die Kosten für eine Pflegevertretung übernommen werden.

Leistungen zur teilstationären und stationären Pflege werden in Pflegeeinrichtungen erbracht, die von den Pflegekassen zugelassen sind. Bei der stationären Pflege werden durch die Pflegeversicherung derzeit auch die Kosten für die Behandlungspflege übernommen – zumindest im Rahmen der Höchstbeträge.

TABELLE Die Leistungen der Pflegeversicherung im Überblick

	Häusliche Pflege		Pflegevertretung*	Kurzzeitpflege	Teilstationäre Pflege	Vollstationäre Pflege
	Pflegegeld monatlich	Sachleistung monatlich bis zu	Bis zu vier Wochen im Jahr	Aufwendungen im Jahr bis zu	Monatlich bis zu	Monatlich bis zu
Pflegestufe I	205 EUR	384 EUR	205 EUR	1432 EUR	384 EUR	1023 EUR
Pflegestufe II	410 EUR	921 EUR	410 EUR	1432 EUR	921 EUR	1279 EUR
Pflegestufe III	665 EUR	1432 EUR	665 EUR	1432 EUR	1432 EUR	1432 EUR
In besonderen Härtefällen bis		1918 EUR				1688 EUR

* Die angegebenen Beträge gelten, wenn bei der Vertretung die Pflege durch nahe Angehörige und Personen erfolgt, die mit dem Pflegebedürftigen in häuslicher Gemeinschaft leben. Sofern entfernte Verwandte und Nachbarn oder erwerbsmäßig tätige Pflegekräfte die Pflege übernehmen, werden Kosten (u. a. Verdienstausfall, Fahrtkosten) bis zu 1432 EUR erstattet.

Behandlungspflege

Leistungen der Behandlungspflege sind unter systematischen Gesichtspunkten der Krankenbehandlung und damit nicht der Pflegeversicherung, sondern der Krankenversicherung zuzuordnen. Für diese Leistungen gibt es nur im Rahmen der Krankenhausbehandlung und der häuslichen Krankenpflege (s. S. 59 ff.) eine Rechtsgrundlage. Hieraus folgt, dass Pflegebedürftige, die in einer eigenen Wohnung (ambulant) Hilfe erhalten, gegebenenfalls auch einen Anspruch auf Leistungen der Behandlungspflege durch die Krankenkasse haben. Im Unterschied hierzu leben Heimbewohner in der Regel nicht im »eigenen Haushalt«, so dass hier die Behandlungspflege nicht durch die Krankenkasse erbracht bzw. finanziert werden kann.

Das soll sich ändern. Mit dem Pflegeleistungs-Ergänzungsgesetz wurde ein neuer § 43 b in das SGB XI eingefügt, nach dem die Krankenkassen ab 1. Januar 2005 die Aufwendungen für Leistungen der Behandlungspflege in Heimen übernehmen sollen. Dieser Termin wird voraussichtlich bis zum Januar 2007 verschoben. Bis dahin ist die konkrete Ausgestaltung der Finanzierungszuständigkeit in einem besonderen Gesetz zu klären. Im Sinne der Gleichbehandlung und Gleichstellung wird eine solche Regelung aber auch Leistungen der Behandlungspflege in den Einrichtungen der Behindertenhilfe mit umfassen müssen. Bislang sind die Einrichtungen der Behindertenhilfe, in denen die medizinische Vorsorge oder Rehabilitation oder die berufliche oder soziale Eingliederung im Vordergrund steht, keine Pflegeeinrichtungen im Sinne des Pflegeversicherungsgesetzes (§ 71 Abs. 4 SGB XI).

Einrichtungen der Behindertenhilfe

Für Pflegebedürftige in vollstationären Einrichtungen der Behindertenhilfe (Heime) wird der Anteil der pflegerischen Leistungen pauschal abgegolten (10 Prozent des Heimentgelts, höchstens 256 EUR monatlich; § 43 a SGB XI). Die pauschale Abgeltung umfasst dabei neben den pflegebedingten Aufwendungen auch jene für medizinische Behandlungspflege und soziale Betreuung. Die pauschale Abgeltung gilt nicht für teilstationäre Einrichtungen wie Werkstätten für Behinderte oder Tagesstätten für psychisch kranke und behinderte Menschen.

Da bei Pflegebedürftigen, die in vollstationären Einrichtungen der Behindertenhilfe betreut werden – beispielsweise in Wohnheimen für psychisch kranke Menschen –, die pflegerischen Leistungen lediglich pauschal abgegolten werden, wird hier zuweilen von den Sozialhilfeträgern geprüft, ob das Ziel der Eingliederung noch erreicht werden kann. Kann dieses Ziel aus Sicht des Sozialhilfeträgers nicht mehr erreicht werden, wird er auf die Verlegung in eine Pflegeeinrichtung drängen, da nur dort der Anspruch auf Leistungen der Pflegeversicherung in vollem Umfang geltend gemacht werden kann. In der Regel ist dies aber unzulässig, weil der Begriff der Eingliederung weit zu fassen ist.

Berücksichtigung des besonderen Bedarfs bei psychischen Erkrankungen

Dem besonderen Bedarf von psychisch kranken, dementen und geistig behinderten Menschen an »allgemeiner Beaufsichtigung und Anleitung« wurde mit dem »Gesetz zur Qualitätssicherung und zur Stärkung des Verbraucherschutzes in der Pflege (Pflege-Qualitätssicherungsgesetz – PQsG)« Rechnung getragen, das zum 1. Januar 2002 die Anforderungen an die Verträge zwischen stationären Pflegeeinrichtungen und Pflegekassen neu regelt und auch eine Leistungs- und Qualitätsvereinbarung vorsieht (§ 80 a SGB XI). Außerdem wurde die Vorgabe gemacht, dass »entweder:

1. landesweite Verfahren zur Ermittlung des Personalbedarfs oder zur Bemessung der Pflegezeiten oder
2. landesweite Personalrichtwerte zu vereinbaren« sind.

»Dabei ist jeweils der besondere Pflege- und Betreuungsbedarf Pflegebedürftiger mit geistigen Behinderungen, psychischen Erkrankungen, demenzbedingten Fähigkeitsstörungen und anderen Leiden des Nervensystems zu beachten« (§ 75 Abs. 3 SGB XI).

Die Umsetzung dieser Vorgabe ist keine leichte Aufgabe, denn bislang gibt es noch kein allgemein anerkanntes Verfahren zur Ermittlung des Personalbedarfs. Daneben besteht nach wie vor das Problem, dass die vorliegenden Beschreibungen der Leistungsinhalte bei stationärer Pflege dem spezifischen Bedarf der Bewohner und Bewohnerinnen mit psychiatrischen bzw. gerontopsychiatrischen Erkrankungen nicht gerecht werden.

Insbesondere werden die im Einzelfall erforderlichen Leistungen fachpsychiatrischer Pflege im Rahmen der sozialen Betreuung nicht oder nur völlig unzureichend berücksichtigt.

Leistungen bei erheblichem allgemeinem Betreuungsbedarf
Mit dem Pflegeleistungs-Ergänzungsgesetz wurde ein Bündel von Maßnahmen beschlossen, um den durch die häusliche Pflege letztlich rund um die Uhr beanspruchten Angehörigen Entlastung zu bringen. Dazu wurde in das SGB XI ein neuer Abschnitt »Leistungen für Pflegebedürftige mit erheblichem allgemeinen Betreuungsbedarf« eingefügt. Nach Schätzungen geht es dabei um rund 550.000 Pflegebedürftige mit »erheblichem allgemeinen Betreuungsbedarf«, für die in der Pflegeversicherung 0,5 Mrd. EUR jährlich zur Verfügung stehen.

Wenn die nachstehend dargestellten Voraussetzungen für einen erheblichen allgemeinen Betreuungsaufwand vorliegen, wird ein zusätzlicher Betreuungsbetrag in Höhe von bis zu 460 EUR je Kalenderjahr gewährt, der zweckgebunden für »qualitätsgesicherte Betreuungsleistungen« einzusetzen ist. Hierzu werden in § 45 b SGB XI als Leistungen genannt:
- die Tages- oder Nachtpflege,
- die Kurzzeitpflege,
- besondere Angebote zugelassener Pflegedienste, bei denen es sich nicht um Leistungen der Grundpflege und hauswirtschaftlichen Versorgung handelt, oder
- nach Landesrecht anerkannte niedrigschwellige Betreuungsangebote.

Der Betrag von bis zu 460 EUR jährlich wäre als Entlastungsfaktor der berühmte Tropfen auf den heißen Stein, wenn nur zusätzliche »Sachleistungen« durch Fachkräfte eingekauft werden könnten. Dementsprechend wird der vielfältige Nutzen der Erschließung und Förderung ehrenamtlicher Ressourcen durch den Aufbau niedrigschwelliger Betreuungsangebote in der Begründung des Pflegeleistungs-Ergänzungsgesetzes hervorgehoben. Gemeint sind Angebote, in denen Helfer und Helferinnen unter pflegefachlicher Anleitung die Betreuung von Pflegebedürftigen mit erheblichem Bedarf übernehmen und so pflegende Angehörige entlasten und beratend unterstützen. »Die Förderung (...) dient insbesondere dazu,

Aufwandsentschädigungen für die ehrenamtlichen Betreuungspersonen zu finanzieren sowie notwendige Personal- und Sachkosten, die mit der Koordination und Organisation der Hilfen und der fachlichen Anleitung und Schulung der Betreuenden durch Fachkräfte verbunden sind« (§ 45 c Abs. 3 SGB XI).

Anspruch auf einen zusätzlichen Betreuungsbetrag haben Pflegebedürftige in häuslicher Pflege, bei denen neben dem Hilfebedarf im Bereich der Grundpflege und der hauswirtschaftlichen Versorgung ein erheblicher Bedarf an allgemeiner Beaufsichtigung und Betreuung gegeben ist. Dies sind Pflegebedürftige der Stufen I, II oder III mit demenzbedingten Fähigkeitsstörungen, mit geistigen Behinderungen oder psychischen Erkrankungen, bei denen der Medizinische Dienst der Krankenversicherung im Rahmen der Begutachtung als Folge der Krankheit oder Behinderung Auswirkungen auf die Aktivitäten des täglichen Lebens festgestellt hat, die dauerhaft zu einer erheblichen Einschränkung der Alltagskompetenz geführt haben.

Für die Bewertung, ob die Einschränkung der Alltagskompetenz auf Dauer erheblich ist, enthält der neu eingefügte § 45 a SGB XI eine Aufzählung mit den folgenden Schädigungen und Fähigkeitsstörungen:

o unkontrolliertes Verlassen des Wohnbereiches (Weglauftendenz);
o Verkennen oder Verursachen gefährdender Situationen;
o unsachgemäßer Umgang mit gefährlichen Gegenständen oder potenziell gefährdenden Substanzen;
o tätlich oder verbal aggressives Verhalten in Verkennung der Situation;
o im situativen Kontext inadäquates Verhalten;
o Unfähigkeit, die eigenen körperlichen und seelischen Gefühle oder Bedürfnisse wahrzunehmen;
o Unfähigkeit zu einer erforderlichen Kooperation bei therapeutischen oder schützenden Maßnahmen als Folge einer therapieresistenten Depression oder Angststörung;
o Störungen der höheren Hirnfunktionen (Beeinträchtigungen des Gedächtnisses, herabgesetztes Urteilsvermögen), die zu Problemen bei der Bewältigung von sozialen Alltagsleistungen geführt haben;
o Störung des Tag-Nacht-Rhythmus;

- Unfähigkeit, eigenständig den Tagesablauf zu planen und zu strukturieren;
- Verkennen von Alltagssituationen und inadäquates Reagieren in Alltagssituationen;
- ausgeprägtes labiles oder unkontrolliert emotionales Verhalten;
- zeitlich überwiegend Niedergeschlagenheit, Verzagtheit, Hilflosigkeit oder Hoffnungslosigkeit aufgrund einer therapieresistenten Depression.

Die Alltagskompetenz ist erheblich eingeschränkt, wenn der Gutachter des Medizinischen Dienstes bei dem Pflegebedürftigen wenigstens in zwei Bereichen – davon mindestens einmal aus einem der Bereiche 1 bis 9 – dauerhafte und regelmäßige Schädigungen oder Fähigkeitsstörungen feststellt (§ 45 a Abs. 2 SGB XI).

INFO Zur Pflegeversicherung ist vom Bundesministerium für Gesundheit und Soziales (s. Adressen) die nachstehende, kostenlos erhältliche Informationsbroschüre herausgegeben worden, die fortlaufend aktualisiert wird: Die Pflegeversicherung.

Eine ausführliche Informationsbroschüre zu allen Fragen der Pflegeversicherung, auch als Download im Internet zu finden unter: http://www.bmgs.bund.de/download/broschueren/A500.pdf.

Kinder- und Jugendhilfe

Überblick

Das SGB VIII regelt nicht nur Hilfen für Kinder und Jugendliche, sondern auch für Eltern und bezieht darüber hinaus auch junge Erwachsene bis zum Alter von 21 Jahren mit ein. Die Leistungen nach diesem Gesetz gehen Leistungen nach dem SGB XII (Sozialhilfe) vor, werden ansonsten aber nur gewährt, wenn kein anderer Leistungsträger zuständig ist. Dementsprechend haben beispielsweise Leistungen der Krankenversicherung zur Behandlung und Rehabilitation einschließlich hauswirtschaftlicher Versorgung Vorrang vor Leistungen nach dem SGB VIII. Kinder und Jugendliche sowie ihre Eltern müssen sich in angemessenem Umfang an den Kosten der Jugendhilfe beteiligen, wobei die tatsächlichen Aufwendungen nicht überschritten werden dürfen. Für die Kostenbeiträge bestehen nach Einkommensgruppen gestaffelte Pauschalbeträge.

Eingliederungshilfe für seelisch behinderte Kinder und Jugendliche
Im Unterschied zu körperlich oder geistig behinderten Kindern und Jugendlichen (für die Leistungen der Eingliederungshilfe nach wie vor im Sozialhilferecht geregelt sind) ist die Eingliederungshilfe für seelisch behinderte Kinder und Jugendliche (§ 35 a SGB VIII) eine Aufgabe der Kinder- und Jugendhilfe. Die Verwendung des Begriffs der seelischen Behinderung in Verbindung mit Kindern und Jugendlichen ist zwar problematisch, es eröffnen sich dieser Personengruppe aber auch Chancen, insbesondere durch die Möglichkeit, Hilfen nicht nur in und durch »psychiatrische Sondereinrichtungen« zu gewähren, sondern durch qualifizierte Fachkräfte der Jugendhilfe.

Die Formen der Eingliederungshilfe (§ 35 a Abs. 1 SGB VIII) entsprechen weitgehend denen der »Hilfe zur Erziehung« (§§ 27 – 35 SGB VIII). Die Aufgaben und Ziele entsprechen denen der Eingliederungshilfe nach dem SGB XII.

Bei der Hilfeplanung sollten alle Bemühungen darauf gerichtet sein, sich über den konkreten Hilfebedarf zu verständigen. Bei der Aufstellung des Hilfeplanes soll in der Regel ein Arzt für Kinder- und Jugendpsychiatrie und -psychotherapie beteiligt werden, der auch zum Vorliegen einer seelischen Behinderung eine Stellungnahme abzugeben hat.

Gemäß der Regelung des § 41 SGB VIII (Hilfe für junge Volljährige, Nachbetreuung) soll Hilfe für die Persönlichkeitsentwicklung und zu einer eigenverantwortlichen Lebensführung gewährt werden, wenn und so lange sie notwendig ist. Als Altersgrenze ist in der Regel die Vollendung des 21. Lebensjahres vorgesehen, wobei sie in begründeten Einzelfällen für einen begrenzten Zeitraum darüber hinaus fortgesetzt werden soll.

Betreuung des Kindes in Notsituationen

Wenn der Elternteil, der die überwiegende Betreuung des Kindes übernommen hat, diese Aufgaben etwa wegen einer psychischen Erkrankung nicht wahrnehmen kann, soll der andere Elternteil bei der Betreuung und Versorgung des im Haushalt lebenden Kindes unterstützt werden. Diese Hilfe kommt auch für Alleinerziehende in Betracht (§ 20 SGB VIII). Da die Zielsetzung dieser Hilfe wie auch die Voraussetzungen für die Inanspruchnahme wesentlich weiter gefasst sind als bei der Gewährung von Haushaltshilfe etwa durch die hierfür vorrangig zuständige Kranken- oder Rentenversicherung, ist diese Regelung eine wichtige Ergänzung, auch wenn die Eltern zu den Kosten der Haushaltshilfe bzw. Pflegeperson herangezogen werden können (§§ 91 – 94 SGB VIII).

INFO Zum Kinder- und Jugendhilfegesetz (Sozialgesetzbuch VIII) gibt es eine vom Bundesministerium für Familie, Senioren, Frauen und Jugend herausgegebene Informationsbroschüre, die neben allgemeinen Erläuterungen auch den Gesetzestext enthält. Der Text steht nur als Download im Internet zu Verfügung unter:
http://www.bmfsfj.de/RedaktionBMFSFJ/Broschuerenstelle/Pdf-Anlagen/PRM-24141-KJHG---Text,property=pdf.pdf.
Die Erteilung von Auskunft über Leistungen nach dem Kinder- und Jugendhilfegesetz gehört zu den Aufgaben der Jugendämter.

Grundsicherung für Arbeitssuchende

Überblick

Seit dem 1.1.2005 wurde mit der Grundsicherung für Arbeitssuchende eine neue Sozialleistung in das Sozialgesetzbuch eingefügt, die die bisherige Arbeitslosenhilfe und die bisher als Sozialhilfeleistung gewährte Hilfe zum Lebensunterhalt für Erwerbsfähige zusammenfasst. Die einzelnen Hilfen (insbesondere Arbeitslosengeld II und Sozialgeld) sind im neuen SGB II geregelt. Dieses steht unter dem Leitmotiv »Fördern und Fordern« und soll die Eigenverantwortung von erwerbsfähigen Hilfebedürftigen und Personen, die mit ihnen in einer Bedarfsgemeinschaft leben, stärken und dazu beitragen, dass sie ihren Lebensunterhalt unabhängig von der Grundsicherung aus eigenen Mitteln und Kräften bestreiten können (§ 1 Abs. 1 SGB II). Dafür müssen erwerbsfähige Hilfebedürftige und die mit ihnen in einer Bedarfsgemeinschft lebenden Personen alle Möglichkeiten zur Beendigung oder Verringerung ihrer Hilfebedürftigkeit ausschöpfen (§ 2 SGB II). So muss jeder Hilfeberechtigte seine Arbeitskraft zur Beschaffung des Lebensunterhalts einsetzen und aktiv an allen Maßnahmen zu seiner Eingliederung in Arbeit mitwirken, insbesondere eine Eingliederungsvereinbarung abschließen (§§ 2 Abs. 1, 13 SGB II).

Die neuen Leistungen der Grundsicherung für Arbeitssuchende orientieren sich anders als die bisherige Arbeitslosenhilfe nicht am zuletzt erzielten Einkommen, sondern wie die bisherige Hilfe zum Lebensunterhalt am Bedarf. Es handelt sich um eine Fürsorgeleistung, die nachrangig gegenüber Leistungen anderer Sozialleistungsträger gewährt wird mit Ausnahme der Hilfe zum Lebensunterhalt nach dem SGB XII (§ 5 Abs.1, 2 SGB II).

Da Leistungen der Grundsicherung für Arbeitssuchende nur bei Hilfebedürftigkeit gewährt werden, sind das Einkommen (bei Erwerbstätigkeit unter Berücksichtigung der Freibeträge des § 30 SGB II) und das Vermögen in bestimmten Grenzen einzusetzen (§§ 11 – 13 SGB II). Nicht als Vermögen einzusetzen sind unter anderem ein selbstgenutztes Hausgrundstück von angemessener Größe oder eine entsprechende Eigentumswohnung, ein Grundbetrag von 200 EUR je vollendetem Lebensjahr (mindestens aber 4100 EUR und höchstens 13000 EUR), ein entsprechender Betrag, der der Altersvorsorge dient und entsprechend angelegt ist, ein Freibetrag von 750 EUR für notwendige Anschaffungen sowie ein angemessenes Kraftfahrzeug (§ 12 SGB II).

Die Grundsicherung für Arbeitssuchende muss (anders als die Hilfe zum Lebensunterhalt nach dem SGB XII) ausdrücklich bei der zuständigen Bundesagentur für Arbeit, bei dem zuständigen kommunalen Träger oder bei der vor Ort gebildeten Arbeitsgemeinschaft (ARGE) beantragt werden.

Anspruchsvoraussetzungen

Hilfeberechtigt sind alle Personen im Alter zwischen 15 und 65, die erwerbsfähig und hilfebedürftig sind, sowie die Personen, die mit erwerbsfähigen Personen in einer Bedarfsgemeinschaft leben (§ 7 SGB II). Dies können auch Kinder unter 15 sein.

Erwerbsfähig ist, wer nicht wegen Krankheit oder Behinderung auf absehbare Zeit außerstande ist, unter den üblichen Bedingungen des allgemeinen Arbeitsmarktes mindestens drei Stunden täglich erwerbstätig zu sein (§ 8 Abs. 1 SGB II). Diese Formulierung orientiert sich weitgehend am Begriff der vollen Erwerbsminderung im Rentenrecht (s. S. 91 f.). Für psychisch kranke und seelisch behinderte Menschen ist also – gegebenfalls nach Einholung eines Sachverständigengutachtens – zu entscheiden, ob Erwerbsfähigkeit vorliegt. Ist dies nicht der Fall, besteht Anspruch auf Hilfe zum Lebensunterhalt oder Grundsicherung bei Erwerbsminderung nach dem SGB XII (hierzu S. 119 f.). Im Zweifel hat eine Einigungsstelle zu entscheiden. Bis zur Entscheidung der Einigungsstelle sind Leistungen der Grundsicherung für Arbeitssuchende nach dem SGB II zu erbringen.

Ob der Bezug von Grundsicherung für Arbeitssuchende anstelle von Hilfe zum Lebensunterhalt nach dem SGB XII für psychisch kranke Menschen ein Vor- oder Nachteil ist, lässt sich nur im Einzelfall unter Berücksichtigung des konkreten Krankheitsbildes- und verlaufs sagen. Psychisch Kranke müssen damit rechnen, »gefordert«, also auf zumutbare Arbeit oder Arbeitsgelegenheiten verwiesen zu werden. Zumutbar ist dabei grundsätzlich jede Arbeit, soweit der Betroffene körperlich, geistig oder seelisch dazu in der Lage ist (§ 10 Abs. 1 Nr. 1 SGB II). Damit ist zwar auf vorliegende Krankheiten Rücksicht zu nehmen – in § 1 Abs. 1 Nr. 5 SGB II heißt es, dass die Leistungen der Grundsicherung auch darauf auszurichten sind, dass behinderungsspezifische Nachteile überwunden werden – ob dies aber im Zweifel vor möglichen Sanktionen (Absenkung und Wegfall des Arbeitslosengeld II) schützt, hängt von der besonderen Sensibilität der zuständigen Leistungsträger ab. Der Bezug von Arbeitslosengeld II kann also eine Chance wie ein Risiko für den Krankheitsverlauf sein.

Keinen Anspruch auf Grundsicherung für Arbeitssuchende hat, wer länger als sechs Monate in einer stationärer Einrichtung untergebracht ist

(§ 7 Abs. 4 SGB II). Es muss sich um eine vollstationäre Einrichtung handeln. Die meisten Einrichtungen des betreuten Wohnens fallen nicht darunter, da dort der Gedanke der gegenseitigen Selbsthilfe im Vordergrund steht.

Leistungen zur Sicherung des Lebensunterhalts
Arbeitslosengeld II
Erwerbsfähige Hilfebedürftige erhalten Arbeitslosengeld II. Dieses umfasst Leistungen zur Sicherung des Lebensunterhalts einschließlich angemessener Kosten für Unterkunft und Heizung sowie einen befristeten Zuschlag nach Bezug von Arbeitslosengeld (§ 19 SGB II).

Die Leistungen zur Sicherung des Lebensunterhalts sind weitgehend pauschaliert und werden als Regelleistungen erbracht. Sie umfassen insbesondere Ernährung, Kleidung, Körperpflege, Hausrat, Bedarfe des täglichen Lebens sowie in vertretbarem Umfang Beziehungen zur Umwelt und eine Teilnahme am kulturellen Leben (§ 20 Abs. 1 SGB II). Die monatliche Regelleistung für Alleinstehende beträgt z. Zt. 345 EUR (West) und 331 EUR (Ost). Einmalige Leistungen wie bei der bisherigen Hilfe zum Lebensunterhalt sind bis auf wenige Ausnahmen, z. B. für die Wohnungserstausstattung sowie die Erstausstattung mit Bekleidung, nicht mehr vorgesehen. Auch ein im Einzelfall bestehender besonderer Bedarf kann nur noch durch ein Darlehen abgedeckt werden, das dann mit den laufenden Leistungen verrechnet wird (§ 23 Abs. 1 SGB II).

Insbesondere wegen der weitgehenden Pauschalierung der Leistungen ohne die Möglichkeit, besonderen Bedarfslagen Rechnung zu tragen, bestehen Zweifel an der Verfassungsmäßigkeit der Regelleistungen im Hinblick auf das vom Grundgesetz garantierte Existenzminimum. Er wird aber einige Zeit dauern, bis durch die Gerichte eine Klärung herbeigeführt wird.

Die Bezieher von Arbeitslosengeld II sind gesetzlich kranken-, pflege- und rentenversichert.

Sozialgeld

Die nichterwerbsfähigen Angehörigen, die mit erwerbsfähigen Hilfebedürftigen in Bedarfsgemeinschaft leben, erhalten ein Sozialgeld. Sie sind nicht per se kranken-, pflege- und rentenversichert. In der gesetzlichen Krankenversicherung dürfte aber in aller Regel für Ehegatten, Lebenspartner und Kinder eine Familienversicherung nach § 10 SGB V gegeben sein.

Leistungen zur Eingliederung in Arbeit

Wenn es darum geht, psychisch kranken oder behinderten Menschen einen Zugang zur Aufnahme einer Beschäftigung zu ermöglichen, kommen neben Leistungen im Rahmen der Eingliederungshilfe nach dem SGB XII auch Leistungen zur Eingliederung in Arbeit nach dem SGB II in Betracht (§ 16 SGB II).

Sofern ein Hilfeberechtigter keine Arbeit findet, kann die Agentur für Arbeit – soweit es im Einzelfall geboten ist – durch Zuschüsse an den Arbeitgeber sowie durch sonstige geeignete Maßnahmen darauf hinwirken, dass der Hilfeempfänger Arbeit findet (§ 16 SGB II). Die Leistungen zur Eingliederung entsprechen weitgehend den Leistungen des SGB III (Arbeitsförderung s. S. 93 ff.).

Daneben können weitere Leistungen zur Eingliederung erbracht werden, z. B. die Betreuung minderjähriger oder behinderter Kinder, die häusliche Pflege von Angehörigen, eine Schuldnerberatung, eine psychosoziale Betreuung oder eine Suchtberatung (§ 16 Abs. 2 SGB II). Vorrangig ist dabei die Eingliederung in den allgemeinen Arbeitsmarkt, wobei dem Hilfeempfänger bei Aufnahme einer sozialversicherungspflichtigen oder selbstständigen Erwerbstätigkeit ein Einstiegsgeld für längstens 24 Monate gewährt werden kann (§ 29 SGB II).

Für Hilfebedürftige, die keine Arbeit finden können, hat der zuständige Träger die Möglichkeit, Arbeitsgelegenheiten zu schaffen (§ 16 Abs. 3 SGB II). Diese Arbeitsgelegenheiten müssen von öffentlichem Interesse sein, dürfen keine bestehenden Arbeitsverhältnisse überflüssig machen und nicht als Arbeitsbeschaffungsmaßnahme gefördert werden. Nur unter dieser Voraussetzung ist Hilfebedürftigen zuzüglich zum Arbeitslosengeld II eine angemessene Entschädigung für Mehraufwendungen zu zahlen (so genannte 1-Euro-Jobs). Es handelt sich in diesem Fall um kein Arbeitsverhältnis im Sinne des Arbeitsrechts (§ 16 Abs. 3 SGB II).

INFO Die Zuständigkeit für die Aufgaben nach dem SGB II ist regional unterschiedlich geregelt. In den meisten Fällen wurde von der Bundesagentur für Arbeit und dem kommunalen Träger, der Stadt oder dem Landkreis, eine Arbeitsgemeinschaft (ARGE) gebildet, bei der auch der Antrag auf Arbeitslosengeld II oder Sozialgeld gestellt werden kann. Der Antrag kann aber auch bei der Arbeitsagentur oder der Stadt bzw. dem Landkreis oder jedem anderen Sozialleistungsträger wirksam gestellt werden. Die Agentur für Arbeit und die Städte bzw. Landkreise sind zur Beratung über die Aufgaben und Leistungen des SGB II verpflichtet.

Informationen findet man beim Bundesministerium für Wirtschaft und Arbeit unter www.bmwa.bund.de und bei der Bundesagentur für Arbeit unter www.agenturfuerarbeit.de. Für die Praxis wichtige Durchführungshinweise sowie Gerichtsentscheidungen findet man unter www.tacheles-sozialhilfe.de. Einen Leitfaden für die Grundsicherung für Arbeitssuchende erhält man bei dem Sozialverband www.sozialverband.de und bei dem Arbeitslosenprojekt TuWas Frankfurt / Main.

Ratgeber:

Brühl, A.; Hofmann, A.: Sozialgesetzbuch Zweites Buch (SGB II) – Grundsicherung für Arbeitssuchende. Frankfurt 2004. Bestellung: dr.ahofmann@t-online.de, Fax (069) 56 00 37 58.
Gesetzestext mit Erläuterungen.

Brühl, A.; Sauer, J.: Mein Recht auf Sozialleistungen. Grundsicherung für Arbeitssuchende, Sozialhilfe, Sonstige Sozialleistungen. München 2005.

Renn, H.; Schoch, D.: Grundsicherung für Arbeitssuchende (SGB II). Baden-Baden 2005.

Sozialhilfe

Überblick

Die Leistungsarten der Sozialhilfe nach dem SGB XII gliedern sich in die Hilfe zum Lebensunterhalt, die Grundsicherung im Alter und bei Erwerbsminderung und die weiteren Hilfen. Die weiteren Hilfen umfassen unter anderem Hilfen zur Gesundheit, Eingliederungshilfe für behinderte Menschen und die Hilfe zur Pflege.

Der Sozialhilfe kommt im System der sozialen Sicherung die Funktion eines Ausfallbürgen zu, was sich im Prinzip des Nachrangs der Sozialhilfe (§ 2 SGB XII) widerspiegelt: »Sozialhilfe erhält nicht, wer sich (...) selbst helfen kann oder wer die erforderliche Hilfe von anderen, insbesondere von Angehörigen oder von Trägern anderer Sozialleistungen, erhält.«

Weitere im SGB XII formulierte Grundsätze sind, dass:
- sich Art, Form und Maß der Sozialhilfe nach der Besonderheit des Einzelfalles richten (§ 9 Abs. 1 SGB XII);
- den Wünschen des Hilfeempfängers, die sich auf die Gestaltung der Hilfe richten, entsprochen werden soll, sofern dies nicht mit unverhältnismäßigen Mehrkosten verbunden ist (§ 9 Abs. 2 SGB XII);
- ambulante Hilfen in der Regel Vorrang vor stationären Hilfen haben (§ 13 Abs. 1 Satz 3 SGB XII).

Hilfe zum Lebensunterhalt

Hilfe zum Lebensunterhalt (§§ 27–40 SGB XII) erhalten ab dem 1.1.2005 nur noch Personen, die weder Grundsicherung für Arbeitssuchende nach dem SGB II erhalten oder beanspruchen können (hierzu S. 113 f.) noch Grundsicherung im Alter und bei Erwerbsminderung nach § 41 SGB XII (hierzu unten).

»Der notwendige Lebensunterhalt umfasst besonders Ernährung, Unterkunft, Kleidung, Körperpflege, Hausrat, Heizung und persönliche Bedürfnisse des täglichen Lebens« (§ 27 SGB XII). Die laufenden Leistungen für den notwendigen Lebensunterhalt werden nach Regelsätzen bemessen, deren Höhe jeweils zum 1. Juli eines Jahres angepasst wird. Zusätzlich zum Regelsatz werden die angemessenen Kosten für Unterkunft

(Miete) und Heizung übernommen. Einmalige Beihilfen sind nur noch in wenigen Fällen vorgesehen (z. B. für die Erstausstattung des Haushalts oder mit Bekleidung). Die bisherigen einmaligen Leistungen wurden pauschaliert und insoweit in den erhöhten Regelsatz einbezogen. Anders als bei der Grundsicherung für Arbeitssuchende kann aber ein unabweisbarer Bedarf im Einzelfall zu einer Erhöhung des Regelsatzes führen.

Zur Hilfe zum Lebensunterhalt gehören auch die Übernahme von Krankenversicherungsbeiträgen (§ 32 SGB XII) sowie als Ermessensleistung die Übernahme der Kosten, um die Voraussetzungen eines Anspruchs auf eine angemessene Alterssicherung zu erfüllen (§ 33 SGB XII).

Grundsicherung im Alter und bei Erwerbsminderung

Seit dem 1. Januar 2003 haben Personen ab dem 65. Lebensjahr und dauerhaft voll erwerbsgeminderte Volljährige, die kein oder nur ein geringes Einkommen und Vermögen haben, einen Anspruch auf Leistungen der Grundsicherung im Alter und bei Erwerbsminderung (§§ 41 – 46 SGB XII). Dieser zunächst in einem eigenen Grundsicherungsgesetz geregelte Anspruch wurde am 1.1.2005 in das SGB XII (Sozialhilfe) eingegliedert. Träger der Grundsicherung sind daher die Sozialhilfeträger, d.h. die Städte und Landkreise.

Die Höhe der Grundsicherung orientiert sich an den Leistungen, die von der Sozialhilfe im Rahmen der Hilfe zum Lebensunterhalt gewährt werden.

Personen, die älter als 65 oder voll erwerbsgemindert im Sinn der gesetzlichen Rentenversicherung sind und einen Schwerbehindertenausweis mit dem Merkzeichen G besitzen, erhalten einen Mehrbedarf in Höhe von 17 Prozent des Regelsatzes.

Ein wesentlicher Unterschied zu den Regelungen der Hilfe zum Lebensunterhalt besteht bei der Grundsicherung darin, dass ein Unterhaltsanspruch gegenüber Eltern oder Kindern nur dann gegeben ist, wenn diese über ein »erhebliches Einkommen« verfügen, das mehr als 100.000 EUR jährlich beträgt. Damit dürfte in den meisten Fällen faktisch kein Unterhaltsanspruch bestehen.

Berücksichtigt werden aber auch Einkommen und Vermögen (hierzu

S. 126 f.) sowie Unterhaltsleistungen von geschiedenen oder getrennt lebenden Ehegatten und Partnern einer aufgehobenen Lebenspartnerschaft.

Anspruchsvoraussetzungen

Ein Anspruch auf Leistungen der Grundsicherung wegen Erwerbsminderung setzt voraus, dass der Betroffene 65 oder unabhängig von der Arbeitsmarktlage voll erwerbsgemindert ist und es unwahrscheinlich ist, dass die Erwerbsminderung behoben werden kann (§ 41 SGB XII). Dies bedeutet, dass die Betroffenen dauerhaft nur noch unter drei Stunden täglich erwerbsfähig sein dürfen. Gerade bei Menschen mit einer chronisch verlaufenden psychischen Erkrankung ist aber typisch, dass die Erwerbsfähigkeit phasenweise Schwankungen unterliegt bzw. eine nur teilweise verminderte Erwerbsfähigkeit besteht.

Aus diesen Vorgaben ergibt sich, dass Bezieher einer Rente wegen voller Erwerbsminderung auf Dauer gegebenenfalls einen Anspruch auf Leistungen der Grundsicherung haben, wenn die Rente niedriger ist als die Leistungen der Grundsicherung; Bezieher einer Rente wegen teilweiser Erwerbsminderung oder einer befristeten Rente wegen Erwerbsminderung haben dagegen keinen Anspruch auf Leistungen der Grundsicherung.

Häufig erhalten aber Menschen mit einer chronischen psychischen Erkrankung oder Behinderung keine Rente wegen verminderter Erwerbsfähigkeit, weil sie die Vorversicherungszeiten nicht erfüllt haben. Gleichwohl kann aber ein Anspruch auf Leistungen der Grundsicherung bestehen. In diesem Fall sollte man sich an das zuständige Sozialamt wenden. Dieses muss dann auf seine Kosten den zuständigen Rentenversicherungsträger prüfen lassen, ob die Voraussetzung einer vollen und dauerhaften Erwerbsminderung besteht (§ 45 SGB XII).

Zuverdienst

Wer einen Anspruch auf Leistungen der Hilfe zum Lebensunterhalt oder der Grundsicherung hat, kann sich noch etwas hinzuverdienen. Wer erwerbstätig ist, dem steht als Freibetrag ein Sockel in Höhe von 30 Prozent des Einkommens aus selbstständiger und nichtselbstständiger Tätigkeit zu. Bei einer Beschäftigung in einer Werkstatt für behinderte Menschen beträgt der Freibetrag ein Achtel des Eckregelsatzes zuzüglich 25 Prozent des diesen Betrag übersteigenden Entgelts (§ 82 Abs. 3 SGB XII).

Hilfe bei Krankheit

Sofern keine Mitgliedschaft bei einer Krankenkasse und damit kein Versicherungsschutz durch einen Träger der Krankenversicherung besteht, werden für Empfänger von Hilfe zum Lebensunterhalt sowie für Empfänger von Eingliederungshilfe und Hilfe zur Pflege nach dem SGB XII die Behandlungskosten dennoch von der von dem Hilfeempfänger gewählten Krankenkasse übernommen (§§ 48 SGB XII, 264 SGB V). Im Übrigen entsprechen die Leistungen der Krankenhilfe denen der gesetzlichen Krankenversicherung (§ 52 SGB XII).

Eingliederungshilfe für behinderte Menschen

»Besondere Aufgabe der Eingliederungshilfe ist es, eine drohende Behinderung zu verhüten oder eine Behinderung oder deren Folgen zu beseitigen oder zu mildern und die behinderten Menschen in die Gesellschaft einzugliedern. Hierzu gehört insbesondere den behinderten Menschen die Teilnahme am Leben in der Gemeinschaft zu ermöglichen und zu erleichtern, ihnen die Ausübung eines angemessenen Berufs oder einer sonstigen angemessenen Tätigkeit zu ermöglichen oder sie soweit wie möglich unabhängig von Pflege zu machen« (§ 53 Abs. 3 SGB XII).

Die Leistungen der Eingliederungshilfe werden in einer nicht abschließenden Aufzählung in § 54 SGB XII unter Verweis auf die Vorschriften des SGB IX (hierzu im Einzelnen S. 46 f.) genannt. Es handelt sich um

- Leistungen zur medizinischen Rehabilitation nach § 26 SGB IX,
- Leistungen zur Teilhabe am Arbeitsleben nach § 33 SGB IX,
- Leistungen in anerkannten WfbM nach § 41 SGB IX,
- Leistungen zur Teilhabe am Leben in der Gemeinschaft nach § 55 SGB IX.

Ebenfalls dazu gehören
»1. Hilfen zu einer angemessenen Schulbildung (...),
2. Hilfe zur schulischen Ausbildung für einen angemessenen Beruf einschließlich des Besuchs einer Hochschule,

3. Hilfe zur Ausbildung für eine sonstige angemessene Tätigkeit,
4. Hilfe in vergleichbaren sonstigen Beschäftigungsstätten nach § 56,
5. nachgehende Hilfe zur Sicherung der Wirksamkeit der ärztlichen und ärztlich verordneten Maßnahmen und zur Sicherung der Teilhabe der behinderten Menschen am Arbeitsleben.«

Die Leistungen zur medizinischen Rehabilitation und zur Teilhabe am Arbeitsleben entsprechen jeweils den Rehabilitationsleistungen der Gesetzlichen Krankenversicherung oder der Bundesagentur für Arbeit.

Die Leistungen zur Teilhabe am Leben in der Gemeinschaft sind für die psychiatrische Versorgung von erheblicher Bedeutung, da es hier keinen vorrangigen Leistungsträger gibt (vielfach sind Einrichtungen des Betreuten Wohnen betroffen, Näheres dazu s. S. 47).

Bei der Gewährung von Eingliederungshilfe soll der Sozialhilfeträger einen Hilfeplan (Gesamtplan, § 58 SGB XII) erstellen und hierbei mit dem Betroffenen und allen beteiligten Einrichtungen und Diensten zusammenarbeiten. Vor allem durch die Beteiligung des Betroffenen soll gewährleistet werden, dass die seinen individuellen Bedürfnissen entsprechende Hilfe geleistet wird.

Hilfe zur Pflege

Mit dem Inkrafttreten der Pflegeversicherung erfolgte auch eine Änderung der Regelungen der Hilfe zur Pflege im Sozialhilferecht (§§ 61 – 66 SGB XII). Dabei wurde es im Wesentlichen an die Regelungen des Pflegeversicherungsgesetzes angepasst, insbesondere im Hinblick auf die Definition der Pflegebedürftigkeit, des Hilfebedarfs und des Pflegegeldes (hierzu S. 97 ff.). So werden jetzt z. B. in den einzelnen Pflegestufen die gleichen Geldbeträge wie in der Pflegeversicherung gewährt werden.

Es gibt allerdings nach wie vor wichtige Unterschiede zur Pflegeversicherung. Insbesondere bei der Hilfe in stationären und teilstationären Einrichtungen und durch ambulante Dienste hat die Sozialhilfe angesichts der »Lücken« in der Pflegeversicherung eine wichtige Ergänzungsfunktion: So werden etwa Leistungen der »Hilfe zur Pflege« – soweit sie notwendig und nach Art und Umfang angemessen sind – gewährt, wenn der Umfang der Pflegebedürftigkeit denjenigen der Pflegestufe I der Pflegeversicherung unterschreitet oder voraussichtlich für weniger als sechs Monate besteht oder Hilfe für andere Verrichtungen als nach dem Katalog der Pflegeversicherung benötigt wird. Es gibt dann jedoch keine Geldleistung mehr, sondern nur noch Kostenerstattung für bestimmte Leistungen.

Ein weiterer wichtiger Unterschied ist, dass bei Hilfe durch ambulante Dienste oder durch Einrichtungen der Leistungsumfang nicht durch einen im Gesetz festgelegten Betrag begrenzt ist.

Hilfe zur Weiterführung des Haushalts

Voraussetzung für die Gewährung von Hilfe zur Weiterführung des Haushalts (§ 70 SGB XII) ist, dass ein eigener Haushalt besteht, keiner der Haushaltsangehörigen den Haushalt führen kann und die Weiterführung des Haushalts geboten ist. Die Hilfe soll in der Regel nur vorübergehend gewährt werden, es sei denn, sie kann die Unterbringung in einer Anstalt, einem Heim oder einer gleichartigen Einrichtung verhindern.

Die Hilfe umfasst die persönliche Betreuung von Haushaltsangehörigen sowie die sonstige zur Weiterführung des Haushalts erforderlichen Tätigkeiten.

Kostenübernahme bei der Hilfe durch Einrichtungen

Nach der Regelung des § 75 SGB XII ist der Sozialhilfeträger zur Übernahme der Kosten, die durch Inanspruchnahme einer Einrichtung entstehen, nur dann verpflichtet, wenn mit dem Träger der Einrichtung eine Vereinbarung über Inhalt, Umfang und Qualität der Leistungen sowie der dafür zu entrichtenden Entgelte besteht.

Seit dem 1. Januar 1999 muss diese Vereinbarung aus drei »Teilvereinbarungen« bestehen. Diese umfassen:

1. Inhalt, Umfang und Qualität der Leistungen (Leistungsvereinbarung);
2. die Vergütung, die sich aus Pauschalen und Beträgen für die einzelnen Leistungsbereiche zusammensetzt (Vergütungsvereinbarung);
3. die Prüfung der Wirtschaftlichkeit und Qualität der Leistungen (Prüfungsvereinbarung).

Die Vergütungsvereinbarung muss sich dabei ihrerseits gemäß § 76 SGB XII aus mindestens drei Pauschalen zusammensetzen:

- der Pauschale für Unterkunft und Verpflegung (Grundpauschale),
- der Pauschale für die Maßnahmen (die Dienstleistungen im Bereich der Betreuung, Anleitung, Pflege usw.), die nach Gruppen für Hilfeempfänger mit vergleichbarem Hilfebedarf zu kalkulieren ist, und
- einem Betrag für betriebsnotwendige Anlagen einschließlich ihrer Ausstattung (Investitionsbetrag).

Diese Regelung ermöglicht nicht nur mehr Transparenz über die erbrachten Hilfen und deren Kosten, sondern bietet grundsätzlich auch die Möglichkeit, bei den Maßnahmepauschalen von einer einrichtungsbezogenen zu einer personenbezogenen Vergütungsstruktur zu gelangen. Die Umsetzung dieser gesetzlichen Vorgaben, insbesondere die Kalkulation der Maßnahmepauschale, bereitet jedoch erhebliche Probleme, führt bisher zu regional unterschiedlichen Lösungen und ist in vielen Bundesländern auch heute noch nicht abgeschlossen. So wurden die Gruppen teilweise über die Abschätzung des qualitativen und quantitativen Bedarfs an Hilfen (wie viel Zeit ist erforderlich, um die im Einzelfall benötigten Hilfen zu erbringen), teilweise einrichtungsbezogen definiert (wie viele Personen teilen sich die Hilfe, die z. B. durch ein Heim, eine Tagesstätte, Werkstatt für behinderte Menschen etc. erbracht wird).

Eingliederungshilfe oder Hilfe zur Pflege?

Wie bereits in den Ausführungen zu den Leistungen der gesetzlichen Pflegeversicherung ausgeführt, gelten Einrichtungen der Eingliederungshilfe (z. B. Wohnheime) nicht als Pflegeeinrichtungen. Sofern im Einzelfall Pflegebedürftigkeit im Sinne der Pflegeversicherung besteht, wird bei einer Unterbringung in einer Einrichtung der Pflegeversicherung der Pflegeaufwand pauschal abgegolten (10 Prozent des Heimentgelts, höchstens 256 EUR monatlich). In vollem Umfang können die Leistungen der Pflegeversicherung nur bei Aufnahme in eine stationäre Pflegeeinrichtung in Anspruch genommen werden.

Diese Finanzierungssituation hat einerseits dazu geführt, dass – nicht zuletzt auf Druck der Sozialhilfeträger – eine Differenzierung des Angebotes erfolgte und zusätzliche Pflegeeinrichtungen geschaffen wurden, andererseits hat sich der »Druck« bei der Eingliederungshilfe erhöht. Seitens der

Sozialhilfeträger wird verstärkt überprüft, ob das Ziel der Eingliederungshilfe noch erreicht werden kann – oder nicht die Pflegebedürftigkeit im Vordergrund steht und damit der Umzug bzw. die Verlegung in eine Pflegeeinrichtung zumutbar ist, in der dann die Leistungen der Pflegeversicherung in vollem Umfang in Anspruch genommen werden können.

Deutlich wird dieses Dilemma auch in der neu in das Gesetz aufgenommenen Sonderregelung für behinderte Menschen in Einrichtungen (§ 55 SGB XII). Darin wird zunächst festgehalten, dass die in einer vollstationären Einrichtung der Behindertenhilfe erbrachte Eingliederungshilfe auch die in der Einrichtung gewährten Pflegeleistungen umfasst. Weiter heißt es: »Stellt der Träger der Einrichtung fest, dass der behinderte Mensch so pflegebedürftig ist, dass die Pflege in der Einrichtung nicht sichergestellt werden kann, vereinbaren der Träger der Sozialhilfe und die zuständige Pflegekasse mit dem Einrichtungsträger, dass die Hilfe in einer anderen Einrichtung erbracht wird; dabei ist angemessenen Wünschen des behinderten Menschen Rechnung zu tragen.«

Die Entscheidung, ob ein pflegebedürftiger Mensch in einem Heim der Eingliederungshilfe verbleiben oder in eine Pflegeeinrichtung umziehen muss, ist damit nicht eindeutig von dem Umfang der Pflegebedürftigkeit abhängig, sondern ebenfalls von der Konzeption der Einrichtung und vor allem von der mit dem Sozialhilfeträger geschlossenen Finanzierungsvereinbarung, die den Rahmen für die personellen Ressourcen des Heims absteckt.

Einsatz von Einkommen und Vermögen

Gemäß dem Prinzip des Nachrangs der Sozialhilfe wird bei der Beantragung von Sozialhilfeleistungen unter anderem geprüft, inwieweit die Antragsteller über einzusetzendes Einkommen und/oder Vermögen verfügen. Bei der Hilfe zum Lebensunterhalt und bei der Grundsicherung im Alter sowie bei Erwerbsminderung ist das Einkommen unter Berücksichtigung der oben beschriebenen Hinzuverdienstgrenzen vollständig einzusetzen, bei den weiteren Hilfen nur bei Übersteigen einer bestimmten Einkommensgrenze (nach § 85 SGB XII z. Zt. 690 bzw. 662 EUR zuzüglich Kosten der Unterkunft und Familienzuschläge). Als geschütztes Vermögen gelten nach § 90 SGB XII unter anderem das selbstbewohnte angemessene Hausgrundstück sowie kleinere Barbeträge (1600 EUR bei der Hilfe zum Lebensunterhalt, 2600 EUR bei der Grundsicherung und den weiteren Hilfen).

Diese Regelungen haben Betroffene mit Einkommen, z. B. Erwerbseinkommen oder Rente oder kleinem Vermögen schon oftmals davon abgehalten, notwendige Hilfen in Anspruch zu nehmen. Allerdings ist die Heranziehung durch den Sozialhilfeträger nach § 92 Abs.2 SGB XII auf die Kosten des Lebensunterhalts (sog. häusliche Ersparnis) beschränkt, wenn es um folgende Leistungen im Rahmen der Eingliederungshilfe geht:

- Hilfen zur schulischen Ausbildung für einen angemessenen Beruf oder zur Ausbildung für eine sonstige angemessene Tätigkeit in besonderen Einrichtungen für behinderte Menschen,
- Leistungen zur medizinischen Rehabilitation (§ 26 SGB IX),
- Leistungen zur Teilhabe am Arbeitsleben (§ 33 SGB IX) oder
- Leistungen in anerkannten Werkstätten für behinderte Menschen oder in vergleichbaren Beschäftigungsstätten.

Diese Einschränkung gilt aber nicht für Leistungen zur Teilhabe am Leben in der Gemeinschaft, z. B. in Heimen, ambulant betreuten Wohnformen oder Tagesstätten. In diesen Fällen erfolgt – sofern entsprechendes Einkommen bzw. Vermögen vorhanden ist – auch eine Heranziehung zu den Maßnahme- bzw. Betreuungskosten.

Unterhaltspflicht – Heranziehung von Angehörigen

Entsprechend dem Nachrangprinzip der Sozialhilfe werden – wenn ein Familienmitglied Leistungen der Sozialhilfe in Anspruch nimmt – auch Ansprüche gegenüber den Verwandten ersten Grades (Eltern, Kinder) sowie Ehegatten geltend gemacht, sofern diese über ein entsprechendes Einkommen und Vermögen verfügen.

Wenn ein psychisch erkrankter Mensch über kein oder kein ausreichendes Einkommen für seinen Lebensunterhalt verfügt, außerdem keinerlei Vermögen (mit Ausnahme von »kleineren Barbeträgen« oder anderen »Geldwerten«) hat und Hilfe zum Lebensunterhalt als Leistung der Sozialhilfe beantragt, können die Verwandten ersten Grades bis zum so genannten Selbstbehalt herangezogen werden und müssen – falls ihr laufendes Einkommen für die Unterhaltsverpflichtung nicht ausreicht – auch vorhandenes Vermögen einsetzen. Empfänger von Arbeitslosengeld II oder Grundsicherung bei voller Erwerbsminderung können aber nur in Ausnahmefällen auf einen Unterhaltsanspruch gegen ihre Angehörigen verwiesen werden.

Mit dem SGB IX wurde durch eine Änderung des damaligen § 91 Abs. 2 BSHG der Rückgriff der Sozialhilfeträger auf Eltern zum 1. Januar 2002 neu geregelt, deren volljähriges Kind Eingliederungshilfe oder Hilfe zur Pflege in einer vollstationären Einrichtung erhält. Hier entfällt die Bedürftigkeitsprüfung und stattdessen wurde ein pauschaler Unterhaltsbetrag in Höhe von 26 EUR monatlich festgelegt, den die Eltern zu entrichten haben. Durch die Zahlung dieses Pauschalbetrages dürfen die Eltern aber nicht selbst sozialhilfebedürftig werden.

Diese Regelung wurde durch den ab 1.1.2005 geltenden § 94 Abs. 2 SGB XII dahingehend erweitert, dass der pauschale Unterhaltsbetrag von 26 EUR für alle Leistungen der Eingliederungshilfe und Hilfe zur Pflege an behinderte oder pflegebedürftige Menschen gilt. Weitere 20 EUR sind zu bezahlen, wenn dem vorgenannten Personenkreis zusätzlich zu den genannten Hilfen Hilfe zum Lebensunterhalt gewährt wird. Damit ist im Wesentlichen die seit langem geforderte Gleichbehandlung von Empfängern stationärer und ambulanter Leistungen der Eingliederungshilfe erreicht worden. Bedeutung hat dies vor allem für die Unterhaltspflicht der Eltern gegenüber Betroffenen im Betreuten Wohnen, die jetzt nicht mehr schlechter gestellt sind als Eltern von Heimbewohnern.

Außerdem können Eltern die Härtefallregelung in Anspruch nehmen, bei der vom Sozialhilfeträger geprüft wird, ob eine »unbillige Härte« vorliegt. Wenn ein Härtefall (z. B. bei langjähriger psychischer und ökonomischer Belastung durch die psychische Krankheit des Angehörigen) vorliegt, entfällt die Verpflichtung zur Zahlung des pauschalen Unterhaltsbetrags.

INFO Über Leistungen nach dem SGB XII (Sozialhilfe) zu informieren und zu beraten ist zunächst und in erster Linie eine Aufgabe der Sozialämter. Da diese Aufgabe nicht immer in befriedigendem Umfang wahrgenommen wird, haben sich an einigen Orten »Sozialhilfeinitiativen« als Selbsthilfezusammenschlüsse gebildet (bei den Wohlfahrtsverbänden, Verbraucherberatungsstellen oder Selbsthilfe-Kontaktstellen zu erfragen; zudem bieten auch die Wohlfahrtsverbände teilweise Information zu Leistungen nach dem SGB XII). Daneben gibt es inzwischen mehrere Informationsbroschüren und Ratgeber zur Sozialhilfe:

Bundesministerium für Gesundheit und Soziales (Hg): Sozialhilfe – Ihr gutes Recht.

Kostenlose Informationsbroschüre zu den Leistungen nach dem SGB XII, die einen allgemeinen Überblick vermittelt.

»Leitfaden der Sozialhilfe« und »Leitfaden Sozialhilfe für Behinderte und Pflegebedürftige« (Bezug der Leitfäden über: Fachhochschulverlag, Kleiststraße 31, 60318 Frankfurt / Main). Beide Leitfäden werden fortlaufend aktualisiert und informieren umfassend über Rechtsansprüche nach dem Sozialhilferecht wie auch zu Fragen der Mitwirkungspflicht der Betroffenen, zu Fragen des Einsatzes von Einkommen und Vermögen sowie der Heranziehung unterhaltspflichtiger Angehöriger mit Berechnungsbeispielen.

Brühl, A.; Sauer, J: Mein Recht auf Sozialleistungen – Grundsicherung für Arbeitssuchende, Sozialhilfe, Sonstige Sozialleistungen. München 2005.

Brühl A.: Sozialhilfe für Betroffene von A–Z. München.

Nach Personengruppen (u. a. Behinderte, Kranke, Obdachlose, Schuldner) gegliedert, regelmäßig aktualisierte Darstellung der Leistungen nach dem SGB XII.

Schwerbehindertenrecht

Das Schwerbehindertenrecht regelt – unabhängig von Leistungen zur Rehabilitation und Teilhabe – Hilfen und Nachteilsausgleiche für schwerbehinderte Menschen, die sich vor allem auf das Arbeitsleben beziehen (SGB IX Teil 2).

Für psychisch Behinderte sind insbesondere von Bedeutung die begleitenden Hilfen im Arbeitsleben. Sie sind eine Pflichtaufgabe der Integrationsämter (§ 102 Abs. 1 Nr. 3 SGB IX) und sollen sicherstellen, dass der Schwerbehinderte im Arbeitsleben keine Nachteile aufgrund seiner Behinderung erleidet.

Der einzelne Schwerbehinderte hat ein Recht auf die Übernahme der Kosten einer Arbeitsassistenz am Arbeitsplatz (§ 102 Abs. 4 SGB IX). Weiter in Betracht kommen die Gewährung von finanziellen Hilfen an den Arbeitgeber zum Ausgleich für eine wesentliche Leistungsminderung sowie technische Hilfen zur behinderungsgerechten Gestaltung des Arbeitsplatzes, beispielsweise zur Eindämmung von äußeren Reizen wie Lärm, die psychisch behinderte Menschen oft nicht ertragen können. Diese Maßnahmen können aus Mitteln der Ausgleichsabgabe finanziert werden (§ 19 und § 26 Ausgleichsabgabe-Verordnung).

Außerdem bestehen für schwerbehinderte Menschen besondere Kündigungsschutzregelungen. Die Kündigung eines Arbeitsverhältnisses bedarf der vorherigen Zustimmung des Integrationsamtes (§ 85 SGB IX).

Voraussetzung für die Inanspruchnahme von Leistungen nach dem Schwerbehindertengesetz ist das Vorliegen der Schwerbehinderteneigenschaft. Der Nachweis darüber erfolgt in der Regel durch den vom Versorgungsamt ausgestellten Schwerbehindertenausweis.

Personenkreis und Anerkennungsverfahren

Schwerbehinderte sind Personen, bei denen Funktionseinschränkungen mit einem Grad der Behinderung (GdB) von mindestens 50 vorliegen und diese nicht nur vorübergehend bestehen. Die Ermittlung des Grades der Behinderung im Sinne des Schwerbehindertenrechts erfolgt im Rahmen eines Anerkennungsverfahrens bei den Versorgungsämtern anhand der

»Anhaltspunkte für die ärztliche Gutachtertätigkeit im sozialen Entschädigungsrecht und nach dem Schwerbehindertenrecht«.

Liegt kein GdB von mindestens 50 vor, gilt die betroffene Person nicht als schwerbehindert. Beträgt der GdB aber mindestens 30, kann beim Arbeitsamt die Gleichstellung mit Schwerbehinderten beantragt werden, wenn anders kein Arbeitsplatz erlangt oder behalten werden kann.

Zur Feststellung der Schwerbehinderteneigenschaft ist ein Antrag beim Versorgungsamt zu stellen, von dem im Rahmen eines ärztlichen Begutachtungsverfahrens der Grad der Behinderung ermittelt wird. Dabei kann auf eine Untersuchung (zur Vermeidung von Doppeluntersuchungen) verzichtet werden, falls bereits entsprechende ärztliche Unterlagen vorgelegt werden können, die »in überzeugender Weise ein ausreichendes Bild von der Art und dem Ausmaß aller geltend gemachten Behinderungen« vermitteln.

Anforderungen an Gutachter und Gutachten

Leitfaden und Grundlage für die Begutachtung sind die »Anhaltspunkte für die ärztliche Gutachtertätigkeit im sozialen Entschädigungsrecht und nach dem Schwerbehindertenrecht«. Darin werden unter anderem die fachlichen Anforderungen an die Gutachter wie auch hinsichtlich der bei der Begutachtung zu beachtenden Aspekte beschrieben.

Falls eine Beurteilung »nach Aktenlage« angestrebt wird, ist darauf zu achten, dass die vorgelegten Gutachten den Kriterien in den »gemeinsamen Grundsätzen« für die ärztliche Gutachtertätigkeit entsprechen.

Zur Beurteilung ist zunächst die Vorgeschichte zu erheben, die insbesondere Angaben zum Verlauf und zur Dauer bestehender Gesundheitsstörungen (z. B. ob stationäre Behandlungen erfolgten, welche Behandlungsmaßnahmen ergriffen wurden, ob und wie lange Arbeitsunfähigkeit bestanden hat) und je nach Lage des Falles auch Angaben zum schulischen und beruflichen Werdegang enthalten soll.

Der Befund soll ferner ein »Gesamtbild des körperlichen und psychischen Zustands des Untersuchten vermitteln«. Dabei wird darauf verwiesen, dass »geistige und seelische Störungen« eine spezielle psychiatrische Untersuchung erfordern: »Außer einer neurologischen und psychiatrischen Untersuchung, die oft über die allgemeine Vorgeschichte hinaus eine zeitaufwendige biografische Anamneseerhebung einschließen muss, ist häufig zusätzlich eine gutachtenrelevante leistungspsychologische Untersuchung einschließlich Persönlichkeitsdiagnostik angezeigt.« Bei der Beurteilung und Bezeichnung der Gesundheitsstörungen müssen vor allem die Auswirkungen der Störung beschrieben werden (»Klinische Diagnosen sind häufig nicht als Bezeichnung geeignet«).

»Da die vom Gutachter angegebene Bezeichnung in der Regel in den Bescheid übernommen wird und da der Antragsteller sowie Angehörige und manchmal auch andere Stellen davon Kenntnis erhalten, müssen Formulierungen, die seelisch belasten oder bloßstellen können, vermieden werden.« In diesem Sinne ist etwa »statt ›Schizophrenie‹ ›psychische Behinderung‹ anzugeben«.

Während bei zahlreichen körperlichen Behinderungen die vorhandenen Beeinträchtigungen von Funktionen relativ genau »messbar« sind (z. B. bei Verlusten von Gliedmaßen, Sehstörungen) und hier jeweils ein entsprechender Grad der Behinderung zuzuordnen ist, sind die Auswirkungen einer psychischen Erkrankung in aller Regel weniger offenkundig und vor allem nicht eindeutig messbar. Der Auszug aus der GdB/MdE-Tabelle verdeutlicht, dass bei psychischen Erkrankungen für die Ermittlung des GdB vor allem die Ausprägung »sozialer Anpassungsschwierigkeiten« von entscheidender Bedeutung ist, bei deren Bewertung ein recht großer Ermessensspielraum besteht. Für eine angemessene Beurteilung kommt hier den Befunden der behandelnden Ärzte große Bedeutung zu, die dann nicht nur die medizinischen Aspekte, sondern auch die sozialen Auswirkungen und Funktionsbeeinträchtigungen eingehend darstellen sollten.

TABELLE GdB / MdE (Auszug)

Schizophrene und affektive Psychosen	GdB / MdE-Grad
Lang dauernde (über ein halbes Jahr anhaltende) Psychose im floriden Stadium je nach Einbuße beruflicher und sozialer Anpassungsmöglichkeiten	50 – 100
Schizophrener Residualzustand (z. B. Konzentrationsstörung, Kontaktschwäche, Vitalitätseinbuße, affektive Nivellierung)	
o mit geringen und einzelnen Restsymptomen ohne soziale Anpassungsschwierigkeiten	10 – 20
o mit leichten sozialen Anpassungsschwierigkeiten	30 – 40
o mit mittelgradigen sozialen Anpassungsschwierigkeiten	50 – 70
o mit schweren sozialen Anpassungsschwierigkeiten	80 – 100
Affektive Psychose mit relativ kurzdauernden, aber häufig wiederkehrenden Phasen	
o bei 1 bis 2 Phasen im Jahr von mehrwöchiger Dauer je nach Art und Ausprägung	30 – 50
o bei häufigeren Phasen von mehrwöchiger Dauer	60 – 100
Nach dem Abklingen lang dauernder psychotischer Episoden ist im allgemeinen (Ausnahme siehe unten) eine Heilungsbewährung von zwei Jahren abzuwarten. GdB/MdE-Grad während dieser Zeit	
o wenn bereits mehrere manische oder manische und depressive Phasen vorangegangen sind	50
o sonstige	30

Eine Heilungsbewährung braucht nicht abgewartet zu werden, wenn eine monopolar verlaufene depressive Erkrankung vorgelegen hat, die als erste Krankheitsphase oder erst mehr als zehn Jahre nach einer früheren Krankheitsphase aufgetreten ist.

Neurosen, Persönlichkeitsstörungen, Folgen psychischer Traumen	
Leichtere psychovegetative oder psychische Störungen	0 – 20
Stärker behindernde Störungen mit wesentlicher Einschränkung der Erlebnis- und Gestaltungsfähigkeit (z. B. ausgeprägtere depressive, hypochondrische, asthenische oder phobische Störungen, Entwicklungen mit Krankheitswert, somatoforme Störungen)	0 – 40
Schwere Störungen (z. B. schwere Zwangskrankheit)	
o mit mittelgradigen sozialen Anpassungsschwierigkeiten	50 – 70
o mit schweren sozialen Anpassungsschwierigkeiten	80 – 100

Quelle: Anhaltspunkte für die ärztliche Gutachtertätigkeit im sozialen Entschädigungsrecht und nach dem Schwerbehindertenrecht, Stand Juni 2005, www.anhaltspunkte.vsbinfo.de

INFO Von den Integrationsämtern werden – regional in unterschiedlichem Umfang – Informationsmaterialien zum Anerkennungsverfahren sowie über Leistungen für Schwerbehinderte herausgegeben (nachzufragen bei den Integrationsämtern oder dem örtlichen Arbeitsagenturen bzw. dem Sozialamt).
Bundesministerium für Gesundheit und Soziales (Hg.): Ratgeber für Behinderte. Der bis 2002 vom Bundesministerium für Arbeit und Soziales herausgegebene, kostenlos erhältliche und fortlaufend aktualisierte Ratgeber gibt einen allgemein verständlichen Überblick über Leistungen für behinderte und schwerbehinderte Menschen und enthält einschlägige Gesetzestexte und Verordnungen.

Weitere Sozialleistungsgesetze

Gesetzliche Unfallversicherung

Die gesetzliche Unfallversicherung (SGB VII) erbringt Leistungen bei Arbeitsunfällen (inklusive Unfällen auf dem Weg von und zur Arbeit), die auch die Kosten für Heilbehandlung, Pflege, Übergangsgeld und Verletztenrente einschließen. Der Versicherungsschutz gilt weiterhin für alle Beschäftigten sowie für Personen, »die wie ein Beschäftigter tätig werden« (§ 2 SGB VII), und umfasst damit auch die Tätigkeit von Ehrenamtlichen.

Danach sind Personen, die selbstständig oder unentgeltlich tätig sind oder an Ausbildungsveranstaltungen für diese Tätigkeit teilnehmen, automatisch in der gesetzlichen Unfallversicherung versichert. Das gilt auch für jene, die sich ehrenamtlich engagieren, sei es im Gesundheitswesen oder in der Wohlfahrtspflege, sei es für öffentlich-rechtliche Religionsgemeinschaften oder für Körperschaften oder Stiftungen des öffentlichen Rechts oder deren Verbände oder Arbeitsgemeinschaften.

Hinsichtlich des Leistungsumfangs ist allerdings zu beachten, dass sich die Geldleistungen (z. B. Verletztenrente, Übergangsgeld) nach der Höhe des aus der Tätigkeit erzielten Einkommens richten und Ehrenamtliche dementsprechend »leer« ausgehen können.

Zum Kreis der durch die gesetzliche Unfallversicherung geschützten

Personen gehören auch »Behinderte, die in anerkannten Werkstätten für behinderte Menschen ... oder für diese Einrichtungen in Heimarbeit tätig sind« (§ 2 Abs. 1 Nr. 4 SGB VII).

Kindergeldrecht
Seit 1996 ist das Kindergeldrecht überwiegend im Einkommensteuerrecht (EStG) geregelt. Das Bundeskindergeldgesetz (BKGG) hat nur noch Bedeutung für Personen, die nicht unbeschränkt steuerpflichtig im Sinn des Einkommensteuergesetzes sind. Die Anspruchsvoraussetzungen decken sich aber im Wesentlichen. Für ein über 18 Jahre altes Kind wird Kindergeld gezahlt, wenn es wegen einer körperlichen, geistigen oder seelischen Behinderung nicht in der Lage ist, seinen Lebensunterhalt durch eigene Erwerbstätigkeit oder durch andere Einkünfte und Bezüge zu bestreiten. Dies ist der Fall, sofern die Einkünfte und Bezüge nicht den Grenzbetrag von 7680 EUR (2005) im Kalenderjahr übersteigen. Kindergeld wird dann über das 27. Lebensjahr hinaus gezahlt, wenn die Behinderung vor Vollendung des 27. Lebensjahres eingetreten ist.

Umstritten war einige Zeit, ob Eltern einen Anspruch auf Kindergeld haben, wenn das volljährige Kind in einer Einrichtung vollstationär versorgt ist. Die Sozialhilfeträger vertraten die Auffassung, dass in diesen Fällen durch die Leistungen der Eingliederungshilfe der notwendige Unterhalt abgedeckt ist und begehrten für sich das Kindergeld. Zwischenzeitlich hat sich aber der Bundesfinanzhof in mehreren Grundsatzentscheidungen mit dem Anspruch auf Kindergeld befasst. Wesentliches Ergebnis ist, dass Eltern von vollstationär betreuten volljährigen behinderten Kindern in der Regel einen Anspruch auf Kindergeld in voller Höhe haben, wenn das Kind neben den Einkünften aus der Beschäftigung in einer WfbM und/oder einem Taschengeld kein weiteres Einkommen hat.

INFO Über Leistungen nach dem Bundeskindergeldgesetz informiert die vom Bundesamt für Finanzen und der Bundesagentur für Arbeit herausgegebene Broschüre »Kindergeld«, die kostenlos bei der Arbeitsagentur – Kindergeldkasse – zu erhalten ist.

Wohngeld

Das Wohngeldgesetz (WoGG) bietet die rechtliche Grundlage, um Mieter und Inhaber von Eigenheimen oder Eigentumswohnungen mit geringem Einkommen in die Lage zu versetzen die Wohnkosten zu tragen.

Auf Wohngeld, das je nach Höhe des Einkommens und Zahl der Haushaltsmitglieder bis zu bestimmten Höchstbeträgen gestaffelt ist, besteht ein Rechtsanspruch. Leistungsberechtigte nach dem SGB II (Grundsicherung für Arbeitsuchende) und dem SGB XII (Sozialhilfe) haben ab dem 1.1.2005 keinen Anspruch auf Wohngeld mehr.

INFO Über Leistungen nach dem Wohngeldgesetz und die Anspruchsvoraussetzungen informiert die Broschüre »Wohngeld«, die kostenlos beim Presse- und Informationsamt der Bundesregierung (siehe Adressen) angefordert werden kann.

Betreuung

Überblick

Mit dem zum 1. Januar 1992 in Kraft getretenen Betreuungsrecht wurde das alte Vormundschafts- und Pflegschaftsrecht für Volljährige abgelöst. Inzwischen wurde das Betreuungsrecht durch das 1. Betreuungsrechtsänderungsgesetz zum 1.1.1999 und das 2. Betreuungsrechtsänderungsgesetz zum 1.7.2005 vor allem mit dem Ziel geändert, die steigenden Betreuungszahlen und die damit verbundenen Kostensteigerungen für die Länderhaushalte einzudämmen. Ein 3. Betreuungsrechtsänderungsgesetz mit dem Ziel einer gesetzlichen Regelung der Patientenverfügung ist geplant.

Die für das Betreuungsrecht wichtigen gesetzlichen Vorschriften sind nicht in einem, sondern in mehreren Einzelgesetzen enthalten. Von besonderer Bedeutung sind dabei:

- das Bürgerliche Gesetzbuch (BGB), in dem unter anderem die Voraussetzungen für die Bestellung eines Betreuers und die Aufgaben des Betreuers geregelt sind (§§ 1896 – 1908 i BGB);
- das Gesetz über die Angelegenheiten der Freiwilligen Gerichtsbarkeit (FGG) mit den Regelungen zum gerichtlichen Verfahren in Betreuungssachen (§§ 65 – 69 o FGG) sowie dem gerichtlichen Verfahren bei der Unterbringung nach dem Betreuungsrecht und den Ländergesetzen zur Unterbringung psychisch Kranker (§§ 70 – 70 n FGG);
- das Betreuungsbehördengesetz (BtBG).

Mit der Reform des Vormundschafts- und Pflegschaftsrechts für Volljährige und dem Inkrafttreten des Betreuungsrechts wurde die Rechtsposition der Betroffenen gestärkt. Dies findet seinen Ausdruck vor allem in folgenden Punkten:

- Die Betroffenen sind – und zwar unabhängig davon, ob sie geschäftsfähig sind – in allen die Betreuung betreffenden Verfahren verfahrensfähig (§ 66 FGG). D. h.: Sie können beispielsweise selbst Anträge stellen und Beschwerde gegen gerichtliche Entscheidungen einlegen.

- Der Betreuer ist verpflichtet, den Wünschen des Betreuten weitgehend zu entsprechen (§ 1901 Abs. 3 BGB).
- Von der Bestellung eines Betreuers wird die Geschäftsfähigkeit des Betreuten grundsätzlich nicht berührt. Eine generelle Einschränkung des Rechts, selbst rechtswirksam Verträge abzuschließen oder Geschäfte zu tätigen, erfolgt nur dann und nur für jene Aufgabenkreise, für die vom Gericht ein Einwilligungsvorbehalt angeordnet worden ist (der Betreute darf in diesen Bereichen nur mit Einwilligung des Betreuers handeln). Im Übrigen richtet sich die Beurteilung der Geschäftsunfähigkeit unabhängig von der Bestellung eines Betreuers nach § 104 BGB, d. h. es kommt auf den tatsächlichen (psychischen) Zustand des Betroffenen an.
- Die Betroffenen behalten das Recht, Testamente zu erstellen und eine Ehe einzugehen (§ 1903 Abs. 2 BGB), es sei denn sie sind testierunfähig (§ 2229 BGB) oder bei der Eheschließung geschäftsunfähig (§ 1304 BGB). Nach § 1903 Abs. 2 BGB kann sich ein Einwilligungsvorbehalt unter anderem »nicht erstrecken auf Willenserklärungen, die auf Eingehung einer Ehe gerichtet sind« und »auf Verfügungen von Todes wegen«.
- Ein Wahlrechtsausschluss besteht nur dann, wenn ein Betreuer für »alle Aufgabenkreise« bestellt wird.

Mit dem Betreuungsrecht wurde die Bedeutung der persönlichen Betreuung hervorgehoben. Dieser Begriff ist allerdings missverständlich, da er auch im Bereich der sozialen Dienste und Einrichtungen gebräuchlich ist. Bei der Betreuung nach dem Betreuungsrecht geht es vor allem um die Unterstützung bei der Wahrnehmung und Wahrung rechtlicher Interessen – und nicht vorrangig um die soziale Unterstützung und Begleitung, die zum Aufgabenbereich der Sozialen Arbeit gehört. Um diese Aufgabenstellung zu verdeutlichen, wurden mit dem zum 1. Januar 1999 in Kraft getretenen Betreuungsrechtsänderungsgesetz einige Regelungen neu gefasst: So lautet nunmehr der Titel der entsprechenden Regelungen im BGB »Rechtliche Betreuung« (§§ 1896 ff. BGB) und die Aufgabe des Betreuers liegt danach darin, »in dem gerichtlich bestimmten Aufgabenkreis die Angelegenheiten des Betreuten rechtlich zu besorgen und ihn hierbei im erforderlichen Umfang persönlich zu betreuen« (§ 1897 Abs. 1 BGB).

Voraussetzungen für die Bestellung eines Betreuers

Für die gerichtliche Bestellung eines Betreuers für einen Volljährigen müssen (nach § 1896 BGB) mehrere Voraussetzungen gleichzeitig erfüllt sein:

- Es muss eine psychische Krankheit oder eine körperliche, geistige oder seelische Behinderung vorliegen.
- Infolge der Erkrankung oder Behinderung muss die Fähigkeit zur Besorgung der eigenen Angelegenheiten ganz oder teilweise beeinträchtigt sein.
- Ein Betreuer darf nicht gegen den freien Willen des Betroffenen bestellt werden.
- Die Bestellung eines Betreuers muss erforderlich sein.

Die Bestellung eines Betreuers ist nur dann erforderlich, wenn die Angelegenheiten des Betroffenen nicht durch einen Bevollmächtigten (hierzu unten) oder durch andere Hilfen (soziale Dienste etc.), bei denen kein gesetzlicher Betreuer bestellt wird, ebenso gut besorgt werden können.

Allein das Bestehen einer psychischen Krankheit oder das Fehlen von Fähigkeiten, bestimmte Angelegenheiten selbst zu besorgen, sind für sich genommen kein ausreichender Grund, um eine Betreuung gegen den Willen des Betroffenen einzurichten. Der Betroffene muss vielmehr wegen seiner Krankheit oder Behinderung außerstande sein, in den Aufgabenbereichen, für die ein Betreuer bestellt werden soll, seinen Willen frei zu bestimmen.

Bei psychischen Krankheiten kommt es häufig vor, dass die Fähigkeit zur Besorgung von Angelegenheiten nicht dauerhaft, sondern nur während der akuten Krankheitsphase beeinträchtigt ist. Bei Betroffenen, bei denen in kürzeren oder längeren Zeitabständen wiederholt akute Krankheitsphasen auftreten, wird es von Angehörigen oder auch von Mitarbeitern psychiatrischer Einrichtungen für sinnvoll angesehen, »vorsorglich« eine Betreuung anzuregen, um in akuten Phasen für notwendig erachtete Maßnahmen wie die Zuführung zur Heilbehandlung oder eine Unterbringung unverzüglich durchführen zu können. Die vorsorgliche Bestellung eines Betreuers ist allerdings rechtlich unzulässig: Ein Betreuer darf nur für jene Aufgabenbereiche bestellt werden, in denen der Betroffene gegenwärtig seine Angelegenheiten nicht besorgen und seien Willen nicht frei bestimmen kann.

In akuten Krisen ist auf die Unterbringung nach den Unterbringungsgesetzen der Bundesländer zurückzugreifen (hierzu S. 164 ff.).

Vollmacht

Im Rahmen eines Betreuungsverfahrens hat das Gericht zu prüfen, ob der Betroffene Vollmachten erteilt hat und ob diese die Bestellung eines Betreuers entbehrlich machen (§ 1896 Abs. 2 BGB). Dabei kann das Gericht zu dem Ergebnis gelangen, dass die Bestellung eines Betreuers trotz der Bevollmächtigung einer Vertrauensperson erforderlich ist. Je nach Situation des Einzelfalls, Erreichbarkeit und Eignung der bevollmächtigten Person, kann das Gericht beispielsweise einen Betreuer mit dem Aufgabenkreis der Kontrolle der bevollmächtigten Person oder auch mit weiteren Aufgabenkreisen (z. B. Zustimmung zur Heilbehandlung) bestellen.

Bei der Erteilung einer Vollmacht sind folgende Punkte zu beachten:

Die Erteilung einer Vollmacht bedarf zwar grundsätzlich keiner bestimmten Form – auch eine mündlich erteilte Vollmacht ist wirksam – da jedoch eine mündlich erteilte Vollmacht nicht ohne weiteres für Außenstehende (z. B. Banken, soziale Dienste) überprüfbar ist, verlangen diese in der Regel eine schriftliche Vollmacht, die nach Möglichkeit durch einen Dritten (z. B. einen Notar) beurkundet sein sollte. Wird eine umfassende Vollmacht erteilt, sollte diese in jedem Fall notariell beurkundet sein. Außerdem ist zu beachten, dass insbesondere Banken Vollmachten in der Regel nur dann problemlos anerkennen, wenn diese auf einem entsprechenden Vordruck der jeweiligen Bank erstellt und in der Bank unterzeichnet wurden.

Teilweise wird empfohlen, für den Fall, dass die bevollmächtigte Person nicht erreichbar oder nicht mehr bereit oder in der Lage ist, die übertragene Aufgabe wahrzunehmen, eine oder mehrere weitere Personen zu benennen. In diesen Fällen ist zu berücksichtigen, dass unterschiedliche Personen auch unterschiedliche Auffassungen vertreten können und es zu Konflikten zwischen den Bevollmächtigten kommen kann. Sollte also mehr als einer Person Vollmacht erteilt werden, sollte eine eindeutige Reihenfolge vorgegeben werden.

Neben der Vertrauenswürdigkeit der bevollmächtigten Person ist zu beachten, dass sie auch für die ihr übertragenen Aufgaben geeignet sein muss, bei Vermögensangelegenheiten keine eigenen Interessen verfolgt und entsprechende Erfahrungen und Kenntnisse hat.

Während es bei einer Patientenverfügung üblich ist, bestimmte Bedingungen für das Wirksamwerden einer Vollmacht zu definieren (z. B. für den Fall, dass infolge einer psychischen Erkrankung eine Einwilligung in Behandlungsmaßnahmen nicht gegeben werden kann), sollte eine Vollmacht ohne solche einschränkenden Bedingungen formuliert werden, da diese von Dritten nicht kontrolliert werden können und die Vollmacht damit praktisch wertlos wird. Vor diesem Hintergrund erlangt die Berücksichtigung des möglichen Missbrauchs einer erteilten Vollmacht (vor allem in Hinblick auf Geld-/Vermögensangelegenheiten) besondere Bedeutung. Bei der Erteilung der Vollmacht ist sorgfältig abzuwägen, für welche Aufgabenbereiche sie gelten soll.

Nachdem es früher umstritten war, ob bei höchstpersönlichen Entscheidungen wie etwa der Zustimmung oder Ablehnung bei medizinischen Untersuchungs- und Behandlungsmaßnahmen die Erteilung einer Vollmacht rechtlich zulässig ist, ist dies nun gesetzlich vorgesehen (§§ 1904 Abs. 2, 1906 Abs. 5 BGB). Voraussetzung ist allerdings, dass die Vollmacht schriftlich erteilt wird und die Maßnahmen in der Vollmacht ausdrücklich aufgeführt werden. Verzichtet werden kann dabei auf den Zusatz, dass ein Bevollmächtigter nur dann tätig werden soll, wenn die betroffene Person einwilligungsunfähig ist, da ein Bevollmächtigter grundsätzlich nur dann handeln sollte, wenn man selbst dazu nicht in der Lage ist.

Bei weitreichenden Eingriffen in die Persönlichkeitsrechte können Bevollmächtigte nicht in eigener Verantwortung entscheiden, sondern müssen – ebenso wie ein rechtlicher Betreuer – die Genehmigung des Vormundschaftsgerichts einholen. Dies gilt für

- eine Heilbehandlung oder einen ärztlichen Eingriff, z. B. wenn die begründete Gefahr besteht, dass der Betreute aufgrund der Maßnahme einen schweren und länger dauernden gesundheitlichen Schaden erleidet oder stirbt (§ 1904 BGB);
- eine mit Freiheitsentziehung verbundene Unterbringung sowie die freiheitsentziehenden Maßnahmen (§ 1906 BGB).

Aufgabenkreise einer Betreuung

Kommt es zu einer Betreuerbestellung, sind die gerichtlich bestimmten Aufgabenkreise möglichst präzise zu fassen. Dieser Anforderung müssen sowohl die gerichtlichen Entscheidungen über die Bestellung eines Betreuers genügen wie auch die Gutachten der Sachverständigen, die vom Gericht zur Klärung der Erforderlichkeit einer Betreuung angefordert werden. Es muss in jedem Einzelfall eine strenge Erforderlichkeitsprüfung erfolgen. Beispielsweise darf »Heilbehandlung« nicht allgemein als Aufgabenkreis angegeben werden, sondern sind die im Einzelfall erforderlichen Maßnahmen zu benennen. Hier können als mögliche konkrete Aufgaben in Betracht kommen:

- die Sicherstellung der ärztlichen Heilbehandlung bei: ...,
- die Zustimmung zur Heilbehandlung bei: ...,
- die Geltendmachung von Rechten gegenüber Ärzten und Kliniken,
- die Organisation und Regelung der Kosten von Rehabilitationsmaßnahmen.

Jedoch kann auch, wenn der Betroffene einen Bevollmächtigten bestimmt hat oder die notwendigen sozialen Dienste vorhanden sind und in Anspruch genommen werden, die Bestellung eines Betreuers erforderlich sein, zum Beispiel um die Interessen und Rechte des Betroffenen gegenüber den sozialen Diensten wahrzunehmen, und um zu gewährleisten, dass ein vom Betroffenen eingesetzter Bevollmächtigter im Interesse und zum Wohl des Betroffenen handelt.

Das Verfahren zur Bestellung eines Betreuers
Einleitung des Verfahrens

Die Betreuung kann von der betroffenen Person selbst beim Vormundschaftsgericht des örtlichen Amtsgerichts beantragt werden. Der Betroffene kann dabei auf die Erstellung eines ärztlichen Gutachtens verzichten und selbst ein ärztliches Zeugnis (Attest) vorlegen, aus dem die Notwendigkeit einer Betreuung hervorgeht. Das Gericht hat dann zu prüfen, ob die Voraussetzungen für die Bestellung eines Betreuers vorliegen.

Dieses Verfahren hat für den Betroffenen den Vorteil, dass er selbst den medizinischen Sachverständigen (z. B. Hausarzt) bestimmen kann, der das ärztliche Zeugnis erstellt. Weiterhin ist die Betreuung auf Antrag des Betroffenen aufzuheben – es sei denn, dass zwischenzeitlich eine Betreuung von Amts wegen (siehe unten) erforderlich geworden ist.

Die Einrichtung einer Betreuung kann auch von anderen Personen oder Institutionen (Angehörigen, Mitarbeitern von Einrichtungen und Diensten) beim Vormundschaftsgericht angeregt werden – ein gerade bei psychisch kranken und behinderten Menschen häufig vorkommender Fall. Mitarbeiter von Einrichtungen haben dabei aber ihre Schweigepflicht (s. S. 26 f.) zu beachten, über die sie sich nur in einer Gefahrensituation (oder mit Einwilligung des Betroffenen) hinwegsetzen können. Ein solcher Schritt sollte daher sorgfältig abgewogen und auch mit dem betroffenen Menschen beraten werden, da es sich nicht um einen Antrag handelt, der wieder zurückgezogen werden kann.

Wenn ein Betreuungsverfahren von Amts wegen eingeleitet wird, muss das Gericht dem Betroffenen mitteilen, dass ein Betreuungsverfahren eingeleitet worden ist, und ermitteln, ob die Voraussetzungen für eine Betreuerbestellung vorliegen.

Anhörung

Vor der Bestellung eines Betreuers hat das Gericht den Betroffenen persönlich anzuhören und sich in der gewöhnlichen Umgebung des Betroffenen einen unmittelbaren Eindruck von ihm zu verschaffen. Die persönliche Anhörung kann nur unterbleiben, wenn nach ärztlichem Gutachten von der Anhörung erhebliche Nachteile für die Gesundheit des Betroffenen zu befürchten sind oder der Betroffene nach dem unmittelbaren Eindruck des Gerichts nicht in der Lage ist seinen Willen kundzutun (§ 68 FGG).

Im Betreuungsverfahren ist auch Angehörigen (Ehegatten, Eltern, Kindern) Gelegenheit zur Äußerung zu geben. Hiervon soll nur abgesehen werden, wenn der Betroffene »mit erheblichen Gründen« widerspricht (§ 68 a FGG). Außerdem muss das Gericht die Anwesenheit einer Vertrauensperson während der Anhörung gestatten, wenn der Betroffene dies verlangt. Weiter hat der Betroffene das Recht, eine Anhörung der Betreuungsbehörde zu verlangen (siehe Sozialbericht der Betreuungsbehörde).

Sachverständigengutachten

Schließlich muss vor der Bestellung eines Betreuers ein Sachverständigengutachten eingeholt werden (§ 68b FGG). In der Regel wird vom Gericht ein Facharzt für Psychiatrie mit der Erstellung des Gutachtens beauftragt, der den Betroffenen persönlich zu untersuchen hat. Entsprechend den oben stehenden Voraussetzungen für eine Betreuerbestellung muss das Gutachten unter anderem Angaben zu den folgenden Fragen machen:

- Liegt bei dem Betroffenen eine psychische Krankheit, eine geistige oder seelische und/oder eine körperliche Behinderung vor?
- Ist die freie Willensbestimmung des Betroffenen aufgehoben?
- Welche konkreten Angelegenheiten kann der Betroffene deshalb nicht selbst besorgen, welche Aufgabenkreise kommen in Betracht?
- Welche Behandlungs- und Rehabilitationsmöglichkeiten bestehen?
- Wie lange wird die Krankheit oder Behinderung etwa fortbestehen?
- Welche anderen Hilfsmittel würden eine Betreuung ganz oder teilweise entbehrlich machen?
- Welche Verfügungen des Betroffenen sind zu berücksichtigen (Vollmachten, Betreuungsverfügung, Patiententestament)?

Nur mit Einwilligung des Betroffenen oder seines Verfahrenspflegers kann das Gericht seiner Beurteilung ein von dem Medizinischen Dienst der Krankenkassen (MDK) im Rahmen der Feststellung der Pflegebedürftigkeit nach dem SGB XI (hierzu S. 100 ff.) eingeholtes Gutachten zu Grunde legen. Diese Einwilligung sollte nur im Ausnahmefall erteilt werden, da es um sehr unterschiedliche Fragestellungen geht.

Sozialbericht der Betreuungsbehörde

Die örtliche Betreuungsbehörde (bei der Stadt- oder Kreisverwaltung) ist verpflichtet, auf Wunsch des Betroffenen oder nach Anordnung des Gerichts bei der Klärung der Frage mitzuwirken, ob eine Betreuung erforderlich ist (§ 68a FGG). Hierzu wird von der Betreuungsbehörde ein Sozialbericht erstellt, in dem unter anderem:

- die soziale und gesundheitliche Situation,
- die konkreten Probleme in der Bewältigung der persönlichen Angelegenheiten,

- die derzeitigen Hilfen sowie
- notwendige weitere Hilfen darzustellen sind.

Ebenso sind Verfügungen (Betreuungsverfügung, Vollmacht, Patiententestament) zu berücksichtigen.

»Mitwirkungspflicht« des Betroffenen

Für die Betroffenen gibt es im Betreuungsrecht keinerlei Verpflichtung, am Betreuungsverfahren – vor allem der Begutachtung – aktiv mitzuwirken. Allerdings kann das Gericht für den Fall, dass der Betroffene jede Form der Mitwirkung verweigert, bestimmte Zwangsmaßnahmen veranlassen:

Zur Durchsetzung der persönlichen Anhörung und zur Verschaffung eines unmittelbaren Eindrucks kann das Gericht den Betroffenen durch die Betreuungsbehörde vorführen lassen (§ 68 Abs. 3 FGG).

Das Gericht kann anordnen, dass der Betroffene zur Vorbereitung eines Gutachtens untersucht und durch die Betreuungsbehörde zu einer Untersuchung vorgeführt wird. Diese Anordnung ist nicht anfechtbar (§ 68 b Abs. 3 FGG).

Erfordert die Erstellung des Gutachtens nach Auffassung eines Sachverständigen die Beobachtung über einen gewissen Zeitraum, kann das Gericht die zeitlich befristete Unterbringung zur Vorbereitung des Gutachtens anordnen (§ 68 Abs. 4 FGG). Gegen die Entscheidung über die Unterbringung kann Beschwerde eingelegt werden.

Verfahrenspfleger

Sofern der Betroffene selbst keinen Rechtsanwalt oder einen anderen Verfahrensbevollmächtigten zur Vertretung seiner Interessen beauftragt hat, kann das Gericht hierzu einen Verfahrenspfleger einsetzen. Es ist sogar ausdrücklich dazu angehalten, wenn von der persönlichen Anhörung abgesehen oder ein Betreuer für alle Aufgabenkreise bestellt werden soll. Von der Bestellung eines Verfahrenspflegers kann das Gericht nur absehen, »wenn ein Interesse des Betroffenen an der Bestellung des Verfahrenspflegers offensichtlich nicht besteht« (§ 67 FGG). Zu den Aufgaben eines Verfahrenspflegers sowie den Kosten siehe S. 178 f.

Die einstweilige Anordnung

In eiligen Fällen mit unmittelbarem Handlungsbedarf reicht oft die Zeit für das vorstehend beschriebene Regelverfahren nicht aus. Das Gericht kann dann im Rahmen eines vereinfachten Verfahrens durch einstweilige Anordnung einen vorläufigen Betreuer bestellen oder einen vorläufigen Einwilligungsvorbehalt anordnen.

Eine einstweilige Anordnung ist nur dann zulässig, wenn »dringende Gründe für die Annahme bestehen, dass die Voraussetzungen für die Bestellung eines Betreuers oder die Anordnung eines Einwilligungsvorbehalts gegeben sind und mit dem Aufschub Gefahr verbunden wäre, ein ärztliches Zeugnis über den Zustand des Betroffenen vorliegt, (...) und der Betroffene persönlich angehört worden ist« (§ 69 f FGG).

Die einstweilige Anordnung darf nur für einen Zeitraum von längstens sechs Monaten erfolgen. Nach Anhörung eines Sachverständigen kann sie durch weitere einstweilige Anordnungen bis zu einer Gesamtdauer von einem Jahr verlängert werden.

Die Auswahl des Betreuers

»Zum Betreuer bestellt das Vormundschaftsgericht eine natürliche Person, die geeignet ist, in dem gerichtlich bestimmten Aufgabenkreis die Angelegenheiten des Betreuten rechtlich zu besorgen und ihn hierbei im erforderlichen Umfang persönlich zu betreuen« (§ 1897 Abs. 1 BGB). Entsprechend dieser gesetzlichen Vorgabe ist die »Eignung« – die sich auf die jeweils konkreten Erfordernisse bezieht – ein zentrales Kriterium, das bei der Bestellung eines Betreuers zu beachten ist.

Sofern der Betroffene im oder vor dem Betreuungsverfahren (z. B. in einer Betreuungsverfügung) eine Person als Betreuer vorschlägt, hat das Gericht diesem Vorschlag zu entsprechen, wenn er nicht dem Wohl des Betroffenen zuwiderläuft. Das Gericht hat außerdem die von dem Betroffenen formulierte Ablehnung bestimmter Personen als Betreuer zu berücksichtigen (§ 1897 Abs. 4 BGB). Um die hierin enthaltenen Möglichkeiten zur (selbstbestimmten) Vorsorge zu nutzen, sollte eine Vorausverfügung für den Fall der »Betreuungsbedürftigkeit« (siehe unter Betreuungsverfügung) erstellt werden.

Eine weitere Vorgabe ergibt sich aus der Regelung, dass die Betreuung in der Regel unentgeltlich geführt werden soll (§ 1836 BGB).

Wenngleich nach wie vor die weitaus meisten Betreuungen von ehrenamtlich (unentgeltlich) tätigen Betreuerinnen und Betreuern – zumeist sind es Familienangehörige – geleistet werden, hat tendenziell insbesondere bei Personen mit psychischen Erkrankungen die Bestellung von »Berufsbetreuern« zugenommen. Diese Tendenz ist auf mehrere Faktoren zurückzuführen:

Mit dem Betreuungsrecht wurde das Gebot der »persönlichen Betreuung« eingeführt, mit der der unter dem alten Vormundschafts- und Pflegschaftsrecht beklagte Missstand der »anonymen Verwaltung« überwunden werden sollte. Insbesondere die Amtvormünder (Mitarbeiter der Kommunen, die für mittellose Betroffene bestellt wurden) hatten häufig so hohe »Fallzahlen«, dass letztlich nur noch eine anonyme Verwaltung möglich war. Ferner ist immer deutlicher geworden, dass bei Menschen mit psychischen Erkrankungen häufig sehr komplexe Problemlagen bestehen, die sowohl umfangreiche Fachkenntnisse zur Wahrnehmung und Klärung rechtlicher Fragen als auch Kompetenzen in der Wahrnehmung und Beziehungsgestaltung erfordern. Die Bestellung eines Berufsbetreuers hat außerdem den Vorteil, dass die familiären Beziehungen nicht weiter belastet werden, als sie es ohnehin durch die Krankheit sind, insbesondere, wenn Eltern die rechtliche Betreuung für ihr volljähriges Kind übernehmen. Allerdings soll ein Berufsbetreuer nur bestellt werden, wenn keine andere geeignete Person zur Verfügung steht, die zur ehrenamtlichen Führung der Betreuung bereit ist.

Bei den »Berufsbetreuern« handelt es sich vor allem um freiberuflich tätige Betreuer (Sozialarbeiter, Sozialpädagogen, Rechtsanwälte usw.) sowie um Vereinsbetreuer (Angestellte eines Betreuungsvereins) und Behördenbetreuer (Mitarbeiter der örtlichen Betreuungsbehörde).

Das Gericht ist verpflichtet, bei der Bestellung eines Betreuers festzustellen, ob dieser die Betreuung berufsmäßig führt und damit einen Anspruch auf Vergütung seiner Tätigkeit hat (siehe Kosten der Betreuung).

Betreuungsverfügung

Die Vorschläge des Betroffenen, eine oder mehrere Personen zum Betreuer zu bestellen, sind vom Gericht auch dann zu berücksichtigen, wenn sie in einer im Voraus getroffenen Betreuungsverfügung enthalten sind. Die Betreuungsverfügung ist damit eine wichtige Möglichkeit, auf Betreuungsverfahren auch dann Einfluss zu nehmen, wenn man aufgrund einer Krankheit oder Behinderung aktuell nicht in der Lage ist, selbst Vorschläge zu machen.

Eine Betreuungsverfügung empfiehlt sich:

- wenn die Bestellung eines rechtlichen Betreuers trotz erteilter Vollmacht (hierzu S. 140 f.) erforderlich wird;
- wenn niemand zur Verfügung steht, dem eine Vollmacht erteilt werden kann, oder
- wenn auf die gerichtliche Kontrolle des Betreuers nicht verzichtet werden soll.

In eine Betreuungsverfügung können auch Wünsche und Vorstellungen betreffend die Führung der Betreuung aufgenommen werden.

Um sicherzustellen, dass eine Betreuungsverfügung auch beachtet wird, sollte sie wie eine Patientenverfügung (s. S. 22 ff.) schriftlich abgefasst und persönlich unterschrieben sein. Außerdem ist dafür Sorge zu tragen, dass im Falle eines Betreuungsverfahrens das Gericht von der Existenz einer Betreuungsverfügung erfährt, z. B. indem ein Hinweis auf die Betreuungsverfügung zusammen mit dem Personalausweis aufbewahrt und bei sich getragen wird. Der Hinweis sollte die Angabe des Ortes oder der Person, wo sie hinterlegt ist, nennen. In Bayern gibt es überdies die Möglichkeit, eine Betreuungsverfügung bei dem für den Wohnort zuständigen Amtsgericht zu hinterlegen.

Eine Betreuungsverfügung sollte folgende Angaben enthalten:

- den eigenen Namen (ggf. Geburtsnamen), Vornamen, Geburtsdatum und Geburtsort sowie die derzeitige Adresse;
- den Namen und die Adresse einer oder mehrerer Personen, die als Betreuer vorgeschlagen werden;
- die Namen und Adressen der Personen, die auf keinen Fall als Betreuer bestellt werden sollen;

- Verfügungen zur Verwaltung von Einkommen und Vermögen;
- Hinweise auf den gewünschten Lebensort im Falle der Hilfsbedürftigkeit (z. B. Priorität des Verbleibs in der eigenen Wohnung, auch wenn intensive Unterstützung durch amublante Dienste benötigt wird; Hinweise, in welche Einrichtung eine Aufnahme bevorzugt bzw. möglichst nicht erfolgen sollte);
- Hinweis auf ein Patiententestament mit Verfügungen zur Sorge um die Gesundheit;
- Ort, Datum und eigenhändige Unterschrift.

Aufgaben und Pflichten des Betreuers

Die Aufgaben und Pflichten eines Betreuers sind im Gesetz nur allgemein umrissen. Im Rahmen der ihm übertragenen Aufgabenkreise handelt der Betreuer weitgehend selbstständig und in eigener Verantwortung entsprechend der Vorgaben des Betreuungsrechts, die Betreuung zum Wohle des Betroffenen zu führen. Dabei hat der Betreuer den Wünschen des Betroffenen zu entsprechen, sofern diese nicht dessen Wohl zuwiderlaufen und dem Betreuer zuzumuten sind (§ 1901 Abs. 3 BGB). Auch dann, wenn der Betreuer gegen den Willen des Betreuten handeln muss, hat er als Maßstab für sein Handeln das Recht des Betreuten auf ein Leben in Würde, Freiheit und Selbstbestimmung zu achten.

Aus diesen Vorgaben ergibt sich, dass ein Betreuer die individuellen Vorstellungen und Wünsche des Betroffenen in aller Regel zu respektieren hat. Hierzu gehören auch Entscheidungen oder Handlungsweisen, die dem Betreuer als »unvernünftig« erscheinen mögen. Ein Recht für den Betreuer, gegen den Willen des Betroffenen zu handeln, ergibt sich erst, wenn höhere Güter, d.h. Leben und Gesundheit des Betroffenen, konkret gefährdet sind.

Zu den Pflichten eines Betreuers gehört es auch, dem Vormundschaftsgericht Umstände mitzuteilen, die eine Aufhebung der Betreuung bzw. die Einschränkung eines Aufgabenkreises ermöglichen; Gleiches gilt für die Erweiterung eines Aufgabenkreises, die Bestellung eines weiteren Betreuers oder die Anordnung eines Einwilligungsvorbehalts (§ 1901 Abs. 4 BGB).

Einwilligung des Betreuers in ärztliche Maßnahmen
Nach dem Betreuungsrecht ist die Erteilung der Einwilligung zu einer Heilbehandlung durch einen Betreuer nur zulässig, sofern der Betreute nicht selbst wirksam handeln kann, weil er einwilligungsunfähig ist. Hieraus ergibt sich, dass auch dann, wenn ein Betreuer mit dem Aufgabenkreis »Zustimmung zur Heilbehandlung« bestellt worden ist, der Betreuer nur anstelle des Betroffenen die Einwilligung erteilen darf, wenn der Betroffene in der aktuellen Situation nicht in der Lage ist, die Konsequenzen seiner Entscheidung zu erkennen und abzuwägen. Kann der Betroffene die Tragweite seiner Entscheidung nach entsprechender Aufklärung über die geplante Behandlungsmaßnahme selbst ermessen, sind auch aus therapeutischer Sicht »unvernünftig« erscheinende Entscheidungen des Patienten zu respektieren.

Genehmigung der Einwilligung durch das Vormundschaftsgericht
Darüber hinaus benötigt der Betreuer bei der Einwilligung in Behandlungsmaßnahmen zusätzlich die Genehmigung des Vormundschaftsgerichts, »wenn die begründete Gefahr besteht, dass der Betreute aufgrund der Maßnahme stirbt oder einen schweren und länger dauernden gesundheitlichen Schaden erleidet. Ohne die Genehmigung darf die Maßnahme nur durchgeführt werden, wenn mit dem Aufschub Gefahr verbunden ist« (§ 1904 BGB). Unter diese Ausnahmeregelung fallen akute Behandlungsindikationen sowie schwere Gefahrensituationen, jedoch nicht die normale psychiatrische Behandlung im Akutbereich. Im Bereich der psychiatrischen Behandlungsmaßnahmen kommt z. B. eine Genehmigungspflicht bei der Elektrokrampftherapie (EKT) und grundsätzlich auch bei der Behandlung mit Psychopharmaka in Betracht. Nach derzeitigem Stand ist insbesondere die Langzeitbehandlung mit Neuroleptika wegen der Gefahr der Spätfolgen genehmigungspflichtig.

Da es sich bei diesen Maßnahmen um eine Behandlung ohne Einwilligung des Betroffenen handelt, ist eine Genehmigung durch das Vormundschaftsgericht nur unter Beachtung des Grundsatzes der Erforderlichkeit und Verhältnismäßigkeit zulässig, wobei das Wohl und die Wünsche des Betreuten (§ 1904 BGB) zu beachten sind. Die Wünsche des Betreuten können beispielsweise in einer Betreuungsverfügung, einem Patiententestament oder einer Behandlungsvereinbarung (hierzu S. 22 ff.) niedergelegt sein.

Ambulante Zwangsbehandlung

Unzulässig ist nach geltender Rechtslage eine ambulante Zwangsbehandlung. Der Bundesgerichtshof (BGH) hat in seiner Entscheidung vom 11.10.2000 (Recht & Psychiatrie 2001, S. 46) klargestellt, dass es für die Genehmigung einer regelmäßigen ambulanten Zwangsmedikation durch das Gericht keine Rechtsgrundlage gibt:

»Die gegen den Willen eines Betreuten in regelmäßigen, hier zweiwöchentlichen Zeitabständen durchzuführende Dauermedikation mit Neuroleptika und die zwangsweise Zuführung des Betreuten zu dieser – jeweils kurzfristigen – Behandlung stellen keine mit Freiheitsentziehung verbundene Unterbringung oder unterbringungsähnliche Maßnahme dar und sind nicht nach BGB § 1906 Abs. 2 i.V. m. Abs. 1 Nr. 2 oder BGB § 1906 Abs. 4 genehmigungsfähig.«

In der Entscheidung wird ausgeführt (Auszüge):

»Die regelmäßige ambulante Verabreichung einer Depotspritze mit einem Neuroleptikum und der damit verbundene kurzfristige Aufenthalt in der psychiatrischen Klinik, dem der Betroffene notfalls unter Anwendung von Zwang zugeführt werden soll, ist nicht genehmigungsfähig (...)

Es geht bereits vom Zweck her nicht um eine Unterbringung, sondern darum, den Betroffenen einer ambulanten medizinischen Behandlung gegen seinen Willen zuzuführen. Auch die Belastung für den Betroffenen ist eine andere als die durch eine einmalige – selbst länger dauernde – Unterbringung verursachte und mit dieser nicht vergleichbar. Der Betroffene lässt sich nur mit Zwang, unter Einschaltung der Polizei oder durch entsprechende Drohung, in das psychiatrische Krankenhaus bringen, auch wenn er die Behandlung dort ohne Gegenwehr über sich ergehen lässt. Diese Art der Vorführung hat nach außen hin diskriminierende Wirkung. Hinzu kommt, dass der Betroffene über Nebenwirkungen der Medikamente klagt und angibt, es sei ihm lieber, für längere Zeit geschlossen untergebracht zu werden, wenn aufgrund der unterbliebenen Medikation ein Krankheitsschub mit Selbstgefährdung auftritt, als die Beeinträchtigungen durch die Medikamente hinzunehmen.

Der Staat kann im Rahmen seiner Fürsorgepflicht auch einem Kranken, der seine Behandlungsbedürftigkeit aufgrund seiner Krankheit nicht einsehen kann, nicht die medizinische Hilfe versagen. Dabei kommt es auf die natürliche Einsichts- und Steuerungsfähigkeit des Betroffenen an. Da der Betroffene hier bezüglich seiner Behandlungsbedürftigkeit nach den bisherigen Feststellungen nicht einwilligungsfähig ist, verhindert seine Weigerung zwar unter weiteren Voraussetzungen nicht die Behandlung, wenn sein Betreuer dieser zustimmt, allerdings ist bei der Beurteilung, ob gegen den Willen des nicht einsichtsfähigen Betroffenen eine Unterbringung angeordnet werden kann, zu berücksichtigen, dass das Recht auf persönliche Freiheit auch dem psychisch Kranken in gewissen Grenzen die »Freiheit zur Krankheit« einräumt. Diese Freiheit lässt auch bei einem einwilligungsunfähigen Betroffenen weder eine Unterbringung noch eine Zwangsbehandlung in jedem Falle als verhältnismäßig erscheinen.

Für den Betroffenen stellt sich die Gewissheit, für die Dauer eines Jahres regelmäßig der Behandlung zugeführt zu werden, als eine andere, subjektiv möglicherweise stärkere Belastung dar als eine zeitnah angeordnete Unterbringung, selbst wenn diese mit der gleichen Behandlung verbunden ist. Die Verwirklichung des Verhältnismäßigkeitsgrundsatzes kann daher nicht zu einer Anwendung des § 1906 BGB auf die regelmäßige Behandlung mit Depotmedikamenten führen (...)

Nachdem § 1906 BGB hiernach die Erteilung der beantragten Genehmigung aus Rechtsgründen nicht zulässt, lässt sich eine Rechtsgrundlage für die von dem Betreuer beabsichtigte Zuführung des Betroffenen zur ambulanten Behandlung und für die dafür beantragte Genehmigung auch nicht aus anderen Vorschriften herleiten (...)

Der Senat verkennt nicht, dass das Fehlen einer Zwangsbefugnis dazu führen kann, dass ein Betroffener einen erneuten Krankheitsschub erleidet und dann möglicherweise für längere Zeit untergebracht werden muss. Es könnte daher im Einzelfall sinnvoll erscheinen und im Interesse des Betroffenen liegen, dass der Betreuer seine Einwilligung in die Behandlung auch gegen den Willen des Betroffenen durchsetzen könnte. Die Problematik der fehlenden Zwangsbefugnisse im Unterbringungsrecht war indessen bereits zum Zeitpunkt des Gesetzgebungsverfahrens zum Betreuungsrechtsgesetz bekannt. Dass der Gesetzgeber gleichwohl auf Regelungen verzichtet hat, muss von den Gerichten respektiert werden.

Wenn das Anliegen des Betreuungsrechts ernst genommen wird, die Rechtsstellung psychisch kranker und körperlich, geistig und seelisch behinderter Menschen durch eine grundlegende Reform des Rechts der Vormundschaft und Pflegschaft zu verbessern, dürfen deren verfassungsrechtlich garantierte Rechte nicht aus Zweckmäßigkeitsgründen – auch nicht im wohlverstandenen Interesse der Betroffenen – missachtet werden.«

Die Entscheidung des BGH nimmt die Grundprinzipien des Betreuungsrechts ernst und zeigt die Grenzen einer Gewaltausübung gegenüber psychisch kranken Menschen auf. Es ist zu hoffen, dass die Diskussion um die ambulante Zwangsbehandlung nunmehr beendet ist, nachdem der Gesetzgeber im Rahmen des 2. Betreuungsrechtsänderungsgesetzes von der ursprünglich geplanten Einführung einer Rechtsgrundlage für die ambulante Zwangsbehandlung im Betreuungsrecht abgesehen hat.

Weitere Genehmigungspflichten des Gerichts
Auch bei anderen weitreichenden Eingriffen in die Persönlichkeitsrechte des Betreuten kann der Betreuer nicht in eigener Verantwortung entscheiden, sondern muss die Genehmigung des Vormundschaftsgerichtsgerichts einholen, und zwar insbesondere für:
- eine Sterilisation des Betreuten (§ 1905 BGB);
- eine mit Freiheitsentziehung verbundene Unterbringung und freiheitsentziehende Maßnahmen durch den Betreuer (§ 1906 BGB; hierzu im Einzelnen S. 161 ff.);
- die Kündigung der Wohnung des Betreuten (§ 1907 BGB).

Im Fall der §§ 1904 und 1906 BGB gilt die Genehmigungspflicht auch für den Bevollmächtigten (s. S. 141).

Überprüfung der Betreuung

Bei der Bestellung eines Betreuers hat das Gericht auch den Zeitraum zu bestimmen, nach dessen Ablauf geprüft wird, ob die Voraussetzungen für die Bestellung eines Betreuers noch vorliegen. Dieser Zeitpunkt ist spätestens sieben Jahre nach der Entscheidung über die Betreuerbestellung erreicht (§ 69 Abs. 1 Nr. 5 FGG). Auch vor Ablauf der festgelegten Fristen sind die Voraussetzungen der Betreuerbestellung zu überprüfen, wenn Veränderungen eintreten. Die Initiative hierfür kann von dem Betreuer ausgehen, der verpflichtet ist, alle Umstände mitzuteilen, die eine Aufhebung oder Einschränkung der Betreuung ermöglichen (s. oben), aber auch von dem Betroffenen selbst oder einem Dritten.

Soll nach Ablauf der vom Gericht gesetzten Überprüfungsfrist die Betreuung fortgeführt werden oder wird ein Antrag auf Erweiterung des Aufgabenkreises oder die Anordnung eines Einwilligungsvorbehalts gestellt, so gelten in der Regel die bereits beschriebenen Vorschriften für das Verfahren zur Bestellung eines Betreuers.

Demgegenüber gelten für die Aufhebung und Einschränkung von Betreuungsmaßnahmen (§ 69 i Abs. 3 FGG) Verfahrenserleichterungen: Das Gericht kann hier grundsätzlich von der erneuten Begutachtung des Betroffenen bzw. der Einreichung eines ärztlichen Zeugnisses sowie der Anhörung des Betroffenen absehen.

Rechtsmittel

Das Rechtsmittel gegen die Entscheidung des Richters heißt »Beschwerde«, das gegen die Entscheidung des Rechtspflegers »Erinnerung«. Gegen Entscheidungen des Vormundschaftsgerichts können grundsätzlich der Betroffene, der Betreuer und der Verfahrenspfleger Rechtsmittel einlegen.

Betrifft die Entscheidung die Anordnung, Erweiterung, Einschränkung oder Aufhebung einer Betreuung oder eines Einwilligungsvorbehalts, können auch die Angehörigen sowie die zuständige Behörde Beschwerde einlegen (§ 69 g FGG).

In diesem Zusammenhang ist der Hinweis wichtig, dass eine Beschwerde keine aufschiebende Wirkung hat. Die Entscheidungen des Gerichts werden mit der Bekanntgabe an den Betreuer wirksam (§ 69 a Abs. 3 FGG).

Kosten der Betreuung
Aufwendungsersatz und Vergütung

Für die im Zusammenhang mit einer Betreuung anfallenden Auslagen (Fahrtkosten, Porto, Telefon, Kopien etc.) kann ein ehrenamtlicher rechtlicher Betreuer Aufwendungsersatz verlangen (§ 1835 BGB). Ehrenamtliche Betreuer – und hierzu gehören auch Familienangehörige –, denen kein Anspruch auf Vergütung zusteht, können anstelle des einzeln nachzuweisenden Aufwendungsersatzes auch eine pauschale Aufwandsentschädigung (§ 1835 a BGB) in Höhe von 323 EUR jährlich erhalten.

Ein berufsmäßig tätiger Betreuer hat einen Anspruch auf Vergütung (§ 1836 BGB). Die Höhe der Vergütung richtet sich entsprechend den Regelungen des am 1.7.2005 in Kraft getretenen Vormünder- und Betreuervergütungsgesetzes (VBVG) nach der Qualifikation des Betreuers. Sie beträgt für jede anzusetzende Stunde mindestens 27 EUR. Verfügt der Betreuer über besondere Kenntnisse, die für die Führung der Betreuung nutzbar sind, erhöht sich dieser Betrag auf 33,50 EUR, wenn die Kenntnisse durch eine Lehre oder eine vergleichbare Ausbildung erworben sind, oder auf 44 EUR, wenn die Kenntnisse durch eine abgeschlossene Ausbildung an einer Hochschule oder eine vergleichbare abgeschlossene Ausbildung erworben sind.

Mit diesen Stundensätzen werden bei Berufsbetreuern auch die entstandenen Aufwendungen sowie die anfallende Umsatzsteuer abgegolten. Die anzusetzenden Stunden wurden durch das insoweit sehr umstrittene 2. Betreuungsrechtsänderungsgesetz pauschaliert, d.h. der Betreuer kann nicht mehr den im Einzelfall erforderlichen Zeitaufwand in Rechnung stellen, sondern nur ein auf den Monat bezogenes pauschales Zeitkontingent (§ 5 VBVG). Dieses reicht von zwei bis achteinhalb Stunden und richtet sich nach der Dauer der Betreuung, dem Aufenthalt des Betreuten (im Heim oder nicht im Heim) sowie nach dessen Einkommen und Vermögen (mittellos oder nicht mittellos).

Bei diesen Pauschalen ist zu befürchten, dass gerade bei psychisch kranken Menschen mit häufigen Krisen oder komplexen Problemen die Betreuung nicht mehr im bisherigen Umfang und unter Beachtung des Grundsatzes der persönlichen Betreuung durchgeführt werden kann.

Der Anspruch eines Betreuers auf Aufwandsentschädigung oder Aufwendungsersatz bzw. auf Vergütung richtet sich in erster Linie gegen den Betreuten selbst. Ist der Betreute mittellos, kann der Betreuer Aufwandsentschädigung oder Aufwendungsersatz bzw. Vergütung aus der Staatskasse verlangen. Der Betroffene gilt als mittellos, wenn er den Aufwendungsersatz oder die Vergütung des Betreuers aus seinem einzusetzenden Einkommen oder Vermögen nicht, nur teilweise oder in Raten oder nur im Wege gerichtlicher Geltendmachung von Unterhaltsansprüchen aufbringen kann (§ 1836 d BGB).

Ist der Betroffene mittellos, tritt die Staatskasse gewissermaßen in Vorleistung und behält sich vor, den Betroffenen im Rahmen seiner finanziellen Leistungsfähigkeit über einen Zeitraum von zehn Jahren zu den Aufwendungen heranzuziehen. Erlangt der Betreute innerhalb eines Zeitraums von zehn Jahren ein Einkommen oder Vermögen, das die unten genannten Beträge übersteigt, kann die Staatskasse die Rückzahlung der Aufwendungen für die Vergütung des Berufsbetreuers verlangen. Dies kann zum Beispiel der Fall sein, wenn nach einer längeren Phase (wiederholter) psychischer Erkrankung und Arbeitslosigkeit wieder eine Erwerbstätigkeit aufgenommen oder durch Erbschaft ein Vermögen erlangt wird. Allerdings ist der Betreute nicht verpflichtet, von sich aus eine Änderung der Einkommens- und Vermögensverhältnisse mitzuteilen.

Das Gericht hat bei der Einforderung einen Ermessensspielraum: Es kann von einer Festsetzung der vom Betroffenen zu leistenden Zahlungen absehen, wenn der Aufwand zur Ermittlung der persönlichen und wirtschaftlichen Verhältnisse des Betroffenen nicht im Verhältnis zur Höhe der voraussichtlich zu leistenden Zahlungen steht (§ 56 g Abs. 2 FGG).

Das einzusetzende Einkommen oder Vermögen richtet sich (gemäß § 1836 c BGB) nach den Regelungen des SGB XII – Sozialhilfe (Einkommen nach §§ 82 ff. SGB XII, Vermögen nach § 90 SGB XII). Die Ermittlung von Einkommens- und Vermögensverhältnissen erfordert dabei jeweils eine detaillierte Betrachtung des Einzelfalls. Sofern der Betreute Hilfe zum Lebensunterhalt oder Grundsicherung nach dem SGB XII oder Leistungen zur Sicherung des Lebensunterhalts nach dem SGB II erhält oder in einem Heim lebt, bei dem die Kosten ganz oder teilweise von der Sozialhilfe getragen werden, ist regelmäßig von Mittellosigkeit auszugehen. Bei der Gewährung dieser Leistungen wird nämlich die Bedürftigkeit bereits vom jeweiligen Sozialleistungsträger geprüft und eine detaillierte Ermittlung des Einkommens und Vermögens ist nicht mehr erforderlich.

Verfügt der Betreute über Einkommen aus Erwerbstätigkeit oder einer Rente, dann sei hier noch eine grobe Orientierungshilfe für Alleinstehende genannt: Liegt das Einkommen unterhalb der Summe, die sich aus dem Grundbetrag gemäß § 85 Abs. 1 SGB XII von derzeit 690 EUR (in den neuen Bundesländern 662 EUR) und den Kosten für die Unterkunft (Kaltmiete zuzüglich Nebenkosten, aber ohne Heizung) ergibt, ist von Mittellosigkeit auszugehen.

Liegt das Einkommen über dieser Grenze, ist nach Maßgabe des § 87 SGB XII der Einsatz des Einkommens über der Einkommensgrenze »in angemessenem Umfang zuzumuten«. Hierbei können noch besondere Belastungen berücksichtigt werden.

Vom Vormundschaftsgericht muss also eine Einzelfallentscheidung getroffen werden, ob das über der Einkommensgrenze liegende Einkommen anteilig oder in voller Höhe einzusetzen ist.

Bezüglich des einzusetzenden Vermögens wird auf § 90 SGB XII verwiesen, nach dem vom Einsatz oder der Verwertung unter anderem geschützt sind:

- ein angemessenes Hausgrundstück, das vom Hilfesuchenden allein oder zusammen mit Angehörigen ganz oder teilweise bewohnt wird;
- sonstiges Vermögen, solange es nachweislich zur baldigen Beschaffung oder Erhaltung eines Hausgrundstücks bestimmt ist, soweit dieses Wohnzwecken Behinderter, Blinder oder Pflegebedürftiger dient oder dienen soll und dieser Zweck durch den Einsatz oder die Verwertung des Vermögens gefährdet würde;
- kleinere Barbeträge oder sonstige Geldwerte, bei denen auch eine besondere Notlage des Hilfesuchenden zu berücksichtigen ist.

INFO Zum Betreuungsrecht haben sowohl das Bundesministerium für Justiz sowie zahlreiche Länder (dort zumeist die Justiz-, teilweise auch die Sozialministerien, siehe Adressen) Informationsbroschüren herausgegeben, die über Grundzüge des Betreuungsrechts informieren und Muster für Betreuungsverfügungen, teilweise auch Auszüge des Gesetzestextes sowie Adressen von Betreuungsbehörden und -vereinen enthalten. Da es an dieser Stelle nicht möglich ist, im Einzelnen die Stellen anzuführen, bei denen Information und Auskunft zum Betreuungsrecht und zu Betreuungsverfügungen erhältlich sind, hier nur ein allgemeiner Hinweis, wo man sich erkundigen kann:

- beim Vormundschaftsgericht (beim Amtsgericht; im Telefonbuch teilweise unter Justiz zu finden);
- bei der Betreuungsbehörde (bei der Stadt- oder Kreisverwaltung);
- bei Betreuungsvereinen (bei der Betreuungsbehörde oder den Wohlfahrtsverbänden zu erfragen).

Zum Betreuungsrecht gibt es inzwischen eine Vielzahl von Veröffentlichungen, darunter auch preiswerte Taschenbuchausgaben. Aus dieser Vielfalt sind besonders hervorzuheben:

Brill, K.-E. (Hg.): Zehn Jahre Betreuungsrecht. Qualifizierung der Umsetzung oder erneute Rechtsreform. Vormundschaftsgerichtstag. Recklinghausen 2002.

Brill, K.-E. (Hg.): »Zum Wohl des Betreuten« – Zehn Jahre nach einer Jahrhundertreform: Schutzgarantien und Qualität im Betreuungswesen. Vormundschaftsgerichtstag. Recklinghausen 2003.

Brill, K.-E. (Hg.): Betreuungsrecht in Bedrängnis – Diskussionsbeiträge zum Entwurf eines 2. BtÄndG. Vormundschaftsgerichtstag. Recklinghausen 2004.

Jürgens, A.; Kröger, D.; Marschner, R.; Winterstein, P.: Betreuungsrecht kompakt. München 2002.

Raack, W.; Thar, J.: Leitfaden Betreuungsrecht. Ein Ratgeber für Betroffene, Angehörige, Betreuer, Ärzte und Pflegekräfte. 4. Aufl., Köln 2005.

Praxisorientierte, klar und übersichtlich gegliederte, allgemein verständlich formulierte Einführung in das Betreuungsrecht.

Winzen, R.: Zwang. Was tun bei Betreuung und Unterbringung? Wie Vorsorge treffen? Ratgeber. München 1999. Informiert über Grundzüge des Betreuungs- und Unterbringungsrechts aus psychiatriekritischer Perspektive und enthält zahlreiche Musterbriefe für Anträge,

Beschwerden, Vollmachten und Verfügungen. Die nach 1999 erfolgten Änderungen werden in einer achtseitigen Beilage dargestellt.

Zimmermann, W.: Ratgeber Betreuungsrecht. München. Eine systematische Einführung in das Betreuungsrecht. München 2004.

Zimmermann, W.: Betreuungsrecht von A – Z. München 2001. Informationen zum Betreuungsrecht – gegliedert in rund 450 Stichworte zum schnellen Nachschlagen.

Neben den als Einführung und Leitfäden konzipierten Veröffentlichungen gibt es inzwischen mehrere Kommentare (teilweise als fortlaufend aktualisierte Loseblattsammlung) zum Betreuungsrecht. Erwähnt seien hier insbesondere:

Jürgens, A.: Betreuungsrecht. Kommentar zum materiellen Betreuungsrecht, zum Verfahrensrecht und zum Vormünder- und Betreuervergütungsgesetz. Bearbeitet von A. Jürgens, R. Marschner, B. Klüsener, U. Mertens, P. Winterstein. 3. Aufl., München 2005.

Klie, T. (Hg): Heidelberger Kommentar zum Betreuungs- und Unterbringungsrecht (Loseblattsammlung). Heidelberg.

Auf der Website

http://www.wegweiser-betreuung.de/vorsorge/index.html

gibt es zudem viele Informationen besonders für ehrenamtliche Betreuer.

Unterbringung

Überblick

Zur Unterbringung psychisch Kranker in einem psychiatrischen Krankenhaus kommen unterschiedliche Rechtsgrundlagen in Betracht. Dabei ist zu unterscheiden zwischen der:

- zivilrechtlichen Unterbringung im Rahmen einer gerichtlich angeordneten Betreuung auf der Grundlage der Regelungen des Bürgerlichen Gesetzbuchs;
- öffentlich-rechtlichen Unterbringung auf der Grundlage der landesrechtlichen Regelungen zur Unterbringung psychisch Kranker;
- strafrechtlichen Unterbringung auf der Grundlage der Bestimmungen des Strafgesetzbuchs (StGB).

In jedem Fall ist die Unterbringung mit einer Freiheitsentziehung verbunden.

Die strafrechtliche Unterbringung kann in einem psychiatrischen Krankenhaus erfolgen, wenn jemand im Zustand der Schuldunfähigkeit (§ 20 StGB) oder der verminderten Schuldfähigkeit (§ 21 StGB) eine Straftat begangen hat und zu erwarten ist, dass er auch in Zukunft aufgrund seiner psychischen Krankheit erhebliche Straftaten begehen wird und deswegen für die Allgemeinheit gefährlich ist (§ 63 StGB). Erforderlich ist also eine in die Zukunft gerichtete Prognoseentscheidung. Die Unterbringung erfolgt ohne zeitliche Befristung und wird einmal jährlich überprüft. Suchtkranke Straftäter können in einer Entziehungsanstalt untergebracht werden, wenn aufgrund der Abhängigkeit die Gefahr weiterer erheblicher Straftaten besteht (§ 64 StGB), wobei die Unterbringung in der Regel auf zwei Jahre begrenzt ist.

Eine strafrechtliche Unterbringung kann unter besonderen Voraussetzungen (z. B. verbunden mit der Weisung, sich einer bestimmten Behandlung zu unterziehen) zur Bewährung ausgesetzt werden.

Ferner kann auf der Grundlage der Strafprozessordnung (StPO) eine einstweilige Unterbringung in einem psychiatrischen Krankenhaus angeordnet werden, wenn bei einer Straftat dringende Gründe für die Annahme vorliegen, dass eine Unterbringung in einem psychiatrischen Krankenhaus oder einer Entziehungsanstalt angeordnet werden wird (§ 126 a StPO). Außerdem kann eine Unterbringung bis zu sechs Wochen in einem psychiatrischen Krankenhaus dann erfolgen, wenn bei einem Beschuldigten ein Gutachten über seinen psychischen Zustand erstellt werden soll (§ 81 StPO).

Weitere Regelungen zum Vollzug der strafrechtlichen Unterbringung enthalten die Maßregelvollzugsgesetze bzw. Unterbringungsgesetze der Länder.

Im Folgenden wird die Darstellung auf die zivilrechtliche und die öffentlich-rechtliche Unterbringung beschränkt. Dabei wird zunächst auf die jeweiligen rechtlichen Voraussetzungen und anschließend auf das Unterbringungsverfahren eingegangen.

Zivilrechtliche Unterbringung durch den Betreuer
Voraussetzungen

Voraussetzung für eine zivilrechtliche Unterbringung ist zunächst, dass ein Betreuer bestellt worden ist (zu den Voraussetzungen der Bestellung eines Betreuers s. S. 139), wobei diesem ausdrücklich die Aufgabenkreise Aufenthaltsbestimmung oder Unterbringung zugewiesen sein müssen. Weiterhin setzt eine mit Freiheitsentziehung verbundene Unterbringung voraus, dass der Betreuer die hierzu notwendige Genehmigung des Vormundschaftsgerichts eingeholt hat. Das Gericht hat dabei zu prüfen, ob die Voraussetzungen für eine Unterbringung entsprechend den Bestimmungen des Betreuungsrechts vorliegen.

Nach der gesetzlichen Regelung des § 1906 Abs. 1 BGB ist eine mit Freiheitsentziehung verbundene Unterbringung nur zulässig, »solange sie zum Wohl des Betreuten erforderlich ist,

- weil auf Grund einer psychischen Krankheit oder geistigen oder seelischen Behinderung des Betreuten die Gefahr besteht, dass er sich selbst tötet oder erheblichen gesundheitlichen Schaden zufügt, oder
- eine Untersuchung des Gesundheitszustandes, eine Heilbehandlung oder ein ärztlicher Eingriff notwendig ist, die ohne die Unterbringung

des Betreuten nicht durchgeführt werden kann und der Betreute auf Grund einer psychischen Krankheit oder geistigen oder seelischen Behinderung die Notwendigkeit der Unterbringung nicht erkennen oder nicht nach dieser Einsicht handeln kann«.

Für die Gefahr der Selbsttötung und eines erheblichen gesundheitlichen Schadens müssen konkrete Anhaltspunkte vorliegen. Allein die Möglichkeit, dass ein erheblicher gesundheitlicher Schaden eintreten könnte, ist kein hinreichender Grund für eine Unterbringung. Die Gefahr eines erheblichen gesundheitlichen Schadens wäre beispielsweise gegeben, wenn ein Betroffener infolge seiner psychischen Erkrankung oder geistigen oder seelischen Behinderung die Einnahme lebenswichtiger Medikamente verweigert (z. B. zur Behandlung einer Diabetes oder einer Herzerkrankung) oder planlos durch die Straßen irrt und Gefahr läuft, überfahren zu werden.

Dagegen liegt noch kein ausreichender Grund für eine Unterbringung vor, wenn die Gefahr eines Rückfalls oder des Ausbruchs einer Psychose besteht oder sich der Betreute weigert, ärztlich verordnete Medikamente zur Behandlung der psychischen Erkrankung einzunehmen oder sich in Behandlung zu begeben.

Auch die Unterbringung mit dem Ziel der Untersuchung des Gesundheitszustandes, der Heilbehandlung oder eines ärztlichen Eingriffs (§ 1906 Abs. 1 Nr. 2 BGB) darf nur erfolgen, wenn anders die Gefahr einer ernsthaften gesundheitlichen Schädigung nicht abzuwenden ist. Dies gilt vor allem für Krankheiten, die nicht Anlass für die Bestellung eines Betreuers gewesen sind, beispielsweise bei Verdacht auf oder Vorliegen von Erkrankungen innerer Organe.

Die Unterbringung zur Behandlung einer psychischen Erkrankung ist nur zulässig, wenn die geplante Behandlung geeignet ist, den gewünschten Behandlungserfolg zu erreichen. Auch müssen die für den Betroffenen ohne Unterbringung und Behandlung eintretenden Nachteile so schwerwiegend sein, dass sie die Freiheitsentziehung überwiegen. Zur Abwägung der Vor- und Nachteile sind daher zum einen Art, Inhalt und Dauer der Behandlungsmaßnahme darzustellen sowie zum anderen der Verlauf der Krankheit mit Unterbringung und Behandlung dem Verlauf der Erkrankung ohne Unterbringung gegenüberzustellen. Dabei sind auch die negativen psychischen Auswirkungen der Unterbringung und Behandlung auf den Betroffenen in die Abwägung einzubeziehen.

Besteht die geplante Behandlungsmaßnahme in einer Psychopharmakabehandlung, muss der mögliche therapeutische Nutzen gegenüber den Gesundheitsschäden abgewogen werden, die ohne diese Behandlung eintreten würden.

Weitere zu berücksichtigende Kriterien sind:

Die notwendige Untersuchung und Behandlung muss eine Unterbringung erfordern. Dies bedeutet, dass bestehende Möglichkeiten zur (ambulanten) Untersuchung oder Behandlung ausgeschöpft sein müssen.

Die Unterbringung zur Untersuchung und Behandlung darf nur dann und nur so lange erfolgen, wie dem Betroffenen krankheitsbedingt die Einsichts- und Steuerungsfähigkeit fehlt.

Behandlung während der Unterbringung durch den Betreuer

Grundsätzlich gelten für die Behandlung während einer Unterbringung nach § 1906 BGB die oben beschriebenen Grundsätze für die Einwilligung des Betreuers in ärztliche Maßnahmen (hierzu S. 150). Allerdings ist es fraglich, ob nach der Grundsatzentscheidung des Bundesgerichtshofs (BGH) zur ambulanten Zwangsbehandlung (s. S. 151 ff.) eine Behandlung gegen den körperlichen Widerstand des Betroffenen, also mit Gewalt, zulässig ist, auch wenn sich der Betreuer dafür ausspricht. Denn die Ausführungen des BGH, das Betreuungsrecht sehe keine Rechtsgrundlage für die Anwendung körperlicher Gewalt zur Durchführung einer ärztlichen Behandlung vor, lassen sich ohne weiteres auf die Behandlung während der Unterbringung durch den Betreuer übertragen. In der Praxis und von den Gerichten wird dies teilweise anders beurteilt, so dass auch insoweit erst eine grundsätzliche Entscheidung des BGH Klarheit schaffen wird. Eine Möglichkeit der Zwangsbehandlung besteht aber nach den Vorschriften des öffentlich-rechtlichen Unterbringungsrechts unter den dort genannten Voraussetzungen.

Öffentlich-rechtliche Unterbringungsgesetze der Länder

Als öffentlich-rechtliche Unterbringung wird die Anordnung einer freiheitsentziehenden Unterbringung nach den landesrechtlichen Regelungen bezeichnet. Während in den meisten Bundesländern die Unterbringungsvoraussetzungen und das Unterbringungsverfahren in den Landesgesetzen über »Hilfen und Schutzmaßnahmen für psychisch Kranke« (PsychKG) geregelt sind, gelten in vier Ländern (Baden-Württemberg, Bayern, Hessen, Saarland) noch Gesetze, die ausschließlich die Unterbringung regeln. In den so genannten PsychKGs sind insbesondere die einer Unterbringung vorrangigen Hilfen und Maßnahmen geregelt. Bei den landesrechtlichen Regelungen zur öffentlich-rechtlichen Unterbringung psychisch Kranker bestehen Unterschiede zwischen den einzelnen Gesetzen hinsichtlich der:

- Formulierung von Unterbringungsvoraussetzungen;
- Formulierung der Unterbringungsziele;
- Ausgestaltung des Verfahrens bei der sofortigen Unterbringung;
- Ausgestaltung der Hilfen und Maßnahmen.

Hilfen nach dem PsychKG

In den PsychKGs wird psychisch Kranken ein Recht auf Behandlung während der Unterbringung sowie auf vorsorgende und nachgehende Hilfen eingeräumt, die unter anderem darauf zielen sollen, eine (weitere) Unterbringung zu vermeiden. Die Durchführung der vorsorgenden und nachgehenden Hilfen ist eine Kernaufgabe der Sozialpsychiatrischen Dienste. Diese sind in den meisten Bundesländern organisatorisch den Gesundheitsämtern angegliedert, teilweise aber auch freien Trägern übertragen; in Baden-Württemberg und Bayern befinden sich Sozialpsychiatrische Dienste nahezu ausschließlich in freier Trägerschaft.

Untersuchung durch das Gesundheitsamt

Einige landesrechtliche Regelungen sehen vor, dass das Gesundheitsamt Personen verpflichten kann, sich ärztlich untersuchen zu lassen, wenn gewichtige Anhaltspunkte dafür vorliegen, dass eine psychische Erkrankung oder Störung vorliegt, in deren Folge eine Unterbringung in Betracht kommt. Das Gesundheitsamt hat dabei zunächst die betroffene Person aufzufordern, sich in die Behandlung eines Arztes zu begeben und diesen Arzt zu ermächtigen, das Gesundheitsamt von der Behandlungsaufnahme zu unterrichten. Wird diese Aufforderung nicht befolgt, kann das Gesundheitsamt einen Hausbesuch durchführen oder die betroffene Person durch die zuständige Behörde zur Untersuchung im Gesundheitsamt vorführen lassen.

Voraussetzungen der öffentlich-rechtlichen Unterbringung

Gemeinsam ist allen Unterbringungsgesetzen, dass eine Zwangsunterbringung im Kern nur zur Abwendung einer Selbst- oder Fremdgefährdung zulässig ist.

Die Gründe, die zu einer Unterbringung führen können, sind allerdings in den einzelnen Gesetzen unterschiedlich präzise gefasst: Während beispielsweise das hessische »Gesetz über die Entziehung der Freiheit geisteskranker, geistesschwacher, rauschgift- oder alkoholsüchtiger Personen« eine »erhebliche Gefahr für Mitmenschen« oder eine nicht näher beschriebene erhebliche »Gefahr für sich selbst« zur Bedingung macht, können laut PsychKG des Landes Berlin nur Lebensgefahr und ernsthafte Gesundheitsschäden sowie eine erhebliche Gefahr für besonders bedeutende Rechtsgüter anderer eine Unterbringung begründen.

Eine weitere Gemeinsamkeit aller Landesgesetze besteht darin, dass eine Unterbringung nur zulässig ist, wenn die Selbst- oder Fremdgefährdung nicht anders abgewendet werden kann. Hieraus ergibt sich, dass vor einer Zwangsunterbringung alle möglichen Alternativen, insbesondere die in den PsychKGs, aber auch im Sozialgesetzbuch geregelten Hilfen auszuschöpfen sind.

Überall gilt auch, dass die unzureichende Inanspruchnahme psychiatrischer Hilfen oder die Weigerung, sich in ärztliche Behandlung zu begeben oder ärztlich verordnete Medikamente regelmäßig einzunehmen, allein noch keine hinreichende Grundlage für eine Unterbringung gegen den Willen des Betroffenen sind.

Behandlung während einer Unterbringung nach landesrechtlichen Regelungen

Bei den landesrechtlichen Bestimmungen zur Unterbringung gibt es sowohl ein Recht der Betroffenen auf Behandlung als auch Regelungen zur Zwangsbehandlung. Voraussetzung für eine Zwangsbehandlung ist, dass der Betroffene einwilligungsunfähig und die Zwangsbehandlung medizinisch notwendig und unaufschiebbar ist, sich auf die Erkrankung bezieht, die zur Einweisung geführt hat, und in Übereinstimmung mit den von der medizinischen Wissenschaft akzeptierten Standards ausgeführt wird. So enthält beispielsweise das Bayerische Unterbringungsgesetz eine Regelung, wonach der Untergebrachte »unaufschiebbare Behandlungsmaßnahmen, die nach den Regeln der ärztlichen Kunst geboten sind, zu dulden hat, soweit sie sich auf die psychische Erkrankung oder Störung des Untergebrachten beziehen oder zur Aufrechterhaltung der Sicherheit und Ordnung in der Einrichtung notwendig sind. In diesem Rahmen kann unmittelbarer Zwang angewendet werden.« Dabei dürfen allerdings »ärztliche Eingriffe und Behandlungsverfahren (...), die mit einer erheblichen Gefahr für Leben oder Gesundheit verbunden sind oder die Persönlichkeit in ihrem Kernbereich verändern können, (...) nur mit rechtswirksamer Einwilligung des Untergebrachten oder – falls er die Bedeutung und Tragweite des Eingriffs und der Einwilligung nicht beurteilen kann – desjenigen, dem die Sorge für die Person obliegt, vorgenommen werden«.

Unterbringungsverfahren

Seit Inkrafttreten des Betreuungsrechts gilt für die Unterbringung im Rahmen des Betreuungsrechts wie auch der Landesgesetze zur Unterbringung psychisch Kranker ein einheitliches Verfahrensrecht, das im Gesetz über die Angelegenheiten der freiwilligen Gerichtsbarkeit (§§ 70 – 70 n FGG) geregelt ist. Es sieht als Regelfall eine richterliche Entscheidung vor der Unterbringung vor.

Neben dem gerichtlichen Verfahren ist in der Praxis das in den Landesgesetzen zur Unterbringung psychisch Kranker geregelte Verfahren zur sofortigen Unterbringung von großer Bedeutung. Dieses erfolgt in der Regel im Rahmen eines behördlichen Verfahrens und ermöglicht in akuten Krisen eine Zwangsunterbringung bis zu 24 Stunden ohne richterlichen Beschluss (hierzu S. 169 f.). Soweit empirische Angaben zur Zwangsunterbringung in psychiatrischen Krankenhäusern vorliegen, lassen sie erkennen, dass in den meisten Fällen eine sofortige Unterbringung dem gerichtlichen Verfahren vorausgeht.

Das Regelverfahren

Das reguläre Unterbringungsverfahren durch das Vormundschaftsgericht ist mit umfangreichen Verfahrensgarantien ausgestattet. Von großer Bedeutung ist die Bestellung eines Verfahrenspflegers zur Wahrnehmung der Interessen des Betroffenen (hierzu S. 178 f.).

Nachdem ein Antrag auf Unterbringung beim Gericht gestellt worden ist, hat das Gericht vor der Unterbringung:

- dem Betroffenen einen Verfahrenspfleger zu bestellen, wenn er seine Interessen nicht selbst vertreten kann und keinen Bevollmächtigten (z. B. einen Rechtsanwalt) mit der Interessenwahrnehmung beauftragt hat (§ 70 b FGG). Falls dem Betroffenen ausnahmsweise kein Pfleger für das Verfahren bestellt wurde, ist dies in der Unterbringungsentscheidung zu begründen (§ 70 b Abs. 2 FGG);
- den Betroffenen persönlich anzuhören und sich einen unmittelbaren Eindruck von ihm (und, soweit erforderlich, in dessen üblicher Umgebung) zu verschaffen (§ 70 c FGG);
- den mit dem Betroffenen zusammenlebenden Familienangehörigen (Ehegatten, Eltern, Kinder) und ggf. einer vom Betroffenen benannten Vertrauensperson Gelegenheit zur Anhörung zu geben (§ 70 d FGG);
- ein Sachverständigengutachten einzuholen (in der Regel von einem Arzt für Psychiatrie), wobei der Arzt den Betroffenen persönlich untersuchen oder befragen muss (§ 70 e FGG).

Wenn es zu einem Unterbringungsbeschluss kommt, muss dieser die nähere Bezeichnung der Unterbringungsmaßnahme und die vorgesehene Dauer (höchstens ein Jahr, bei offensichtlich langer Unterbringungsdauer höchstens zwei Jahre bis zur Überprüfung) sowie eine Rechtsmittelbelehrung enthalten (§ 70 f FGG). Auch wenn das Gericht den Antrag auf Unterbringung ablehnt, ist die Entscheidung zu begründen (§ 70 f FGG).

Vorläufige Unterbringung durch einstweilige Anordnung

In dringenden Fällen kann eine Unterbringungsmaßnahme auf Antrag der zuständigen Behörde oder des Betreuers vom Gericht auch im Rahmen einer einstweiligen Anordnung getroffen bzw. genehmigt werden (§ 70 h FGG). Hierbei gilt grundsätzlich die gleiche Verfahrensweise wie beim regulären Unterbringungsverfahren – mit einem Unterschied: Anstelle des Sachverständigengutachtens genügt ein ärztliches Zeugnis (§ 70 e FGG). In seltenen Ausnahmefällen kann das Gericht auf die vorherige Anhörung des Betroffenen, die Einsetzung eines Verfahrenspflegers sowie die Anhörung von Angehörigen oder einer Vertrauensperson des Betroffenen verzichten. Diese Verfahrenshandlungen sind dann unverzüglich, spätestens am folgenden Tag, nachzuholen. Die Unterbringung auf der Grundlage einer einstweiligen Anordnung darf sechs Wochen nicht überschreiten. Nach Anhörung eines Sachverständigen kann durch eine weitere einstweilige Anordnung die Unterbringung bis zu einer Gesamtdauer von drei Monaten verlängert werden.

Die sofortige Unterbringung durch den Betreuer

In Situationen, die ein schnelles Handeln erfordern und in denen das Gericht nicht erreichbar ist, kann der Betreuer selbst die Unterbringung veranlassen, aber nicht mit Gewalt gegen den Betroffenen durchsetzen. Voraussetzung ist, dass mit dem Aufschub der Unterbringung Gefahren für das Leben oder die Gesundheit des Betroffenen verbunden sind. Der Betreuer hat dann unverzüglich einen Antrag auf einstweilige Unterbringung beim Gericht zu stellen. Das Gericht muss das Vorliegen der Unterbringungsvoraussetzungen schnellstmöglich unter Beachtung der oben genannten Verfahrensschritte überprüfen. Die Veranlassung einer Unterbringung durch den Betreuer ohne vorherige gerichtliche Genehmigung nimmt dem Betroffenen zunächst (wie bei der sofortigen behördlichen oder polizeilichen Unterbringung) alle oben beschriebenen im regulären Verfahren garantierten Rechte.

Die sofortige Unterbringung nach den Ländergesetzen

Die landesrechtlichen Regelungen zur Unterbringung psychisch Kranker (PsychKG, Unterbringungsgesetze) enthalten in allen Bundesländern Bestimmungen zur sofortigen Unterbringung bei akuter Selbst- oder Fremdgefährdung. Diese Unterbringung erfolgt in der Regel im Rahmen eines behördlichen Verfahrens. Danach kann die nach Landesrecht zuständige Behörde (zumeist das Ordnungsamt, in einigen Bundesländern auch die Polizei) eine sofortige Unterbringung in einem psychiatrischen Krankenhaus ohne vorherige gerichtliche Genehmigung vornehmen. Zu den Voraussetzungen für die sofortige Unterbringung gehört ein ärztliches Zeugnis, wobei sich hier in den einzelnen Landesgesetzen unterschiedliche Anforderungen hinsichtlich des Zeitpunkts der Erstellung des Attests ergeben.

Weiterhin ist allen Ländergesetzen gemeinsam, dass im Falle einer sofortigen Unterbringung unverzüglich beim Amtsgericht ein Antrag auf Unterbringung zu stellen ist.

Bei der sofortigen Unterbringung auf der Grundlage der landesrechtlichen Regelungen ergibt sich – wie auch bei der sofortigen Unterbringung durch den Betreuer – eine Situation, bei der die verfahrensrechtlichen Schutzgarantien zunächst nicht zur Anwendung kommen: So kann ein Betroffener – in der Regel bis zu 24 Stunden, in einigen Bundesländern aber auch länger – ohne gerichtliches Verfahren und damit ohne die Möglichkeit, sich rechtlich Gehör zu verschaffen, in einem psychiatrischen Krankenhaus untergebracht werden. Nach Ablauf der in den Landesgesetzen geregelten Frist ist der Betroffene zu entlassen, wenn nicht inzwischen vom Gericht eine Unterbringung angeordnet worden ist.

Aus den vorliegenden Daten zur Unterbringungspraxis nach den landesrechtlichen Bestimmungen ergibt sich, dass das als Regelfall vorgesehene Verfahren so gut wie nie eingehalten wird. In der überwiegenden Zahl der Unterbringungsverfahren erfolgt zunächst eine sofortige Unterbringung ohne richterliche Entscheidung, bevor – zumeist im Rahmen der einstweiligen Anordnung – über die Unterbringung durch das Gericht entschieden wird.

Diese Situation hat auch weitreichende Folgen für das gerichtliche Verfahren: Das Regelverfahren sieht vor, dass sich das Gericht vor einer Unterbringungsmaßnahme unter anderem einen persönlichen Eindruck von dem Betroffenen – nach Möglichkeit in dessen gewohnter Umgebung – verschaffen und nach Anhörung des Betroffenen sowie weiterer Personen und Einholung eines ärztlichen Gutachtens die Notwendigkeit einer Unterbringung klären soll. Ist nun aber im Rahmen einer sofortigen Unterbringung bereits eine Zwangsunterbringung vorausgegangen, steht das Gericht vor einer völlig anderen Entscheidungssituation. Vor allem dann, wenn bereits mit einer Behandlung begonnen wurde, ist für das Gericht nicht mehr anhand des persönlichen Eindrucks vom Betroffenen zu entscheiden, ob die Voraussetzungen für eine Unterbringung bereits zum Zeitpunkt der sofortigen Unterbringung vorgelegen haben.

Eine weiteres Problem ergibt sich, wenn das ärztliche Zeugnis (das die Notwendigkeit der Unterbringung bescheinigt) von einem Arzt der aufnehmenden Klinik erstellt wird, kann doch von dem begutachtenden Arzt beispielsweise nur schwer beurteilt werden, ob das aggressive Verhalten und die sich hieraus ergebende Fremdgefährdung bereits vorher bestanden oder als spontaner Widerstand gegen die zwangsweise Vorführung im Krankenhaus zu werten sind. Die hiermit verbundenen Probleme sind in juristischen Veröffentlichungen beschrieben worden. So werden auch weiterhin Rahmenbedingungen gefordert, die eine rechtzeitige Beteiligung der Gerichte ermöglichen sollen – eine Umsetzung dieser Forderungen ist derzeit aber nicht abzusehen.

Aufhebung der Unterbringung

Eine Unterbringungsmaßnahme ist aufzuheben, wenn ihre Voraussetzungen entfallen (§ 70 i FGG). Eine Unterbringung auf der Grundlage der landesrechtlichen Regelungen ist also aufzuheben, wenn bei dem Betroffenen Selbst- oder Fremdgefährdung infolge einer psychischen Erkrankung nicht mehr besteht. Über den Fortfall der Unterbringungsvoraussetzungen hat das Krankenhaus das Gericht unverzüglich zu informieren. Daneben hat auch der Betroffene das Recht, beim Gericht die Aufhebung der Unterbringung zu beantragen. Der Antrag ist formlos unter Angabe des Aktenzeichens des Unterbringungsbeschlusses an das zuständige Amtsgericht zu richten.

Darüber hinaus kann das Krankenhaus nach Fortfall der Unterbringungsvoraussetzungen den Betroffenen umgehend beurlauben, falls das Gericht nicht erreichbar ist, um die Unterbringung formell aufzuheben.

Rechtsmittel

Gegen den Unterbringungsbeschluss steht insbesondere dem Betroffenen, daneben aber auch Familienangehörigen, der Vertrauensperson und der Behörde, denen im Verfahren Gelegenheit zur Anhörung gegeben wurde, die sofortige Beschwerde zu (§ 70 m FGG). Die Beschwerde kann schriftlich innerhalb von zwei Wochen – unter Angabe des Aktenzeichens des Unterbringungsbeschlusses – beim zuständigen Amtsgericht eingelegt werden. Hierbei – wie auch bei dem Antrag auf Aufhebung eines Unterbringungsbeschlusses – ist zu berücksichtigen, dass die Beschwerde bzw. der Antrag auf Überprüfung nachvollziehbar begründet sein müssen. Es sollte nicht nur dargelegt werden, welche Behandlungsmöglichkeiten ohne Unterbringung bestehen, sondern möglichst auch ein Arzt benannt werden, der bereit ist, die Behandlung zu übernehmen oder zu bescheinigen, dass die Voraussetzungen für eine Unterbringung nicht (mehr) vorliegen.

INFO Im Unterschied zu zahlreichen anderen Rechtsbereichen kann zum Thema Unterbringung nicht auf Informationsbroschüren oder auf »allgemeine Beratungsangebote« verwiesen werden (siehe auch Interessenwahrnehmung und Interessenvertretung).

In einigen Ländern sind im Rahmen der Psychiatrieplanung bzw. der Psychiatrieberichterstattung Informationsbroschüren herausgegeben worden, in denen teilweise auch der Text des PsychKG bzw. des Unterbringungsgesetzes dokumentiert ist. Für einige Bundesländer liegen Kommentierungen des jeweiligen PsychKG/UBG vor. Sofern am Ort (z. B. beim Sozialpsychiatrischen Dienst) keine Informationen hierzu erhältlich sind, kann beim Sozial- und Gesundheitsministerium des Landes (siehe Adressen) nachgefragt werden.

Im Bereich der weiterführenden und vertiefenden Literatur zum Thema Unterbringung sind zu nennen:

Marschner, R.; Volckart, B.: Freiheitsentziehung und Unterbringung. München 2001.

Kommentar, in erster Linie für Juristen. Das einzige Werk, das sich umfassend und eingehend mit den Regelungen zur Unterbringung auseinander setzt – einschließlich der Unterbringungsgesetze der Länder, dem Vollzug der Unterbringung und den im Rahmen der Unterbringung zulässigen (Behandlungs-)Maßnahmen.

Hoffmann B.; Klie T.: Freiheitsentziehende Maßnahmen. Unterbringung und unterbringungsähnliche Maßnahmen in Betreuungsrecht- und praxis. Heidelberg 2004.

Winzen, R. (1999): Zwang. Was tun bei Betreuung und Unterbringung? Wie Vorsorge treffen? Ratgeber. München 1999.

Informiert über Grundzüge des Betreuungs- und Unterbringungsrechts aus psychiatriekritischer Perspektive und enthält zahlreiche Musterbriefe für Anträge, Beschwerden, Vollmachten und Verfügungen. Die nach 1999 erfolgten Änderungen werden in einer achtseitigen Beilage dargestellt.

Interessenwahrnehmung und Interessenvertretung

Grundsätzlich muss jeder Einzelne selbst seine Interessen wahrnehmen und seine Rechte geltend machen. Daneben gibt es für bestimmte Bereiche auch gesetzlich geregelte Kontrollinstanzen: die Heimaufsicht für den Bereich von Heimen, die Besuchskommissionen für den Bereich psychiatrischer Krankenhäuser sowie Verfahrensgarantien (z. B. bei Unterbringungs- und Betreuungsverfahren) zur Wahrung der Rechte der Betroffenen. In jedem Fall muss man aber seine Rechte erst einmal kennen. Hierzu kann das vorliegende Buch eine erste Orientierung geben, im Einzelfall ist es allerdings oft notwendig, ergänzende Informationen einzuholen (siehe Adressen).

Angesichts der vielfältigen (nicht nur im psychiatrischen Bereich) bestehenden Probleme – angefangen von unzulänglicher Information über geplante Behandlungsmaßnahmen bis hin zu den sozialen Rechten – besteht bereits seit längerem die Forderung nach Schaffung von »Patientenunterstützungsstellen«, »Ombudspersonen« und »Beschwerdestellen«, die eine unabhängige Information der Betroffenen und eine nachhaltige Interessenvertretung bieten sollen. Wenngleich inzwischen vielerorts über die Einrichtung einer solchen Interessenvertretung im psychiatrischen Bereich diskutiert wird, so ist der Aufbau bislang erst an sehr wenigen Orten gelungen.

Mitwirkung und Interessenvertretung in speziellen Bereichen
Heimbeirat
In Heimen erfolgt die Mitwirkung der Bewohner »in Angelegenheiten des Heimbetriebs wie Unterkunft, Betreuung, Aufenthaltsbedingungen, Heimordnung, Verpflegung und Freizeitgestaltung« durch einen Heimbeirat (§ 10 Heimgesetz). Für die Zeit, in der ein Heimbeirat nicht gebildet werden kann, sind die Aufgaben durch einen ehrenamtlich tätigen Heimfürsprecher wahrzunehmen. Die Einzelheiten zur Bildung, zur Wahl und zu den Aufgaben der Heimbeiräte sowie Heimfürsprecher sind in der »Ver-

ordnung über die Mitwirkung der Bewohnerinnen und Bewohner in Angelegenheiten des Heimbetriebs« (Heimmitwirkungsverordnung vom 25. Juli 2002) geregelt.

Als Heime definiert das Gesetz Einrichtungen, die ältere oder pflegebedürftige oder behinderte Menschen aufnehmen, ihnen Wohnraum überlassen sowie Betreuung und Verpflegung zur Verfügung stellen oder vorhalten und dabei in ihrem Bestand von Wechsel und Zahl der Bewohnerinnen und Bewohner unabhängig sind und entgeltlich betrieben werden (§ 1 HeimG). Damit fallen nicht nur Wohnheime und Pflegeheime unter die Regelungen des Heimgesetzes, sondern auch Übergangseinrichtungen und Rehabilitationseinrichtungen für psychisch Kranke (RPK), wenn sie die vorstehend genannten Voraussetzungen erfüllen.

Gegebenenfalls kann dies auch für betreute Wohngemeinschaften gelten, wenn Betreuung und Wohnraumüberlassung miteinander verknüpft sind. Ausdrücklich ausgenommen von der Geltung des Heimgesetzes sind Krankenhäuser sowie Internate von Berufsbildungs- und Berufsförderungswerken.

INFO Grundinformationen zu Heimgesetz, Heimvertrag und den Rechten als Heimbewohner enthält die vom Bundesministerium für Familie, Senioren, Frauen und Jugend herausgegebene und dort (siehe Adressen) kostenlos erhältliche Broschüre »Ihre Rechte als Heimbewohnerinnen und Heimbewohner«. Sie ist auch im Internet herunterzuladen unter: http://www.bmfsfj.de/RedaktionBMFSFJ/Broschuerenstelle/Pdf-Anlagen/PRM-24415-Text-Ihre-Rechte-als-Heimbewoh, property=pdf.pdf.

Patientenfürsprecher

Die Krankenhausgesetze der meisten Bundesländer sehen die Bestellung von Patientenfürsprechern für den Bereich der Krankenhäuser vor. In einigen Bundesländern ist die Einsetzung von Patientenfürsprechern auch im Landesgesetz über Hilfen und Schutzmaßnahmen für psychisch Kranke (PsychKG) geregelt, etwa in Berlin und Thüringen. Im PsychKG des Landes Thüringen wird die Aufgabe des Patientenfürsprechers wie folgt beschrieben:

»Durch regelmäßige Besuche wirkt der Patientenfürsprecher auf die Einhaltung menschenwürdiger Unterbringungs- und Behandlungsverhältnisse hin. Er hat jederzeit Zugang zu allen Räumen der geschlossenen Stationen und Betreuungsbereiche. Der Patientenfürsprecher prüft Wünsche und Beschwerden der Patienten. Bei Anregungen oder Beanstandungen berät er die Mitarbeiter der Einrichtungen. Der Patientenfürsprecher wird in Rechtsfragen von dem zum Richteramt befähigten Mitglied der Besuchskommission beraten. Werden schwerwiegende Mängel bei der Unterbringung oder Behandlung festgestellt, informiert der Patientenfürsprecher hierüber den ärztlichen Leiter der Einrichtung, den für die Einrichtung zuständigen Träger und das Ministerium für Gesundheit und Soziales« (§ 26 ThürPsychKG).

Daneben besteht die Möglichkeit, sich mit Beschwerden an den Krankenhausträger zu wenden (in Nordrhein-Westfalen sind etwa bei den Landschaftsverbänden als Trägern der psychiatrischen Fachkrankenhäuser Beschwerdestellen eingerichtet worden) oder auch an den Petitionsausschuss des Landtags zu schreiben.

Die Situation und Entwicklung von Instanzen zur Mitwirkung und Interessenvertretung in den einzelnen Bundesländern weist nicht nur erhebliche Unterschiede auf, sondern ist insgesamt noch sehr unbefriedigend, auch wenn die Stärkung der Patientenrechte erklärtes Ziel der Bundesregierung ist.

INFO Ende 2003 wurde erstmals die Stelle einer Patientenbeauftragten eingerichtet, die sich auf Bundesebene um die Rechte der Patientinnen und Patienten kümmern und deren Gewicht im politischen Entscheidungsprozess erhöhen soll; Kontakt: info@die-patientenbeauftragte.de, Postanschrift: Wilhelmstr. 49, 10117 Berlin, Telefon: 01888 441 0. Die über das Bundesministerium für Gesundheit und Soziale Sicherung erhältliche kostenlose Broschüre »Patientenrechte in Deutschland«, die von Vertretern der Patienten- und Ärzteverbände, der gesetzlichen und privaten Krankenversicherungen, den freien Wohlfahrtsverbänden sowie der Gesundheitsminister- und Justizministerkonferenz erarbeitet wurde, informiert über die wesentlichen Rechte und Pflichten im Rahmen der medizinischen Behandlung. Der Text

ist auch im Internet verfügbar unter:
http://www.bmgs.bund.de/download/broschueren/A407.pdf.
Weiterhin hat das Bundesministerium für Gesundheit eine Internetseite zu den Rechten der Patienten eingerichtet:
http://www.bmgs.bund.de/deu/gra/themen/gesundheit/rechte/index.php.

Rechtsberatung und Vertretung im gerichtlichen Verfahren

Personen mit geringem Einkommen können zur Rechtsberatung die Beratungshilfe und bei einem gerichtlichen Verfahren Prozesskostenhilfe in Anspruch nehmen. Für die Beantragung von Beratungs- und Prozesskostenhilfe ist ein Formular »Erklärung über die persönlichen und wirtschaftlichen Verhältnisse« auszufüllen. Maßgeblich für die Bewilligung von Beratungs- und Prozesskostenhilfe sind die in einer Tabelle zur Zivilprozessordnung festgelegten Einkommenssätze.

Die Beratungshilfe ermöglicht gegen eine Gebühr von 10 EUR (die erlassen werden kann) Auskunft, Rat und Vertretung außerhalb eines gerichtlichen Verfahrens (z. B. in einem Widerspruchsverfahren) durch einen Rechtsanwalt in Angelegenheiten des:

- Zivilrechts (z. B. Kaufrecht, Unterhaltssachen, Versicherungsrecht),
- Arbeitsrechts (z. B. Kündigung des Arbeitsverhältnisses),
- Verwaltungsrechts (z. B. Jugendhilfe, Wohngeld),
- Sozialrechts,
- Verfassungsrechts (z. B. Verfassungsbeschwerden wegen Grundrechtsverletzungen).

Für die Beratungshilfe ist ein Antrag beim zuständigen Amtsgericht zu stellen, das einen Berechtigungsschein ausstellt, mit dem dann ein Anwalt eigener Wahl aufgesucht werden kann. Man kann auch direkt einen Anwalt aufsuchen und nachträglich beim Amtsgericht den Antrag stellen.

Hierzu gibt es Ausnahmen: In den Ländern Bremen und Hamburg gibt es eine öffentliche Rechtsberatung. Die Beratung durch Anwälte nach dem Beratungshilfegesetz ist hier nicht möglich.

Für die Bewilligung von Prozesskostenhilfe muss das Gerichtsverfahren »hinreichende Erfolgsaussichten« bieten.

Die Prozesskostenhilfe übernimmt – je nach Einkommens- und Vermögensverhältnissen – voll oder teilweise den eigenen Anteil der Gerichtskosten und die Kosten des eigenen Anwalts, nicht jedoch die Kosten, die gegebenenfalls dem Gegner zu erstatten sind. Wer einen Prozess verliert, muss daher in der Regel auch dann die Kosten des Gegners bezahlen, wenn ihm selbst Prozesskostenhilfe bewilligt wurde.

Der Antrag auf Prozesskostenhilfe ist bei dem für das Verfahren zuständigen Gericht zu stellen.

INFO Weitere Informationen zur Beratungs- und Prozesskostenhilfe enthält die vom Bundesministerium der Justiz (s. Adressen) herausgegebene und kostenlos zu beziehende Broschüre »Guter Rat ist nicht teuer – Das Beratungshilfegesetz und das Gesetz über die Prozesskostenhilfe«. Sie ist im Internet herunterzuladen unter:
http://www.bmj.de/media/archive/958.pdf.
Zunehmend Verbreitung gefunden haben auch die Rechtsschutzversicherungen, vor allem die so genannten Familienrechtsschutzversicherungen, die Anwalts- und Gerichtskosten übernehmen. Hier ist allerdings sorgfältig der Leistungsumfang zu prüfen. Verfahren vor Sozialgerichten (u. a. zuständig für Fragen aus dem Bereich der Kranken-, Pflege-, Renten-, Unfallversicherung, der Sozialhilfe, des Arbeitsförderungs- und des Schwerbehindertenrechts) sind in der Regel von der Rechtsschutzversicherung abgedeckt.
Eine spezielle Rechtschutzversicherung für den Bereich des Sozialrechts hat die Bundesarbeitsgemeinschaft Hilfe für Behinderte (siehe Adressen) mit einem Versicherungsunternehmen vereinbart, die von jedem Mitglied aus dem Verbandsbereich der Bundes- oder einer Landesarbeitsgemeinschaft Hilfe für Behinderte abgeschlossen werden kann.

Interessenvertretung in Betreuungs- und Unterbringungsverfahren

Die nachhaltige Vertretung der Interessen der Betroffenen in den gerichtlichen Verfahren zur Bestellung eines Betreuers (siehe Betreuungsrecht) oder zur Unterbringung erfordert neben den fachlichen Kenntnissen auch Kenntnisse der rechtlichen Regelungen, um überprüfen zu können, ob die jeweiligen Voraussetzungen zur Betreuerbestellung oder Unterbringung erfüllt sind. Da die Betroffenen häufig nicht über einen »eigenen« Rechtsanwalt verfügen oder keine in diesen Fragen erfahrene Vertrauensperson kennen, die sie als Verfahrensbevollmächtigte bestimmen könnten, ist die Bestellung eines Verfahrenspflegers grundsätzlich eine wichtige Rechtsschutzgarantie.

Das Gesetz über die Angelegenheiten der Freiwilligen Gerichtsbarkeit sieht, »soweit dies zur Wahrnehmung der Interessen des Betroffenen erforderlich ist«, im Betreuungsverfahren (§ 67 FGG) und auch im Unterbringungsverfahren (§ 70 b FGG) die Bestellung eines Verfahrenspflegers vor. Die Bestellung eines Verfahrenspflegers ist grundsätzlich nicht notwendig, wenn der Betroffene selbst einen Verfahrensbevollmächtigten (z. B. Rechtsanwalt oder Mitarbeiter eines Betreuungsvereins) bestellt hat.

Die Aufgaben sowie die Mitwirkungsrechte und -pflichten von Verfahrenspflegern sind weder im Betreuungsrecht noch in den Bestimmungen des Unterbringungsrechts ausdrücklich geregelt. Darum ist die Praxis der Aufgabenwahrnehmung sehr unterschiedlich. Diese reicht von der engagierten Interessenvertretung mit vorheriger Kontaktaufnahme zu der betroffenen Person und über die Klärung der Situation bis hin zur bloßen An- und Ablage einer Akte. Inzwischen haben zwar einige professionell tätige Verfahrenspfleger eine Art »Anforderungsprofil« bezüglich der Kenntnisse und Arbeitsweisen erarbeitet, dieses stellt jedoch keine verbindliche Leitlinie für die Verfahrenspfleger dar.

Eine wichtige Voraussetzung für eine Interessenvertretung ist, dass sie rechtzeitig bestellt wird, damit der Kontakt zu dem Betroffenen vor dem Gerichtsverfahren hergestellt wird. Hierbei ergeben sich vor allem bei den Unterbringungsverfahren nach den landesrechtlichen Regelungen regelmäßig Probleme, weil dem gerichtlichen Unterbringungsverfahren meistens schon eine sofortige Unterbringung vorausgegangen ist. Um hier bessere Voraussetzungen für die Interessenvertretung zu schaffen, wäre eine unmittelbare Erreichbarkeit erforderlich, wie sie in Österreich durch die Patientenanwälte gewährleistet ist, die Büros in den psychiatrischen Krankenhäusern haben. Eine solche Lösung ist in Deutschland allerdings noch nicht in Sicht.

INFO Die Kosten für einen vom Gericht bestellten Verfahrenspfleger müssen von den Betroffenen übernommen werden, sofern keine Mittellosigkeit besteht. Für Unterbringungs- und Betreuungsverfahren sollte man daher nach Möglichkeit selbst einen Prozessbevollmächtigten (z. B. Rechtsanwalt) einsetzen, zu dem man Vertrauen hat, und bei Vorliegen der Voraussetzungen Prozesskostenhilfe beantragen.

Anhang

Verzeichnis der Abkürzungen wichtiger Gesetze
Bundesgesetze
BGB: Bürgerliches Gesetzbuch
BGG: Gesetz zur Gleichstellung behinderter Menschen – Behindertengleichstellungsgesetz
BKGG: Bundeskindergeldgesetz
BSHG: Bundessozialhilfegesetz
BtBG: Betreuungsbehördengesetz
EStG: Einkommensteuergesetz
FGG: Gesetz über die Angelegenheiten der Freiwilligen Gerichtsbarkeit
GG: Grundgesetz
HeimG: Heimgesetz
SGB I: Sozialgesetzbuch Erstes Buch – Allgemeiner Teil
SGB II: Sozialgesetzbuch Zweites Buch – Grundsicherung für Arbeitssuchende
SGB III: Sozialgesetzbuch Drittes Buch – Arbeitsförderung
SGB IV: Sozialgesetzbuch Viertes Buch – Gemeinsame Vorschriften für die Sozialversicherung
SGB V: Sozialgesetzbuch Fünftes Buch – Gesetzliche Krankenversicherung
SGB VI: Sozialgesetzbuch Sechstes Buch – Gesetzliche Rentenversicherung
SGB VII: Sozialgesetzbuch Siebtes Buch – Gesetzliche Unfallversicherung
SGB VIII: Sozialgesetzbuch Achtes Buch – Kinder- und Jugendhilfe
SGB IX: Sozialgesetzbuch Neuntes Buch – Rehabilitation und Teilhabe behinderter Menschen (Teil 1: Regelungen für behinderte und von Behinderung bedrohte Menschen, Teil 2: Schwerbehindertenrecht)

SGB X: Sozialgesetzbuch Zehntes Buch – Verwaltungsverfahren
SGB XI: Sozialgesetzbuch Elftes Buch – Gesetzliche Pflegeversicherung
SGB XII: Sozialgesetzbuch Zwölftes Buch – Sozialhilfe
StGB: Strafgesetzbuch
StPO: Strafprozessordnung
VBVG: Vormünder- und Betreuervergütungsgesetz
WoGG: Wohngeldgesetz

Gesetze der Bundesländer
PsychKG: Gesetz über Hilfen und Schutzmaßnahmen für psychisch
    Kranke
UBG: Unterbringungsgesetz

Wichtige Begriffe im Umgang mit Behörden

Antrag: Für eine Vielzahl der Sozialleistungen gilt, dass sie erst auf Antrag gewährt werden. Für einige Sozialleistungen (z. B. Wohngeld, Arbeitslosengeld) sind jeweils spezielle Antragsvordrucke auszufüllen. Andere Sozialleistungen können formlos beantragt werden (z. B. Leistungen der Pflegeversicherung, Hilfe zum Lebensunterhalt, Leistungen der Eingliederungshilfe), aber auch bei den formlos zu stellenden Anträgen gilt grundsätzlich, dass diese schriftlich abgefasst werden sollten. Weiter ist zu beachten:

- Der Begriff Antrag sollte ausdrücklich Verwendung finden, beispielsweise als Überschrift »Antrag auf ...« oder direkt im ersten Satz: Anrede »Hiermit beantrage ich ...«.
- Die beantragte Leistung ist möglichst präzise (unter Verwendung der leistungsrechtlichen Begriffe) zu benennen.
- Der Hilfebedarf bzw. der Verwendungszweck sollte möglichst präzise beschrieben werden.
- Über die Entscheidung des Sozialleistungsträgers (z. B. Sozialamt, Kranken- oder Pflegekasse) sollte ein schriftlicher Bescheid erbeten werden.
- Von einem Antrag sollte eine Kopie für die eigenen Unterlagen gemacht werden.

Wenn ein Antrag abgelehnt worden ist und die Gründe für die Ablehnung nicht mitgeteilt wurden oder nicht nachvollziehbar sind, sollte nachgefragt werden (auch bei dem zuständigen Sachbearbeiter)! Bei der Überlegung, gegen die Ablehnung Widerspruch einzulegen, sollte zunächst um schriftliche Mitteilung der Ablehnungsgründe gebeten werden.

Ermessensentscheidung: Über die Gewährung etlicher Sozialleistungen, z. B. Leistungen zur medizinischen oder beruflichen Rehabilitation, wird im Rahmen des »Ermessens« entschieden. Dabei ist zunächst zu klären, ob die Betroffenen (Antragsteller) die Anspruchsvoraussetzungen erfüllen. Ist dies der Fall, muss in einem weiteren Schritt darüber entschieden werden, wie die Leistungen zu erbringen sind. Erfüllt ein Betroffener alle Anspruchsvoraussetzungen, kann der Ermessensspielraum des Sozialleistungsträgers gegen null schrumpfen.

Bescheid: Schreiben einer Behörde (dazu gehören auch die Sozialleistungsträger), in denen die Entscheidung über die Gewährung oder Ablehnung einer beantragten Leistung mitgeteilt wird.

Rechtsbehelfsbelehrung: Bescheide über die Gewährung oder Ablehnung einer Sozialleistung müssen eine Rechtsbehelfsbelehrung enthalten, in der auch eine Widerspruchsfrist angegeben ist. Fehlt diese Belehrung, beträgt die Frist zum Einlegen eines Widerspruchs ein Jahr.

Widerspruch: Gegen Bescheide (zum Beispiel der Krankenkasse, der Arbeitsagentur oder des Sozialamts) kann innerhalb der angegebenen Fristen (in der Regel ein Monat ab Zugang) schriftlich bei der Behörde Widerspruch eingelegt werden. Da die Zeiten manchmal recht knapp bemessen sind, genügt für einen fristgerechten Widerspruch zunächst ein formloses Schreiben nach dem Muster:

»Hiermit lege ich gegen den Bescheid vom ... Widerspruch ein. Die Begründung des Widerspruchs wird nachgereicht.«

Der Widerspruch sollte sorgfältig begründet werden (siehe auch die bei der Antragstellung angegebenen Aspekte).

Wegweiser zu hilfreichen Adressen

Zur Wahrnehmung eigener Interessen und rechtlicher Ansprüche ist meist eine eingehende Information und Beratung erforderlich, wie sie im Rahmen dieses Buches nicht geleistet werden kann. Daneben ist meist auch ein persönliches Gespräch unerlässlich, um alle Besonderheiten berücksichtigen zu können.

In zahlreichen Anfragen von und Gesprächen mit Betroffenen und Angehörigen wird immer wieder deutlich, wie schwierig es sein kann, die »richtige« Adresse, den »richtigen« Ansprechpartner bzw. die »richtige« Ansprechpartnerin auf der Suche nach Information und Unterstützung zu finden. In Anbetracht des komplexen Gefüges rechtlicher Regelungen und einer Vielzahl institutionell zersplitterter Hilfeangebote wird diese Situation auch nicht ohne weiteres zu überwinden sein. Nicht zuletzt deshalb kommt den Selbsthilfezusammenschlüssen von Betroffenen und ihren Angehörigen eine nicht zu unterschätzende Bedeutung zu: Neben der politischen Interessenvertretung in Kommunen, Ländern und Bund bieten die Selbsthilfegruppen »vor Ort« gegenseitige Unterstützung und Austausch von Informationen. Hierin liegt oftmals eine entscheidende Hilfe, um eigene Interessen zu wahren und Rechte geltend zu machen (Adressen örtlicher Gruppen können bei den Landesverbänden der Psychiatrie-Erfahrenen und der Angehörigen erfragt werden).

Adressen von Bundesministerien und Bundesbehörden
Bundesministerium für Gesundheit und Soziales, Wilhelmstraße 49, 10117 Berlin, Tel.: (01888) 44 10, E-Mail: info@bmgs.bund.de, Internet: www.bmgs.bund.de
Informationen zur Krankenversicherung, Pflegeversicherung, Sozialhilfe, Eingliederung Behinderter.
Bundesministerium für Wirtschaft und Arbeit, 11019 Berlin, Hausanschrift: Scharnhorststraße 34 – 37, 10115 Berlin, Tel.: (030) 20 14 – 9, E-Mail: info@bmwa.bund.de, Internet: www.bmwa.bund.de
Informationen zur Arbeitsförderung, Arbeitslosenversicherung.
Bundesministerium für Familie, Senioren, Jugend und Frauen, Alexanderplatz 6, 10178 Berlin, Tel.: (01888) 5 55 – 0,
E-Mail: poststelle@bmfsfj.bund.de, Internet: www.bmfsfj.bund.de
Informationen unter anderem zum Kinder- und Jugendhilfegesetz, Heimgesetz.

Bundesministerium der Justiz, Mohrenstraße 37, 10117 Berlin, Tel.: (01888) 5 80 – 0, E-Mail: poststelle@bmj.bund.de, Internet: www.bmj.bund.de
Informationen zum Betreuungsrecht, zum Beratungshilfegesetz.
Beauftragter der Bundesregierung für die Belange der Behinderten, 11017 Berlin, Tel.: (01888) – 5 27 29 44, E-Mail: info@behindertenbeauftragter.de, Internet: www.behindertenbeauftragter.de
Informationen zur Gleichstellung behinderter Menschen, SGB IX, Behindertenberichte.
Der Bundesbeauftragte für den Datenschutz, Husarenstraße 30, 53117 Bonn, Tel.: (01888) 7 79 90, E-Mail: poststelle@bfd.bund.de, Internet: www.bundesdatenschutzbeauftragter.de,
Informationen zum Bundesdatenschutzgesetz, Schutz der Sozialdaten.
Die Patientenbeauftragte der Bundesregierung, Wilhelmstr. 49, 10117 Berlin, Tel.: (01888) 4 41 – 0, E-Mail: info@die-patientenbeauftragte.de, Internet: www.die-patientenbeauftragte.de
Informationen zu den Patientenrechten.

Sozial- und Gesundheitsministerien der Länder
Informationen zur Psychiatrieplanung, teilweise auch zum Betreuungsrecht
Ministerium für Arbeit und Soziales Baden-Württemberg,
Postfach 10 34 43, 70029 Stuttgart, Schellingstraße 15, 70174 Stuttgart, Tel.: (0711) 123 – 0, Fax: (0711) 123 – 39 99, E-Mail: poststelle@sm.bwl.de, Internet: www.sm.bwl.de
Bayerisches Staatsministerium für Arbeit und Sozialordnung, Familien und Frauen, Winzererstraße 9, 80797 München, Tel.: (089) 12 61 – 01, Fax: (089) 12 61 – 11 22, E-Mail: Poststelle@stmas.bayern.de, Internet: www.stmas.bayern.de
Bayerisches Staatsministerium für Umwelt, Gesundheit und Verbraucherschutz, Rosenkavalierplatz 2, 81925 München, Tel.: (089) – 9214 – 00, Fax: (089) 9214 – 22 66, E-Mail: poststelle@stmugv.bayern.de, Internet: www.stmugv.bayern.de
Senatsverwaltung für Gesundheit, Soziales und Verbraucherschutz, Pressestelle, Oranienstraße 106, 10969 Berlin, Tel.: (030) 90 28 – 27 43,

E-Mail:buergeranfragen@sengsv.verwalt-berlin.de, Internet: www.berlin.de/sengsv

Ministerium für Arbeit, Soziales, Gesundheit und Familie des Landes Brandenburg, Heinrich-Mann-Allee 103, 14473 Potsdam, Tel.: (0331) 866 – 0, Fax: (0331) 866–51 08, E-Mail: poststelle@masgf.brandenburg.de, Internet: www.masgf.brandenburg.de

Senator für Arbeit, Frauen, Gesundheit, Jugend und Soziales, Contrescarpe 72, 28195 Bremen, Referat für Psychiatrie, Suchtkrankenhilfe und Psychosoziale Hilfen, Tel.: (0421) 3 61 – 95 56, Fax: (0421) 4 96 – 95 56, E-Mail: Gert.Schoefer@Gesundheit.Bremen.de

Behörde für Soziales und Familie, Hamburger Straße 47, 22083 Hamburg, Tel.: (040) 4 28 63 – 0, Fax: (040) 4 28 63 – 22 86, E-Mail: poststelle@bsf.hamburg.de, Internet: www.bsf.hamburg.de

Behörde für Wissenschaft und Gesundheit, Hamburger Straße 37, 22083 Hamburg, Tel.: (040) 4 28 63 – 0, Fax: (040) 4 28 63 – 37 22, E-Mail: info@bwg.hamburg.de, Internet: www.bwg.hamburg.de

Hessisches Sozialministerium, Dostojewskistraße 4, 65187 Wiesbaden, Tel.: (0611) 817 – 0, Fax: (0611) 80 93 99, E-Mail: poststelle@hsm.hessen.de, Internet: www.sozialministerium.hessen.de

Sozialministerium des Landes Mecklenburg-Vorpommern, Werderstraße 124, 19055 Schwerin, Tel.: (0385) 5 88 – 0, Fax: (0385) 5 88 – 90 99, E-Mail: Poststelle@sm.mv-regierung.de, Internet: www.sozial-mv.de

Niedersächsisches Ministerium für Soziales, Frauen, Familie und Gesundheit, Hinrich-Wilhelm-Kopf-Platz 2, 30159 Hannover, Tel.: (0511) 120 – 0, Fax: (0511) 120 – 42 98, E-Mail: pressestelle@ms.niedersachsen.de, Internet: www.ms.niedersachsen.de

Ministerium für Gesundheit, Soziales, Frauen und Familie des Landes Nordrhein-Westfalen, Fürstenwall 25, 40219 Düsseldorf, Tel.: (0211) 8 55 – 5, Fax: (0211) 8 55 – 32 11, Internet: www.mgsff.nrw.de

Ministerium für Arbeit, Soziales, Familie und Gesundheit des Landes Rheinland-Pfalz, Bauhofstraße 9, 55116 Mainz, Tel.: (06131) 16 – 20 27, Fax: (06131) 16 – 24 52, E-Mail: poststelle@masfg.rlp.de, Internet: www.masfg.rlp.de

Ministerium für Justiz, Gesundheit und Soziales des Saarlandes,
Franz-Josef-Röder-Straße 23, 66119 Saarbrücken, Tel.: (0681) 5 01 31 81,
Fax: (0681) 5 01 31 69, E-Mail: presse@justiz-soziales.saarland.de,
Internet: www.justiz-soziales.saarland.de
Sächsisches Staatsministerium für Soziales, Albertstraße 10,
01097 Dresden, Tel.: (0351) 5 64 56 01, Fax: (0351) 5 64 57 91, E-Mail: ministerbuero@sms.sachsen.de, Internet: www.sms.sachsen.de
Ministerium für Gesundheit und Soziales des Landes Sachsen-Anhalt,
Turmschanzenstraße 25, 39114 Magdeburg, Tel.: (0391) 5 67 – 46 07,
Fax: (0391) 5 67 – 46 22, E-Mail: ms-presse@ms.lsa-net.de,
Internet: www.ms.sachsen-anhalt.de
Ministerium für Soziales, Gesundheit, Familie, Jugend und Senioren des
Landes Schleswig-Holstein, Adolf-Westphal-Straße 4, 24143 Kiel,
Tel.: (0431) 9 88 – 53 91, Fax: (0431) 9 88 – 54 74,
E-Mail: pressestelle@sozmi.landsh.de
Thüringer Ministerium für Soziales, Familie und Gesundheit, Werner-
Seelenbinder-Straße 6, 99096 Erfurt, Tel.: (0361) 37 – 9 00,
Fax: (0361) 37 – 9 88 00, E-Mail: poststelle@tmsfg.thueringen.de,
Internet: www.tmsfg.de

Justizministerien der Länder
Teilweise Informationen zum Betreuungsrecht
Justizministerium Baden-Württemberg, Schillerplatz 4, 70173 Stuttgart,
Tel.: (0711) 2 79 – 0, Fax: (0711) 2 79 – 22 64,
E-Mail: poststelle@jum.bwl.de
Bayerisches Staatsministerium der Justiz, Justizpalast am Karlsplatz,
Prielmayerstraße 7, 80335 München, Tel.: (089) 55 97 – 01,
E-Mail: poststelle@stmj.bayern.de, Internet: www.justiz.bayern.de
Senatsverwaltung für Justiz, Salzburger Straße 21 – 25, 10825 Berlin,
Tel.: (030) 9013 – 0, Fax: (030) 90 13 – 20 00, E-Mail:
poststelle@senjust.verwalt-berlin.de, Internet: www.senjust.de
Ministerium der Justiz des Landes Brandenburg, Heinrich-Mann-Allee
107, 14473 Potsdam. Tel.: (0331) 8 66 – 0, Fax: (0331) 8 66 – 30 80, E-Mail:
poststelle@mdj.brandenburg.de, Internet: www.mdj.brandenburg.de

Senator für Justiz und Verfassung, Richtweg 16 – 22, 28195 Bremen,
Tel.: (0421) 361 – 24 58, E-Mail: office@justiz.bremen.de,
Internet: www.2.bremen.de/justizsenator

Justizbehörde, Drehbahn 35, 20354 Hamburg, Tel.: (040) 4 28 43 3143,
Fax: (040) 4 28 43 35 72, E-Mail: poststelle@justiz.hamburg.de.
Internet: www.justiz.hamburg.de

Hessisches Ministerium der Justiz, Luisenstraße 13, 65185 Wiesbaden,
Tel.: (0611) 32 – 0, Fax: (0611) 32 27 63, E-Mail:
poststelle@hmdj.hessen.de, Internet: www.hmdj.justiz.hessen.de

Justizministerium des Landes Mecklenburg-Vorpommern,
Demmlerplatz 14, 19053 Schwerin, Tel.: (0385) 5 88 – 0,
Fax: (0385) 5 88 – 34 55, E-Mail: poststelle@jm.mv-regierung.de,
Internet: www.jm.mv-regierung.de

Niedersächsisches Justizministerium, Waterlooplatz 1, 30169 Hannover,
Fax: (0511) 1 20 51 70, E-Mail: poststelle@mj.niedersachsen.de,
Internet: www.mj.niedersachsen.de

Justizministerium Nordrhein-Westfalen, Martin-Luther-Platz 40,
40212 Düsseldorf, Tel.: (0211) 87 92 – 0 Fax: (0211) 87 92 – 5 69,
E-Mail: poststelle@jm.nrw.de, Internet: www.jm.nrw.de

Ministerium der Justiz Rheinland-Pfalz, Ernst-Ludwig-Straße 3,
55116 Mainz, Tel.: (06131) 16 – 48 00, Fax: (06131) 16 – 48 87,
E-Mail: poststelle@mj.rlp.de, Internet: www.mj.rlp.de

Ministerium für Justiz, Gesundheit und Soziales des Saarlandes, Franz-Josef-Röder-Straße 23, 66119 Saarbrücken, Tel.: (0681) 5 01 31 81,
Fax: (0681) 5 01 31 69, E-Mail: presse@justiz-soziales.saarland.de,
Internet: www.justiz-soziales.saarland.de

Ministerium der Justiz des Landes Sachsen-Anhalt, Hegelstr. 40 – 42,
3 91 04 Magdeburg, Tel.: (0391) 5 67 01, Fax: (0391) 5 67 61 80, E-Mail:
poststelle@mj.sachsen-anhalt.de, Internet: www.mj.sachsen-anhalt.de

Sächsisches Staatsministerium der Justiz, Hospitalstraße 7,
01097 Dresden, Tel.: (0351) 5 64 – 0, Fax: (0351) 5 64 – 15 99, E-Mail: poststelle@smj.sachsen.de, Internet: www.justiz.sachsen.de

Ministerium für Justiz, Arbeit und Europa Schleswig-Holstein,
Lorentzendamm 35, 24103 Kiel, Tel.: (0431) 9 88 – 0, E-Mail:

pressestelle.mjae@jumi.landsh.de,
Internet: www.landesregierung.schleswig-holstein.de
Thüringer Justizministerium, Werner-Seelenbinder-Straße 5,
99096 Erfurt, Tel.: (0361) 3 79 50 00, Fax: (0361) 3 79 58 88,
Internet: www.thueringen.de/justiz

Anschriften von Selbsthilfeorganisationen und -verbänden
Nationale Kontakt- und Informationsstelle für Selbsthilfegruppen
(NAKOS), Wilmersdorfer Straße 39, 10627 Berlin, Tel.: (030) 31 01 89 60,
E-Mail: selbsthilfe@nakos.de, Internet: www.nakos.de
Informationsbroschüren und Materialien, unter anderem Adressverzeichnisse von örtlichen Selbsthilfe-Kontaktstellen sowie Selbsthilfe-Vereinigungen und Gruppen.
Bundesarbeitsgemeinschaft der Patientenstellen, c / o Gesundheitsladen
München e.V., Auenstraße 31, 80469 München, Tel.: (089) 76 75 51 31,
E-Mail: mail@patientenstellen.de, Internet: www.patientenstellen.de
Anschriften von Patientenstellen, Informationsbroschüren zu Patientenrechten.
Bundesarbeitsgemeinschaft Hilfe für Behinderte e.V., Kirchfeldstraße 149,
40215 Düsseldorf, Internet: www.bag-selbsthilfe.de
Informationsbroschüren zu Rechtsfragen sowie einzelnen Krankheits-/
Behinderungsarten, Rechtsschutzversicherung. Landesarbeitsgemeinschaften bestehen in allen Bundesländern. Eine individuelle Beratung ist nicht möglich.
Bei Anfragen an die Selbsthilfezusammenschlüsse bitte immer Rückporto beilegen.

Psychiatrie-Erfahrene
Bundesverband Psychiatrie-Erfahrener, Wittener Str. 87, 44 789 Bochum,
Tel.: (0234) 68 70 55 52, E-Mail: kontakt-info@bpe-online.de,
Internet: www.bpe-online.de

Angehörige
Familien-Selbsthilfe Psychiatrie
Bundesverband der Angehörigen psychisch Kranker e.V.,
Am Michaelshof 4B, 53177 Bonn, Tel.: (0228) 63 26 46, Fax: (0228) 65 80 63,
E-Mail: bapk@psychiatrie.de, Internet: www.psychiatrie.de

Psychiatrie-Verbände
Aktion Psychisch Kranke e.V., Brungsgasse 4 – 6, 53117 Bonn,
Tel.: (0228) 67 67 40, Fax: (0228) 67 67 42, E-Mail: apk@psychiatrie.de,
Internet: www.psychiatrie.de/apk
Dachverband Gemeindepsychiatrie e.V., Am Michaelshof 4 B,
53177 Bonn, Tel.: (0228) 63 26 46, Fax: (0228) 65 80 63,
E-Mail: dachverband@psychiatrie.de,
Internet: www.psychiatrie.de/dachverband
Deutsche Gesellschaft für Soziale Psychiatrie e.V., Zeltinger Straße 9,
50969 Köln, E-Mail: dgsp@psychiatrie.de,
Internet: www.psychiatrie.de/dgsp

Informationen und Beratung »vor Ort«
Auskunftsstellen
Entsprechend der Regelung des § 15 SGB I sind die nach Landesrecht zuständigen Stellen (Sozial- und Gesundheitsämter), die Träger der gesetzlichen Krankenversicherung (Krankenkassen) und der sozialen Pflegeversicherung (Pflegekassen) verpflichtet, über alle sozialen Angelegenheiten nach dem Sozialgesetzbuch zu informieren: »Die Auskunftspflicht erstreckt sich auf die Benennung der für die Sozialleistungen zuständigen Stellen sowie auf alle Sach- und Rechtsfragen, die für die Auskunftsuchenden von Bedeutung sein können und zu deren Beantwortung die Auskunftsstelle imstande ist.« Dabei sind die Auskunftsstellen verpflichtet, untereinander und mit den Leistungsträgern zusammenzuarbeiten, um eine möglichst umfassende Auskunft durch eine Stelle sicherzustellen.

Servicestellen

Für den Bereich der Leistungen zur Rehabilitation und Teilhabe nach dem SGB IX wurden die Rehabilitationsträger (Krankenkassen, Rentenversicherung, Arbeitsagenturen, Sozial- und Jugendhilfeträger etc.) verpflichtet sicherzustellen, dass in allen Landkreisen und kreisfreien Städten gemeinsame Servicestellen bestehen. Diese Servicestellen können für mehrere kleine Landkreise oder kreisfreie Städte eingerichtet werden, wenn eine ortsnahe Beratung und Unterstützung behinderter und von Behinderung bedrohter Menschen gewährleistet ist (§ 23 SGB IX).

Aufgabe der Servicestellen ist, behinderten und von Behinderung bedrohten Menschen, ihren Vertrauenspersonen und Personensorgeberechtigten Beratung und Unterstützung anzubieten. Die Beratung und Unterstützung umfasst nach § 22 SGB IX »insbesondere:

1. über Leistungsvoraussetzungen, Leistungen der Rehabilitationsträger, besondere Hilfen im Arbeitsleben sowie über die Verwaltungsabläufe zu informieren,
2. bei der Klärung des Rehabilitationsbedarfs, bei der Inanspruchnahme von Leistungen zur Teilhabe und der besonderen Hilfen im Arbeitsleben sowie bei der Erfüllung von Mitwirkungspflichten zu helfen,
3. zu klären, welcher Rehabilitationsträger zuständig ist, auf klare und sachdienliche Anträge hinzuwirken und sie an den zuständigen Rehabilitationsträger weiterzuleiten,
4. bei einem Rehabilitationsbedarf, der voraussichtlich ein Gutachten erfordert, den zuständigen Rehabilitationsträger darüber zu informieren,
5. die Entscheidung des zuständigen Rehabilitationsträgers in Fällen, in denen die Notwendigkeit von Leistungen zur Teilhabe offenkundig ist, so umfassend vorzubereiten, dass dieser unverzüglich entscheiden kann,
6. bis zur Entscheidung oder Leistung des Rehabilitationsträgers den behinderten oder von Behinderung bedrohten Menschen unterstützend zu begleiten,
7. bei den Rehabilitationsträgern auf zeitnahe Entscheidungen und Leistungen hinzuwirken und
8. zwischen mehreren Rehabilitationsträgern und Beteiligten auch während der Leistungserbringung zu koordinieren und zu vermitteln«.

Dabei umfasst die Beratung unter Beteiligung der Integrationsämter auch die Klärung eines Bedarfs an Hilfen nach dem Schwerbehindertenrecht (SGB IX 2. Teil) und die Beteiligung der Pflegekassen bei drohender oder bestehender Pflegebedürftigkeit. Außerdem sollen die Verbände behinderter Menschen einschließlich der Verbände der Freien Wohlfahrtspflege, der Selbsthilfegruppen und der Interessenvertretungen behinderter Frauen mit Einverständnis der behinderten Menschen an der Beratung beteiligt werden.

Bei der Umsetzung der gesetzlichen Vorgabe zur Einrichtung von gemeinsamen Servicestellen sind regionale Unterschiede festzustellen. Daneben ist aber auch festzuhalten, dass es sich bei der Aufgabenstellung im Wesentlichen um ein »Antragsmanagement« handelt und von diesen Stellen daher nicht unbedingt Kenntnis der in Betracht kommenden Hilfeangebote für Menschen mit einer psychischen Erkrankung oder Behinderung erwartet werden kann.

- Die Information und Beratung von psychisch kranken Menschen sowie deren Angehörigen gehört zu den Aufgaben der Sozialpsychiatrischen Dienste, die zumeist organisatorisch dem Gesundheitsamt angegliedert sind (Ausnahme: Baden-Württemberg und Bayern, wo diese Aufgabe von freien Trägern übernommen wird). Die Adresse ist in jedem Falle über die Stadt- bzw. Kreisverwaltung/Landratsamt zu erfahren.
- In etlichen Regionen gibt es inzwischen »Psychosoziale Adressbücher«, die einen Überblick über örtlich vorhandene Hilfeangebote geben.
- Die Krankenkassen verfügen über Verzeichnisse von Behandlungs- und Rehabilitationsangeboten (u. a. Fachärzte, Psychotherapeuten, Kliniken und Rehabilitationseinrichtungen), bei denen die Kosten von der Krankenkasse übernommen werden.
- Über Leistungen zur Teilhabe am Arbeitsleben und wohnortnahe Hilfeangebote informieren die Arbeitsagenturen; schwerbehinderte Menschen können sich auch direkt an einen Integrationsfachdienst werden.
- Bei der Geltendmachung und vor allem der Durchsetzung rechtlicher Ansprüche kann ein in dem entsprechenden Rechtsgebiet (z. B. Sozialrecht, Betreuungsrecht) erfahrener Rechtsanwalt helfen. Adressen von Anwälten mit einschlägigen Erfahrungen bzw. Arbeitsschwerpunkten

können bei den örtlichen Rechtsanwalts- und Notarkammern erfragt werden.

Anwaltssuche

In Köln gibt es die Firma »Anwalt-Suchservice GmbH«, bei der Adressen von Anwälten eines bestimmten Rechtsgebietes erfragt werden können. Internet: www.anwalt-suchservice.de, Tel.: (0221) 9 37 38 – 03. Die Eintragung erfolgt nur auf Antrag der Rechtsanwälte und beruht auf deren Angaben.

Information und Beratung zu Behandlungsrecht und Patientenrechten

Die Krankenkassen können ihre Mitglieder bei Behandlungsfehlern unterstützen, insbesondere durch die Aufklärung über Möglichkeiten zur Durchsetzung von Rechten bei ärztlichen Pflichtverletzungen, Information über alle in Anspruch genommenen Leistungen, die Herausgabe von medizinischen Unterlagen und in Einzelfällen die Begutachtung durch den Medizinischen Dienst der Krankenversicherung.

Teilweise bieten auch Verbraucherzentralen sowie die an einigen Orten bestehenden Patientenstellen Information und Unterstützung.

Die Krankenhausgesetze der meisten Bundesländer – bei einigen auch die PsychKG – sehen die Einsetzung von (ehrenamtlich tätigen) Patientenfürsprechern in den Krankenhäusern als Ansprechpartner für Anliegen und Beschwerden der Patienten vor.

Information und Beratung zu Betreuungs- und Unterbringungsverfahren

In diesem Bereich gibt es bislang erst wenige Informations- und Beratungsangebote für die Betroffenen. Mit dem Inkrafttreten des Betreuungsrechts wurden Betreuungsbehörden (bei den Kommunalverwaltungen) eingerichtet und diesen Stellen wie auch den Betreuungsvereinen unter anderem die Aufgabe der Beratung und Unterstützung der vom Gericht bestellten ehrenamtlichen Betreuer übertragen. Daneben haben auch die Amtsgerichte Informationspflichten. Gleichwohl kann es auch für Betroffene hilfreich sein, sich zur Information an diese Stellen zu wenden. Hier sind in der Regel auch die von einigen Ländern herausgegebenen Informationsbroschüren zum Betreuungsrecht erhältlich.

Literatur

Auf Literatur und Informationsbroschüren zu speziellen Rechtsbereichen ist bereits in den jeweiligen Kapiteln hingewiesen worden. Dementsprechend beschränkt sich die nachfolgende Übersicht zum einen auf allgemeine Hinweise zum Auffinden von Literatur, zum anderen auf Veröffentlichungshinweise, die für mehrere Rechtsbereiche von Bedeutung sind.

Die Psychosoziale Umschau

Die »Psychosoziale Umschau« informiert Psychiatrie-Erfahrene, Angehörige psychisch Kranker, Bürgerhelfer, Beschäftigte im Gesundheitswesen sowie Fachleute in Verwaltung und Politik. Die Themen: Sozial- und Gesundheitspolitik, psychische Krankheit, Therapien und Hilfeangebote – besonders im nichtklinischen Bereich.

Herausgegeben wird sie vom Bundesverband der Angehörigen psychisch Kranker sowie vom Dachverband Gemeindepsychiatrie. Der Bundesverband Psychiatrie-Erfahrener gestaltet eine eigene Rubrik in jeder Ausgabe.

Die »Psychosoziale Umschau« ist die auflagenstärkste interdisziplinäre Psychiatrie-Zeitschrift im deutschsprachigen Raum. Sie erscheint vierteljährlich im Psychiatrie-Verlag, Thomas-Mann-Str. 49 A, 53111 Bonn.
Internet: www.verlag.psychiatrie.de/zeitschriften/psu.
Preise 2005: Einzelheft 8 EUR, Jahresabo 25 EUR, Ausland 30 EUR.

Gesetzestexte

Im Einzelfall kann es hilfreich sein, selbst in den Gesetzestext Einblick zu nehmen: Die meisten Gesetzestexte sind als preiswerte Taschenbuchausgabe im Buchhandel erhältlich. Da – vor allem Sozialgesetze – immer wieder geändert werden, ist auch die Einsichtnahme in (Stadt-)Büchereien zu empfehlen, die meist recht gut ausgestattet sind und in der Regel auch über Kommentare zu den wichtigsten Gesetzen verfügen. Daneben sind die meisten Sozialgesetze – zumindest auszugsweise – auch in Informationsbroschüren der Bundesregierung bzw. der Ministerien dokumentiert und auch im Internet verfügbar (siehe Adressen).

Die Landesgesetze für psychisch Kranke (die Unterbringungsgesetze, Gesetze über Hilfen und Schutzmaßnahmen) werden jeweils in den Gesetz- und Verordnungsblättern der Länder veröffentlicht. Teilweise sind die Gesetzestexte in Informationsbroschüren der Sozial- und Gesundheitsministerien der Länder zur psychiatrischen Versorgung dokumentiert. Eine Zusammenstellung der Landesgesetze (Stand 2001) enthält der Kommentar von Marschner und Volckart, Freiheitsentziehung und Unterbringung (München 2001) sowie von Deinert, Das Recht der psychisch Kranken (Köln 2000).

Sozialrecht
Bundesministerium für Gesundheit und Soziales (Hg.): Ratgeber für Behinderte.

Die fortlaufend aktualisierte und kostenlos erhältliche Broschüre gibt einen Überblick über die in Betracht kommenden Sozialleistungen (Rehabilitation, Pflege, Bildung, Beruf und Arbeit) sowie praktische Tipps zu Nachteilsausgleichen für Schwerbehinderte (Steuererleichterungen, Erleichterungen im öffentlichen Personenverkehr sowie bei der Kfz-Nutzung) und enthält – teilweise in Auszügen – die wichtigsten gesetzlichen Bestimmungen und Verordnungen. Auf Besonderheiten bei psychischer bzw. seelischer Behinderung wird nicht eingegangen.

BAG Selbsthilfe: Die Rechte behinderter Menschen und ihrer Angehörigen. Bezug: BAGH, Kirchfeldstraße 142, 40215 Düsseldorf.

Systematischer, umfassender und fortlaufend aktualisierter Überblick über die Rechtsansprüche behinderter und chronisch kranker Menschen auf Sozialleistungen, der auch Sonderprobleme bei verschiedenen Behindertengruppen – darunter psychisch Kranke – aufgreift.

Informationen und Ratgeber zu speziellen Bereichen

Bundesarbeitsgemeinschaft der Patientenstellen (Adresse s. S. 188): Patientenrechte – Ärztepflichten. Schutzgebühr 4 EUR inkl. Porto und Verpackung.

Informationsbroschüre zu Patientenrechten und Arztpflichten, in der auch auf Wege und Möglichkeiten der Geltendmachung von Rechten eingegangen wird, die beschritten werden können, wenn der Arzt seine Pflichten nicht erfüllt. Besonderheiten bei psychischen Erkrankungen (z. B. Einschränkung des Rechts auf Einsicht in die Behandlungsunterlagen) werden allerdings nicht berücksichtigt. Die Broschüre ist auch unter dem Stichwort Information / Broschüren aus der Website der Patientenstellen herunterzuladen.

Verbraucherzentrale Hamburg (Hg.): Patientenratgeber – Ärztepflichten, Patientenrechte, Kosten, Patientenverfügung, Organspende.

Im Mittelpunkt des Ratgebers, der Hilfestellung bei selbstbewusster Nutzung von Dienstleistungen im Gesundheitswesen geben will, stehen die Rechte von Patienten und die Pflichten von Ärzten und Krankenkassen. Er ist in allen Verbraucherzentralen erhältlich.

Weber, P. (Hg.): Tätig sein. Jenseits der Erwerbsfähigkeit. Bonn 2005.

Wem es gelingt, die freie Zeit produktiver zu nutzen, der wird sich gegen die negativen Auswirkungen von Arbeitslosigkeit und Erwerbsminderung besser schützen. Darüber hinaus sind Zuverdienstmöglichkeiten gefragt, die hier in einem detaillierten Überblick vorgestellt werden.

Abraham, A.: Ohne Moos nix los. Geld und Schulden bei psychischen Erkrankungen. Bonn 2002.

Das Buch gibt einen ausführlichen Überblick über den Umgang mit Verschuldungssituationen. Es enthält eine Fülle von Musterbriefen und zeigt konkrete Schritte für jede Verschuldungslage.

Rosemann, M.: Zimmer mit Aussicht. Betreutes Wohnen bei psychischer Krankheit. Bonn 1999.

Der Titel gibt einen guten Überblick über verschiedene Wohnformen für psychisch kranke Menschen und stellt einen Leitfaden dar für die persönliche Auseinandersetzung, welche Formen für das eigene Wohnen in Frage kommen.

Leitfäden und Handbücher

Bundesarbeitsgemeinschaft für Rehabilitation (Hg.): Arbeitshilfe für die Rehabilitation psychisch Kranker und Behinderter. Frankfurt/Main 2003. (Bezug über: Bundesarbeitsgemeinschaft für Rehabilitation, Walter-Kolb-Straße 9–11, 60594 Frankfurt/Main, E-Mail: info@bar-frankfurt.de).
Die Broschüre enthält neben Informationen über psychische Erkrankungen und Behinderungen, Möglichkeiten und fachliche Standards der Behandlung und Rehabilitation, Übersichten zu den verschiedenen Hilfeangeboten und sozialrechtliche Grundlagen (Download: http://www.bar-frankfurt.de/pdf/AHPsysch.pdf).

Bundesverband der Angehörigen psychisch Kranker e.V. (Hg.): Mit psychisch Kranken leben. Rat und Hilfe für Angehörige psychisch Kranker. Bonn 2001.
Der Ratgeber informiert über psychische Krankheiten, Psychopharmakabehandlung, psychotherapeutische Verfahren, die verschiedenen psychiatrischen Hilfeangebote, zentrale Rechtsfragen, die Angehörigenbewegung und Möglichkeiten der Selbsthilfe Angehöriger.

Kempker, K.; Lehmann, P. (Hg.): Statt Psychiatrie. Berlin 1993 (vollständig überarbeitete Neuausgabe für 2006 geplant). In dem Handbuch geben Autoren aus aller Welt einen Überblick über die gegenwärtige Antipsychiatriebewegung und informieren über Möglichkeiten der Selbsthilfe Psychiatrie-Betroffener. Der Band enthält unter anderem »Das formelle psychiatrische Testament« – Mustertext und Gebrauchsanweisung von Hubertus Rolshoven und Peter Rudel sowie einen Rechtsratgeber von Rudolf Winzen.

Stichwortverzeichnis

A
Akteneinsicht 28 f.
Ambulante psychiatrische Pflege 61 f.
Ambulante Rehabilitation 82
Arbeitsförderungsrecht 93 ff.
Arbeitslosengeld II 116
Arbeitstherapie 56, 58
Arzneimittel 56
Ärztliche Aufklärungspflicht 17 f.

B
Behandlung
– ambulante Zwangsbehandlung 151 f.
– ärztliche 51
– gerichtliche Genehmigung 168 f.
– während einer Unterbringungsmaßnahme 163, 166
– Zustimmung durch gesetzlichen Betreuer 150, 163
Behandlungsvereinbarung 24
Behinderung 11 f.
Belastungserprobung 84
Beratungshilfe 176
Berufliche Eingliederung 94 f.
– Arbeits- und Berufsberatung 93
– stufenweise Wiedereingliederung 85
Beschwerde 154, 171
Beschwerdestellen 173, 175
Betreuerbestellung 139 ff.
– Bestimmung von Aufgabenkreisen 142
– Verfahren 142 ff.
– Voraussetzungen 139
Betreuungsrecht 137 ff.
Betreuungsverfügung 24, 148 f.
Bundesagentur für Arbeit 93, 114, 118, 135

D
Datenschutz 26 f.

E
Eingliederungshilfe 40, 47, 122 f., 125 ff.
– für seelisch behinderte Kinder und Jugendliche 112
Einsatz von Einkommen und Vermögen 126 f.
Einwilligungsvorbehalt 138, 146
Ergänzende Leistungen zur Rehabilitation 84 f., 90
Ergotherapie 56 ff.
Ermessensentscheidung 182
Erwerbsminderungsrente 91 f.

F
Freie Arztwahl 16
Freie Wahl von Hilfeangeboten 16
Führerschein 30 f.

G
GAF-Skala 70 f.
Geschäftsfähigkeit 138
Gesetzliche Krankenversicherung 48 ff.
Gesetzliche Pflegeversicherung 96 ff.
Gesetzliche Rentenversicherung 86 ff.

Gleichstellungsgesetz 14 f.
Grundsicherung bei Erwerbsminderung 120 f.
Grundsicherung für Arbeitssuchende 113 f.

H
Häusliche Krankenpflege 59 f.
Häusliche Pflege 106
Haushaltshilfe 73
Heilmittel 56 ff.
Heimbeirat 173 f.
Hilfeangebote 16, 19 f., 26, 33, 35 ff.
– Übersicht 38
Hilfe zum Lebensunterhalt 119 f.
Hilfe zur Pflege 123 f.
Hilfen nach PsychKG 164

I
Informationspflicht
– ärztliche Aufklärungspflicht 17 f.
– der Sozialleistungsträger 190 f.
– Leitfaden für ein Informations-/ Aufklärungsgespräch 19 f.
Institutsambulanzen 75 ff.
Integrationsamt 130
Integrationsfachdienst 41
Interessenvertretung 173
– Beratungshilfe 176
– Prozesskostenhilfe 176 f., 179
– Verfahrenspfleger 145, 167, 178 f.

K
Kinderbetreuung
– bei Krankheit und während Rehabilitationsmaßnahmen 84, 90, 124
– in Notsituationen 113

Kindergeld 135
Kinder- und Jugendhilfe 111 f.
Krankenbehandlung 50 f.
Krankengeld 86
Krankenhausbehandlung 73 ff.
Krankenhilfe 122
Krisenpass 23 f.

L
Leistungen der Pflegeversicherung 106
Leistungen zur Eingliederung in Arbeit 117 f.
Leistungen zur medizinischen Rehabilitation 43 f., 78 ff., 89
Leistungen zur Teilhabe am Arbeitsleben 45 f., 90, 94
Leistungen zur Teilhabe am Leben in der Gemeinschaft 46 f.

M
Medizinische Rehabilitation 43 f., 78 ff., 89

N
Nachteilsausgleiche 130

O
Öffentliche Gesundheitsfürsorge 34

P
Patientenfürsprecher 174 f.
Patientenverfügung 22 ff.
Persönliches Budget 40
Pflege
– Begutachtung 100 ff.
– Behandlungspflege 59 ff., 107
– Gesetzliche Pflegeversicherung 96 f.

- Häusliche Krankenpflege 59 ff.
- Hilfe zur Pflege 123 f.
Pflegebedürftigkeit 97 ff.
Prozesskostenhilfe 176 f., 179
Psychiatrie-Personalverordnung 74 f.
PsychKG 21, 28, 34, 164 f., 169, 171, 174 f.
Psychotherapeutengesetz 51 f.
Psychotherapie 51 ff.

R
Rechtsbehelfsbelehrung 182
Rehabilitation 39 ff., 78 ff., 90 f., 122 f.
- ambulante Rehabilitation 82
- ergänzende Leistungen zur Rehabilitation 84 f., 90
- Leistungen zur medizinische Rehabilitation 43 f., 78 ff., 89
- stationäre Rehabilitation 82 f.
Rehabilitationseinrichtung für psychisch Kranke 95
Rente wegen verminderter Erwerbsfähigkeit 91 f.

S
Schweigepflicht 26
Schwerbehindertenrecht 130 ff.
Selbstbestimmung 16 ff., 21 f., 26 ff.
Servicestellen 40, 190 f.
Sozialgeld 117
Sozialhilfe 33 f., 119 ff.
Soziotherapie 63 ff.
Stationäre Rehabilitation 82 f.

T
Teilhabe
- am Arbeitsleben 45 f., 90, 94
- am Leben in der Gemeinschaft 46 f.

U
Übergangsgeld 90
Unterbringung 160 ff.
Unterbringungsverfahren 166 ff.
Unterbringungsvoraussetzungen
- nach Betreuungsrecht 161 ff.
- nach Landesrecht 164 ff.
Unterhaltspflicht 127 ff.

V
Verfahrenspfleger 145, 167, 178 f.
Versorgungsamt 13, 130 f.
Vollmacht 21, 24, 140 f.
Vorausverfügungen 21 ff.
- Behandlungsvereinbarung 24
- Betreuungsverfügung 24, 148 f.
- Krisenpass 23 f.
- Patientenverfügung 22 ff.
- Vollmacht 21, 24, 140 f.

W
Wahlrecht 16 f., 138
Widerspruch 29, 74, 182
Wohngeld 136

Z
Zuverdienst 121 f.
Zwangsbehandlung 163, 166 ff.
- ambulante Zwangsbehandlung 151 ff.
Zwangsmaßnahmen 21, 145

Anke Abraham
Ohne Moos nix los.
Geld und Schulden bei psychischen Erkrankungen
Rat!schlag, ISBN 3-88414-315-8
176 Seiten, 12,90 Euro

»Wer Schulden hat, muss nicht arm sein, aber wer arm ist, der hat auch schnell Schulden.«
Dieser praktische Ratgeber enthält Modelle zur Schuldenregulierung, rechtliche Handlungsgrundlagen, Fallbeispiele, Vorformulierungen aller Art von Schreiben an Behörden etc. In diesem Buch können für jede Stufe der Verschuldungssituation Hilfen und Ratschläge abgerufen werden, um als Betroffener handlungsfähig zu bleiben und die »Spirale abwärts« aufzuhalten.

»Dieses kleine Taschenbuch sollte in keiner Tasche fehlen, besonders wenn das Portmonee leer ist und Mahnungen den Briefkasten füllen. Schuldner, Eltern und Partner oder helfende Freunde finden in diesem Buch unbezahlbare Tipps für den Umgang mit Mahnbriefen und deren Beantwortung. Wer Menschen mit Schulden begleitet und betreut, wird dieses Buch mit Gewinn studieren.«
Dagmar Barteld-Paczkowski in der »Psychosozialen Umschau«

Psychiatrie-Verlag gGmbH, Thomas-Mann-Str. 49 a, 53111 Bonn,
Tel. (02 28) 7 25 34-11, Fax (02 28) 7 25 34-20,
E-Mail: verlag@psychiatrie.de,
Internet: www.psychiatrie.de/verlag